JN287977

社会政策学会誌第12号

社会政策学と
賃金問題

法律文化社

社会政策学会誌編集委員会

編集委員長　橋元　秀一　　編集副委員長　乗杉　澄夫

　　青山　悦子　　＊居神　浩　　＊石田　好江
＊京谷　栄二　　＊金　　鎔基　　　熊沢　透
　　田口　典男　　＊都留　民子　　＊所　道彦
　　中川　スミ　　　橋本　健二　　＊久野　国夫
　　平岡　公一　　　松尾　孝一　　　三山　雅子
　　室住　眞麻子　＊吉村　臨兵　　　渡邊　幸良

付記：本誌の編集は，秋期号編集委員会（＊印の委員で構成）が担当した。

はじめに

　本誌は，社会政策学会第107回大会の大会報告を中心に編集したものである。
　本大会は，2003年10月4日（土）と5日（日）の両日，下関市立大学で開催された。大会の参加者総数は223名であり，秋期大会としては盛況であった。この大会の準備と開催に関しては，実行委員長の山本興治会員をはじめ，下関市立大学の会員，大学関係者に多くを負っている。この場を借りてお礼を申し上げたい。
　本大会の共通論題には「社会政策学と賃金問題」が選ばれた。大会プログラムの「共通論題趣旨」は，「社会政策学が賃金に再び関心を持たざるをえなくなっている」状況を次のように述べている。すなわち，賃金問題はしばらくの間，社会政策学の中心課題から退いていたが，長期不況のなかで，雇用形態間の賃金格差，正社員の賃金処遇制度の見直し，「年功賃金」改革，「成果主義」化が進行しており，そのような変化に対して，社会政策学および関連分野の研究者は賃金問題への認識を磨き直す時機に来ている，と。共通論題の報告と討論は大会第2日目に設定され，会員外のゲスト1人を含む4人の報告が行われた。本誌第Ⅰ部には，これら4人の報告論文と2人の座長報告が収められている。
　本誌第Ⅱ部には，テーマ別分科会の報告が収められている。分科会は「最低賃金制分科会」，「国際交流分科会」，「非定型労働分科会」の3つで構成され，計7つの報告が行われた。編集委員会は各分科会から1つずつ，計3つの報告を本誌に掲載することを考えたが，残念ながら，2つの報告を収録するに留まった。本誌に収めることのできなかった報告については，座長報告をご覧いただきたい。
　秋期大会の特徴は書評分科会であるが，本大会では5つの書評分科会で計15の書評報告が行われた。本誌第Ⅲ部には，これらのうち，1つを除くすべてが掲載されている。

本誌は，投稿論文を掲載する2冊目の秋季号となった。本誌第IV部には，本学会のレフェリー規定にしたがって掲載を認められた3本の投稿論文が収められている。

　最後に，お忙しいなか，本誌に寄稿いただいたすべての執筆者の皆様，厳しい出版事情にもかかわらず本誌の刊行にご尽力いただいた法律文化社社長の岡村勉氏，編集担当の浜上知子氏に対して，心からお礼を申し上げたい。

　2004年8月

社会政策学会誌編集委員会

目　次

はじめに

Ⅰ　共通論題＝社会政策学と賃金問題

1　社会政策学における賃金問題研究の視角と課題……橋元秀一　3
　　――大会報告を素材に――
　　1　はじめに　3
　　2　社会政策学会における賃金問題研究の推移　4
　　3　2000年以降の共通論題の提起と賃金問題研究　14
　　4　社会政策学としての賃金問題研究の視角と課題　15

2　賃金をめぐる今日的焦点………………………………木下武男　24
　　――賃金の決定基準を中心にして――
　　はじめに　24
　　1　年功賃金に対する各分野の評価　24
　　2　賃金をめぐる今日的焦点　28
　　3　賃金決定基準の重要性　35

3　年齢（経験年数）別横断賃率の可能性……………赤堀正成　40
　　はじめに　40
　　1　属人給と仕事給　40
　　2　電産型賃金と全自型賃金　43
　　3　賃金構造の現況と職種別賃金要求の試み　51
　　4　年齢（経験年数）別横断賃率の試み　55
　　むすびにかえて　57

4　雇用区分の多元化と賃金管理の課題………………佐藤博樹　60
　　1　はじめに　60
　　2　賃金管理の課題　61
　　3　雇用区分多元化の事例　63

        4 企業アンケート調査でみた雇用区分の多元化の現状 73
        5 小括：雇用区分の多元化と賃金管理の課題 79

〔座長報告〕
5 社会政策学と賃金問題……………………………下山房雄 83
        1 大会で議論されたこと 83
        2 大会で議論されなかったこと 87

6 4報告へのコメント ……………………………森ます美 91

Ⅱ テーマ別分科会＝報告論文と座長報告

テーマ別分科会1＝最低賃金制
1 わが国最低賃金制の現状と課題………………神代和欣 99
        はじめに 99
        1 平成12（2000）年目安制度の見直し 99
        2 平成14（2002）年最低賃金制度改革 100
        3 最低賃金制をめぐるいくつかの基本的視点 104
        おわりに 112

テーマ別分科会2＝国際交流
1 韓国の失業対策と雇用保険……………………李　義圭 115
        ——IMF金融危機以降を中心に——
        1 はじめに 115
        2 韓国労働市場の雇用動向 115
        3 IMF以後韓国の失業対策 119
        4 失業対策とソーシャルセーフティネットとしての雇用保険 120
        5 結びに代えて 136

〔座長報告〕
第1分科会 今日における最低賃金制の課題（阿部　誠） 139
第2分科会 転機における韓国の社会的セーフティネット（埋橋孝文） 143
                ——失業政策と生活保護の日韓比較——
第3分科会 多様化する非定型労働（永山利和） 147

III 書評

- 今日における就業構造の変容
  小杉礼子編『自由の代償　フリーター』（福井祐介）　155
  玄田有史・中田喜文編『リストラと転職のメカニズム』（永山利和）　158
  脇坂　明『日本型ワークシェアリング』（丹下晴喜）　162

- 雇用・失業政策と社会福祉
  布川日佐史編著『雇用政策と公的扶助の交錯』（島崎晴哉）　166
  橘木俊詔『失業克服の経済学』（大須眞治）　169
  堀内隆治『福祉国家の危機と地域福祉』（里見賢治）　172

- 格差のなかの女性労働
  宮島　洋・連合総合生活開発研究所編著
  　『日本の所得分配と格差』（色川卓男）　176
  女性労働問題研究会編
  　『女性労働　20世紀から21世紀へ』（遠藤雄二）　179
  横山文野『戦後日本の女性政策』（居神　浩）　182

- 技術・労働と経済・分配構造
  福田泰雄『現代日本の分配構造』（平地一郎）　186
  山下　充『工作機械産業の職場史 1889-1945』（岡崎孝広）　189
  今村寛治『〈労働の人間化〉への視座』（篠原健一）　192

- 個別紛争処理と労使関係
  都留　康『労使関係のノンユニオン化』（平木真朗）　197
  毛塚勝利編　山下幸司・山川隆一・毛塚勝利・浜村彰・石井保雄・
  　大内伸哉『個別労働紛争処理システムの国際比較』（秋元　樹）　200

IV 投稿論文

1　新医療福祉体制と看護労働力移動 ……………山田亮一　207
　　はじめに　207

1　イギリスの医療制度と看護需要　208
　　　2　フィリピンの移民労働政策と看護　220
　　　3　イギリスにおけるフィリピン看護師の現状　229
　　おわりに　233

2　日本におけるケアマネジメントの特徴 …………伊藤淑子　236
　　──看護師の進出──
　　はじめに　236
　　　1　ケアマネジメントとは何か　237
　　　2　アメリカのケアマネジメント　239
　　　3　日本へのケアマネジメント導入　244
　　　4　日本における保健・福祉関連職種の教育制度　248
　　　5　日本のケアマネジメントの課題　252

3　障害者の就労と公的責任 ……………………………荻原康一　258
　　──共同作業所と運営助成金を中心に──
　　はじめに　258
　　　1　共同作業所の運営と運営助成金　259
　　　2　共同作業所就労者の報酬（分配金）と助成金　264
　　　3　運営助成金の地域間格差　267
　　　4　財源問題と公的責任　271
　　おわりに　275

SUMMARY
学 会 記 事
編 集 後 記
投稿論文募集について

I 【共通論題】社会政策学と賃金問題

社会政策学における賃金問題研究の視角と課題
　　―大会報告を素材に―　　　　　　　　　　　橋元秀一

賃金をめぐる今日的焦点
　　―賃金の決定基準を中心にして―　　　　　　木下武男

年齢（経験年数）別横断賃率の可能性　　　　　　赤堀正成

雇用区分の多元化と賃金管理の課題　　　　　　　佐藤博樹

座長報告：
　　社会政策学と賃金問題　　　　　　　　　　　下山房雄
　　4報告へのコメント　　　　　　　　　　　　森ます美

共通論題＝社会政策学と賃金問題—— 1

社会政策学における賃金問題研究の視角と課題
大会報告を素材に

橋元秀一　Hashimoto Shuichi

1　はじめに

　本稿は，社会政策学としての賃金問題研究の推移を振り返り，今日の賃金問題研究が直面している課題を明らかにすることを意図している。しかしながら，論点が多岐にわたり学ぶべきことも多い膨大な研究史を丁寧に振り返り整理することは，能力の制約もあってとてもかなわない。ここでは，社会政策学会研究大会でなされた議論を手がかりに，①賃金問題のとらえ方がどのように推移していったのかをおおづかみに跡づけ，②そこにみられる問題意識と分析視角の特徴を描き出し，③賃金問題研究の現在を相対化することを通じて，社会政策学としての賃金問題研究の今日的課題を明らかにしようとするものである。

　検討対象を本学会大会での報告に絞るという場合にも，きわめて限定されている[1]。しかし，限定することによりかえって明瞭にみえてくる面もある。社会政策学としての賃金問題研究の特徴，あるいはこだわりともいいうる側面である。今日の賃金問題における社会政策学としての課題を明らかにするには，そこに手がかりを得ながら検討することが有効な一方法である。なぜなら，賃金問題は近年再び多く論じられ，個別具体的な分析も増えてきたにもかかわらず，社会問題としての意味が不明確なまま，あるいは経済社会構造やその動態との関連を無視したまま分析されることが少なくないからである。本稿は，賃金に関する研究一般ではなく，社会政策学としての賃金問題研究のありようにこだわって検討することを課題としている。社会政策あるいは社会政策学をどのようにとらえるのかについてはさまざまな考え方があるにしても，賃金をめ

ぐる問題を社会的文脈においてとらえてこそ，社会政策学としての賃金問題研究であると考えるからである[2]。

2 社会政策学会における賃金問題研究の推移

(1) 賃金問題が取り上げられた大会と共通論題

　社会政策学会において，賃金問題そのものが共通論題として取り上げられたのは，1956年（第13回大会）「賃金」，59年（第20回大会）「賃金構造」，63年（第28回大会）「経済成長と賃金」と続いた後，18年を経て81年（第62回大会）に「現代日本の賃金問題」が，さらに15年後の96年（第93回大会）には「今日の賃金問題」が論じられた。共通論題に賃金問題を掲げていない場合にも，共通論題に関連して明示的なテーマとして賃金に関する報告がなされた大会は少なくない。これらを，末尾の〈資料１〉に掲げている。この経緯は，きわめて表層の事象ではあるが，社会政策学会において賃金問題がいかに扱われてきたのかを示唆しており興味深い。

　1950年代においては，賃金問題はまさに社会政策学の中心テーマであった。そこでは，何より低賃金が問題とされていたのであるが，中小企業や女性の問題を論じる場合にも不可欠の論点とされ，賃金格差問題としての賃金構造問題へと展開されていった。この賃金格差問題は，高度経済成長が本格化した60年代にはいると，労働市場との関わりで，さらには経済成長との関わりで論じられるようになる。そして，社会保障に関わる論点において取り上げられた後，賃金問題は長く登場することがなかった。社会政策学としては，時代の主たるテーマではなくなったごとく後景に退き，石油ショック後の失業の増大や定年延長に関わって触れられはしたものの，60年代の半ばから70年代を通じて共通論題にのぼることはなかったのである。

　それゆえ，18年後の81年に共通論題に設定された際には，かつて低賃金を前提に考えられていた賃金問題を，「現代日本の賃金問題」としていかに把握し直すのか，その構造と特質とは何であるのかが論じられることになった。この問題意識は，経済大国を謳歌しはじめた状況の中でも引き継がれていく。86年

には「変貌する産業社会」との関わりで賃金問題をどうとらえるのか，90年には「社会政策研究の方法」として思想史的に原理的にいかに把握するのかという視点から報告がなされた。

その後，労務管理や女性労働との関連で論じられ，96年には15年ぶりに共通論題とされ「今日の賃金問題」についての報告が行われた。そこでは，現状の動向分析が多くを占め，99年に「社会構造の変動と労働問題」において論じられた際も同様であった。こうして，90年代においては，賃金問題の構造と特質を解明しようとする80年代の問題意識は退き，変化に迫られている賃金の諸問題が深められることになった。ただし，女性労働をめぐっては，多様化する雇用形態と短時間就労の増大など女性の雇用動向の分析とともに，ジェンダー視点からの原理的理論的分析や政策批判が積極的に展開されるようになったことは，周知のとおりである[3]。こうした動きが賃金問題研究に与えた影響には，大きなものがある。しかし，これらの議論も80年代の問題意識との接合が希薄であることには留意が必要であろう。

このように，本学会大会の共通論題ないし関連報告にみる賃金問題研究は，大きな変遷を遂げてきた。以下では，その推移を内容にやや立ち入って論じ，われわれの賃金問題研究の現時点を確認することにしよう。

（2）1950年代

1950年の第1回大会から52年の第6回大会までは，第3回大会（51年6月）の「失業・労働時間・労働組合」を除いて，共通論題は設定されていない。共通論題が毎回設定されるようになったのは，第7回大会（53年6月）「日本の賃労働における封建制」以降のことである。しかしながら，53年に発行された『社会政策学会年報』第1輯は，「賃銀・生計費・生活保障」をテーマに刊行された。「戦後社会の不安定も結局この問題に根ざし……一切の労働問題や社会問題の基盤も此処にある」（文献①，1頁）と考えられたからである。

藤林敬三氏は，同書巻頭の「ソーシャル・ダンピング論の再燃」（文献①-1）において，日本の低賃金による不公正競争批判が国際的に高まる中で，賃金の国際比較と公正なる賃金基準の明確化が重要であることを指摘する。賃金が

I 共通論題

「一国の経済事情を必然的に反映する限り……たとえ低賃金であっても，われわれはこれだけで直ちにこれを非難することはできない。もしここに非難の余地があるとすれば，その必然性の限界を超えて，賃金がより低廉であるという場合である」という。しかし，実際には国民経済の発達の度合いに応じた賃金差を解明することは困難であるから，賃金を経済発展の一動因とみ，低賃金からの脱却が自国と他国の経済発展にどれほど影響を与えるのかを究明すべきであるとする。藤本武氏は，独占資本主義段階で特殊に発展した社会政策としての最低賃金法制について，理論的歴史的に説明した上で，低賃金が日本資本主義機構そのものの問題となっている日本での意義と重要性を強調している（文献①-2）。石原孝一氏は，統計データを駆使しながら，賃金の低位性を国際比較から明らかにしようとしたものであるが，「剰余価値との関連における相対価値を意味する場合と労働力の再生産費を保障する絶対的価値を意味する場合」を指摘し，労働分配率や労働力再生産費，生計費を含む実証を通じて，「一家総出」による「再生産費を価値分割形態において維持」する低賃金構造を解明している（文献①-3）。また，高木督夫氏は，半農半労型を基礎にする賃労働が低賃金の型を規定しており，相互補助的賃労働による労働力の価値の家族間への分割一般が問題ではなく，半農半労型を基礎とする資本主義機構下のそれが問題であるとしている（文献①-5）。また，藤本氏は，第7回大会（53年6月）において「日本の低賃金と封建的なるもの」（文献②-1）と題し，日本資本主義の半封建的性格が低賃金を規定しているとする報告を行っている。

これらに示されているように，社会政策学会における初発の賃金問題研究は，賃金を日本資本主義の構造的な特質において把握しようとする視角が際だっていた。その際，日本の低賃金とは，何よりも賃金水準の問題であり，個別的にはまかないきれない労働力の再生産費を世帯内多就業の形態で労働力の価値を分割することによって維持しているものと把握していた。その上に立って，低賃金は構造的であるがゆえに，最低賃金法制こそ社会政策の焦眉の課題と認識したのである。

こうして，本学会が56年（第13回大会）に初めて共通論題に「賃金」を掲げたとき，その内実は「最低賃金制」に他ならなかった。実際，同大会の成果を

収録した『社会政策学会年報』第 5 集は,「最低賃金制」と題して刊行されたのである（文献③）。ここで藤林氏は, 最低賃金制の実施が, 経営合理化近代化をもたらし, 企業規模間格差を縮小するのかどうか, そのことが輸出産業の発展を阻害しないのかどうか, さらには相対的に賃金の高い大企業労働者が最低賃金制の問題にどれだけ熱意をもち続けられるのかを提起した（文献③-1）。これらは後に経済成長と賃金をめぐる論点へと発展することになるが, 賃金上昇を経済発展の動因として内外経済への影響を分析する視角から, 低賃金と経済構造の交互作用をどのように把握するのか, 換言すれば, 賃金問題研究として日本資本主義の構造的特質を動態的にいかに把握するのかが問われ始めていたのである。

　続いて浮上してきたのは, 賃金格差問題であった。58年11月の第18回大会では, 共通論題として「中小企業の労働問題」が掲げられ, 経済構造の特質としての格差の検討が行われ, 賃金問題として規模別賃金格差の実態とその原因が論じられた（文献④-1）。59年 5 月の第19回大会は「婦人労働」を初めて共通論題に取り上げ, 女性労働の性格が戦前来ほとんど変わっていない問題状況を明らかにした。その中で, 山本順子氏が国際的に著しく大きい男女別賃金格差について報告され, 男女別賃金の本質的理由が「男女労働力の価値差」にあるとする理論や「男女同一労働同一賃金原則」の誤った理解を批判するとともに, 日本の労働運動における男女格差是正への取り組みの重要性を強調している（文献⑤-2）。そして, 59年11月の第20回大会では「賃金構造」が共通論題として設定されることになる。そこでは, 3 つの報告——井村喜代子・北原勇「戦後の日本工業における賃金格差をめぐる若干の問題」, 小池和男「綿紡績業における賃金構造と産業別労働組合の賃金政策」, 西宮輝明「職務評価方式にもとづく企業別賃金格差の決定について」——が行われた[4]。井村・北原両氏の研究は, 従来, 一般的に把握されていた企業規模別格差を,「巨大資本の支配する生産諸部門と多数の中小・零細企業の競争する生産諸部門」とに区別するなど工業の構造的特質をより具体的に分析することを通じて, その内容を明らかにしようとするものであった（文献⑥-2）。そこでは, 大規模生産部門と中小規模部門の間に著しい「生産規模・生産力格差が存在」し,「中小規模

Ⅰ 共通論題

生産部門は低賃金労働力の厖大な存在を基礎にして……大量に存在し，そこにおける競争の激しさと，独占的大企業からの種々の収奪によって，資本蓄積・生産力の発展を制約され，賃金きり下げへのきわめて強い志向性をもっている。」しかし，大企業と中小企業が同一市場で競争していない部門では，「中小規模生産部門としての激しい競争のもとで全体的な賃金きり下げの強い志向・賃金の低水準での平準化傾向も作用」する。この作用は，「労働者間の競争状態，労働者間・資本間の競争の制限とむすびあって現実化する」とした。さらに，生産規模・生産力の発展程度の著しい格差が「労働市場の構造とそのもとでの労働者間の競争のあり方を大きく規定」し，労働過程の技術的特質によって必要とされる労働力の質量の差異に応じて労働市場群に分割されていることを明らかにしたのである。この研究は，日本資本主義機構が規定する出稼ぎ型あるいは半農半労型といった賃労働の型の特殊性を強調する従来の構造分析とは異なる視角を提起するものであった。すなわち，競争条件と競争の展開過程を分析し，それを通じて現出するものとして構造的特質を解明しようとするものであり，規模間賃金格差や低賃金も資本間競争と労働市場での需給のありように規定されて生じていることを描いたのである。

　広く知られているように，隅谷三喜男氏や氏原正治郎氏によって，「労働市場」研究の重要性が強調され始めていたことが，この背景にある[5]。1960年4月の第21回大会は，共通論題を「労働市場」に設定して開催されることになる。この大会では，西ドイツ，アメリカ，日本の労働市場についての実証的な研究報告，および労働市場論から賃金論への展開を理論的に具体化しようとする報告（文献⑥-1）がなされた。座長であった隅谷氏は，この大会の年報（文献⑥）に，「労働市場論の回顧と展望」を発表し，アメリカ労働経済学を紹介するとともに，日本の賃労働の特質や労働市場の特殊性が，日本資本主義の特質ではなく，後進資本主義国の発展過程に一般的なものとした。いまや，労働市場分析を通じた日本資本主義の構造的特質の解明が，賃金問題研究の焦点として広く認識されることになったのであるが，日本の賃金さらには日本資本主義の特殊性への評価をめぐっては，その後のより具体的な研究成果を期待しなければならなかった。

（3）1960年代および70年代

　しかしながら，1960年代になると，形相は大きく変化した。高度経済成長が雇用の拡大と賃金上昇をもたらしてきたからである。経済成長をどうみるのか，これは規模別賃金格差をはじめとする日本資本主義の構造的問題を解消させていくのか，そこでの労働組合の役割はどのように評価され，いかなる政策を掲げるべきであるのか，といった諸点を問うことになる。本学会では，63年11月の第28回大会において，「経済成長と賃金」が共通論題とされた。また，年報編集委員会は大会報告論文の掲載にとどまらない独自の編集方針をたて，同テーマでの主要論点についての論文とそれに対するコメントを内容とする『社会政策学会年報』第12集（1964年11月）を刊行した（文献⑧）。そこでは，規模別賃金格差の縮小をどのような論理で説明するのか，したがってその帰趨と構造的特質の理解，さらには組合の役割と賃金政策についての異なる見解が示されることになる。その背後にある中心的な論点は，経済成長にともなう生産性の上昇とそれがもたらす結果をどのように把握するのかという点にあったが，それは伏在する政策スタンスの相違ともからんで，明確な論点として提示されなかったといわねばならない。

　64～65年の第30回大会（共通論題「社会政策の国際比較」）と第31回大会（同「社会保障論」）をふまえて，年報編集委員会が「社会保障と最低賃金制」と題する『社会政策学会年報』第13集（文献⑨）を刊行したが，そこには，その後の社会政策学会における賃金問題研究の置かれつつあった状況の一面が象徴されている。すなわち，生活保護など社会福祉と接合する問題として最低賃金制が論じられた後，賃金問題研究報告は長く不在となり，社会政策学としての賃金問題研究は，あたかも社会保障研究の一部としての役割にその特徴をもつかのごとく表象することになったからである。50年代の社会政策学における賃金問題研究が，日本資本主義の構造的特質の解明そのものと不可分であったことを想起すれば，その後の社会政策学会における賃金問題研究の学的存在感の空洞化は，こうした60年代の状況によってもたらされたのである。

　しかし，それは賃金問題研究がなくなったということを意味しているわけではない。50年代の終わりに，日経連が賃金の安定化や「職務給化」を表明し，

I　共通論題

総評が「年功賃金の打破」や「同一労働同一賃金」を掲げたこともあって，60年代にはますます多くの調査や実証的研究が行われた。労働市場分析を軸としつつ，労働問題研究あるいは労働経済学や労務管理研究としての賃金問題研究は，政労使の政策とも関わってむしろ盛隆をみることになった。64年に刊行された『社会政策学会年報第11集　労働時間と職務給』（文献⑦）に，その一端が示されている。「職務給論の展開」とされた吉村励，高木督夫両氏の論文とそれらへのコメントである。これは，職務給化の動きをめぐって議論が高まっていたことから，第27回大会分科会での議論とは別に，代表的論者の見解とその批判を掲載したものである。ところが，研究促進をねらった編集委員会の意図に反して，その後，賃金問題研究は長く社会政策学会の表舞台に登場することはなかった。なお，70年代の研究報告は，共通論題に関連した特定の賃金動向に関する報告2本のみにとどまる[6]。

（4）1980年代

1981年5月に開催された第62回大会は，63年11月の第28回大会の「経済成長と賃金」以来，実に18年ぶりに「現代日本の賃金問題」と題し，賃金問題を共通論題に掲げた。この大会は，前年の第60回大会「日本における労使関係の現段階」の流れをうけ，高度成長から低成長への変化をふまえた賃金問題の現段階を解明することをねらいとしていた。

高木郁朗氏（文献⑫-2）は，従来，「日本型低賃金」によって資本蓄積が保障されてきたとみる日本資本主義の特質に関する定説では，「『高度経済成長』の時期を経てきたいま……説明することができなくなっていることは明瞭」であるとした。しかし，「日本資本主義の蓄積構造と賃金水準とのかかわりについて，過去の定説にかわりうる積極的提起がなされているとはいえない」と率直に述べている。そして，高梨昌氏と高木督夫氏の見解や山本潔氏の資本蓄積四類型の所説を検討し，「『高賃金化』の過程における資本蓄積構造」仮説を提示した。高度経済成長を通じた「『高賃金化』は，同時に全体として賃金水準が資本蓄積の従属変数に転化する過程であった。そうだからこそ，『高賃金化』と日本資本主義の強蓄積とが整合的でありえた」とする。また，「わが国労働

組合がそれに対して肯定的なビヘイビアをとることによって成立が保障された」という。「労働力再生産からみた一般的賃金水準としては、賃金を賃金として論じうる水準が確立されてきたという前提のうえに個別的水準の構造に焦点を向けるべき段階に入っている」としたのである。

他の4つの報告（文献⑫-3～6）は、年功賃金見直しは生涯的所得保障システムの一環として公共サービスも含む地域レベルでの生活保障システムの確立を展望する政策の中で位置づけた検討を行うべきこと、新たに増加する低賃金層への最低賃金規制の重要性、労働組合の成果配分政策のもった意味と限界、生活水準にとってもつ間接賃金の意義、労働力再生産において生活構造の分析が重要であることなど、貴重な指摘を行っている。しかし、それぞれの報告は、高木氏の「『高賃金化』と日本資本主義の強蓄積とが整合的でありえた」構造、換言すれば、高度成長過程を通じて確立した日本資本主義の構造との関連でそれぞれの論点が提示されていないため、その構造を支える枠組みを明らかにする方向に至らなかった。高木氏の「個別的水準の構造に焦点を向けるべき」との主張も、高度成長にともなって確立した格差構造とその動態の分析へと促す問題提起とはなりえず、それぞれの個別具体的な論点の開陳となるほかなかったのである。

こうして、高度成長以降の新たな構造的特質と、それに規定されかつ規定する格差構造の解明を焦点とすべき賃金問題研究は、解明すべき具体的な論点の展開への道を結局は切り開くことなく推移することになる。「経済成長」あるいは「生産性上昇」が、実質賃金の上昇に結果した、あるいは結果し続ける構造の成立条件やそのことがもたらす格差の諸関係とその変化、それらにみられる日本的特質を明らかにし、社会政策としての賃金問題の課題を具体的に解明する作業は、先送りとなったのである。

プラザ合意後の円高状況の下で開かれた第73回大会（86年10月）の共通論題「変貌する産業社会と社会政策学」に関連して報告した下山房雄氏は、名目賃金の世界高水準化を認めた上で、「日本的低賃金」の特徴的表れとしての国際比較における「個数賃金」（商品使用価値あたりの賃金）の低さを指摘した（文献⑬-1）。「日本特殊の低賃金規定を保持」しているが、もはや、戦前とも高度

I 共通論題

経済成長以前とも異なる構造へと変化し，かつてとは別の段階であり，「山口正之の表現を借りれば，栄養失調資本主義から飽食資本主義への不可逆的変化があった」という。それは，実質賃金の上昇をもたらしたにしても，国際比較からすれば「個数賃金」の低さを再生産し続ける構造的特質をもった資本主義を意味しているが，その構造の編成内容とそれを支える条件やそれがもたらす格差の諸関係の日本的特質は明らかにはされておらず，高木氏の仮説との距離も曖昧にみえる。

その後，石油ショックばかりでなく急激な円高をも乗り切った日本の企業社会や生産システムへの関心が，ますます強まっていった。また，労働市場の逼迫とともにパートタイム労働がますます増加し，就業形態の多様化もいっそう進むことになった。その結果，女性労働研究への関心も従来にも増して高まっていくことになる。

(5) 1990年代

このような状況を反映して，第82回大会（1991年6月）は「現代日本の労務管理」を，第84回大会（92年5月）は「現代の女性労働と社会政策」を共通論題として開催された。その中で賃金問題に関連しては，日本企業の賃金・昇進管理の深部に迫ろうとする報告（文献⑮-1），イギリスにおける「同一価値労働同一賃金」運動の紹介（文献⑯-1）がなされた。そして，バブル経済の崩壊以降，市場原理主義的な労務管理施策が急速に導入されつつあったことを背景に，15年ぶりに賃金問題が共通論題に掲げられた。第93回大会（96年10月）の「今日の賃金問題」である（文献⑰）。この大会では，成果主義の色彩を強めている近年の賃金管理，とりわけ賃金の決め方をめぐる変化の動向と問題点を中心に，賃金のあり方を検討する報告がなされた。遠藤公嗣氏が指摘したように[7]，その中心は個人別賃金決定の動向にあったが，しかもそれは大企業におけるそれであったといってよい。しかしながら，そこで分析された問題は，いかなる意味で「今日の賃金問題」であったのだろうか。「今日の賃金問題」とは，日本資本主義の構造とその動態の上でいかなる位置を占め，6名の報告者それぞれが明らかにした論点（文献⑰-2~3，6~9）は，相互にいかなる関係に

あるのであろうか。ここでは，15年前の問題意識は，ほとんど顧みられることがなかった。

　このことを明示的に意識していたのは，石田光男氏である（文献⑰-3）。石田氏は，「今日の賃金問題は『高賃金問題』」であるという。日本経済が賃金上昇あるいは一定水準の賃金保障を前提にして発展してきた構造，すなわち80年代に高木氏が提起した「『高賃金化』と日本資本主義の強蓄積とが整合的でありえた」構造への変化が生じていること，したがって，進みつつある今日の構造変化の上で「高賃金」が焦点となっていることの意味を明確に意識している。そして，「『今日の賃金問題』は生産性や収益性問題との関係において論じられなくては企業政策的な意義も明確にはならない」（以上，38頁）というとき，構造変化の中でいっそう空洞化しようとする労使関係へのリアルな危機感と，実効ある労使関係ルールを模索しようとする意図が込められている[8]。石田氏は労使関係研究の視点から焦点を絞って論じ，ホワイトカラーの仕事管理，仕事と報酬の取引の仕組みや手続きを解明することの意義を考察した。しかし，それ自体はきわめて重要な指摘であったが，「今日の賃金問題は『高賃金問題』」であるとした提起は，構造変化のもたらす賃金問題としては深められることはなかった。プラザ合意後の円高時代にはいり，日本資本主義は「高賃金」体質への本格的対応に迫られ，「『高賃金化』と日本資本主義の強蓄積」の新たな整合的な様式を模索せざるをえなくなった。企業は，工場の海外移転，アウトソーシング，下請再編，リストラ，雇用の多様化，労務管理の再編等々，さまざまな方策を講じている。それらはバブル崩壊後，以前にも増してはっきりと顕在化することになったが，明らかに新たな構造への変化をもたらし，その結果，国際的に，企業規模間で，あるいは性別，学歴別，職種別等の賃金格差のありようを再編しつつある。それらの動きが，各分野で具体的な問題となって表れている。それゆえ，それらの問題は，理念レベル，運動や政策レベルにとどまらず，構造変化の分析に基礎づけられていることが重要であるといわねばならない。石田氏の分け入ろうとした新たなルール化への探求も，その前提となる企業の労働需要――海外移転や企業内国際分業，業務・仕事の外部化を含む業務の再編，派遣社員・パートタイマーの導入などといった業務や仕事のあ

Ⅰ 共通論題

りようを規定する条件——いかんで、その前提は大きく変わる。したがって、これらの前提条件をめぐる取引のルール化ないしこうした問題への政策の明確化とあわせて追求する必要がある。そのためにも、「高賃金問題」となって現出している構造と賃金格差の相互関係を解明し、「今日の賃金問題」とは何であるのかを、個別的にではなく構造的に明らかにすることが求められていた。結局、第93回大会の「今日の賃金問題」は、「賃金諸問題」としてのみ論じられることになった。われわれが直面している賃金問題とは何か、80年代において先送りされた問題は、さらに深刻な状況の中で先送りされているのである[9]。

3 2000年以降の共通論題の提起と賃金問題研究

近年の大会共通論題において、賃金問題にも大きく関連する変化が指摘され、われわれがこれまで当然のことのように前提としてきたことを、改めて問う重要な論点が提示されている。以下では、賃金問題に関わる範囲で、重要な点を拾い上げることにする。

2000年5月に開催された第100回大会は、「自己選択と共同性——20世紀の労働と福祉」を共通論題とした。佐口和郎氏によれば、「外側」の存在であった労働者を企業内に取り込むために、「三つの課題、労働者の生活の不安定性への対応、労働者給付の質・量の不確定性への対応、処遇の公正さ実現の要求への対応」が必要であった。そのため、雇用保障や企業福祉の制度、内部養成や昇進の慣行、企業内での公式発言ルートの確保がなされ、日本流の仕組み、諸制度ができあがったとする。そして、「これらのすべてに対応しているのがライフステイジに対応した賃金制度に他ならなかった。そしてこうした諸制度の組み合わせによって60年代から80年代半ばくらいまでは、労働者はまがりなりにも予見可能なライフステイジを共有することができたのである」[10]としている。近年の「雇用流動化」は、従来の一時的な雇用調整を越えて、生活保障を前提とした雇用と賃金の解体をもたらすのであろうか。内部昇進制に基づく内部養成を労働力調達の基本にすえなくとも、必要な労働力を外部調達できる労働市場ができあがるのかどうか、あるいはそれができる国へと企業・事業が移

動するのか，このことが問われていることになる。また，中川清氏は，1950年代からの出生児数の減少を指摘し，「生活課題を外部化するのではなく，個々の生活の営みにおいて内部化する生活対応の積み重ねが，近代家族自体の変容を引き起こした」とし，すでに1人世帯と2人世帯が過半になっている事実を指摘した[11]。われわれが標準的家族と考え，生活保障賃金の前提としてきた生活構造は，すでに大きく変化しているのである。

2002年5月に開催された第104回大会の共通論題は「雇用関係の変貌」であった。森建資氏は，雇用関係のあり方を概念的に整理して類型化し，全時間管理はあるが時間管理がなく労働者に大幅に権限委譲したタイプ（裁量労働制，請負労働者化），全時間管理はなく時間管理があり生活保障・雇用保障の規範がある程度浸透するタイプ（派遣社員，出向社員等）の増加を見通している。典型雇用において「請負化」が進み，非典型雇用の増大の中で，ある程度の生活保障・雇用保障の制度化が行われるようになる可能性を指摘する。こうした変化は，日本にとどまらず生じており，社会保障・福祉や家族関係など社会諸制度のあり方にも影響を与えつつ，その見直しに迫られている状況が広がっているという。森氏は，このような中で，「賃金をめぐる規範に混乱が生じている」と指摘している[12]。

われわれは，賃金の前提となっていた雇用と生活のあり方そのものの大きな変貌に直面している。この構造変化は，どのような雇用に，どのような賃金を求めるのか，生活構造の変化をふまえつつ，生涯生活保障の理念をより具体的に構想することを迫っている。そこに，今日の賃金問題の深刻さも根ざしていることに留意しなければならないのである。

4　社会政策学としての賃金問題研究の視角と課題

社会政策学会において取り上げられてきた賃金問題研究の推移を概観し，最近の注目すべき指摘を紹介してきた。そこから，課題として浮かび上がってきている問題を簡潔に整理しつつ，求められる研究視角について付言しよう。

第1に，日本資本主義の構造とその動態に規定された賃金問題の特質を，ど

のように把握するのかを明らかにすることが求められている。要するに，何が賃金問題であるのかが問われているのである。

　高度経済成長以降の日本資本主義の構造的特質とそれに規定される賃金問題の内容・特質について，われわれはその解明を先送りしてきた。1950年代を経て，労働市場分析を通じた日本資本主義の構造的特質の解明が賃金問題研究の焦点であることが広く認識され，主たる論点は，低賃金水準や賃金格差が資本間競争と労働市場での需給のありように規定されて生じている構造の解明にあった。60年代になると，高度成長が雇用の拡大と賃金上昇をもたらしたことから，経済成長をどうみるのか，成長は規模別賃金格差をはじめとする日本資本主義の構造的問題を解消させていくのか，そこでの労働組合の役割はどのように評価され，いかなる政策を掲げるべきであるのか，といった問題が浮上した。そこでは異なる見解が示されることになるが，その背後にある中心的な論点は，経済成長にともなう生産性の上昇とそれがもたらす結果をどのように把握するのかという点にあった。80年代にはいって，高度成長による資本蓄積は，基幹産業での生産性上昇に対応する管理された「高賃金化」と他産業への賃上げ率の波及による賃金上昇をもたらしたが，産業別賃金格差の大幅な縮小には至らなかったので，今後は産業別企業別賃金水準の格差のあり方に焦点をあてるべきである，と提起された。また，日本の特徴は個数賃金でみた国際的相対賃金の低さにあるとする指摘もなされた。しかし，それらの指摘は実証的な研究へと具体化されないまま推移した。80年代半ば以降，新たな国際分業，企業間分業や雇用の流動化といった市場原理主義的な施策が展開されてきた。そして90年代には，「成果主義」の動きが広がり，男女別格差問題も浮上した。ところが，いまや「今日の賃金問題は『高賃金問題』」であるとする見解は受け止められないまま，賃金諸問題が論じられるにとどまっている。

　日本資本主義が，輸出産業を中心とする生産性の上昇を通じて賃金上昇をもたらす構造を構築してきたとする認識は，いまや広く共有されていよう。しかし，その構造がいかに賃金問題を規定し，賃金問題にどのような特質を与えてきたのか，という点になるときわめて曖昧である。端的にいえば，旧来の「低賃金論」や賃金格差論の域をでておらず，生産性の向上あるいはコストダウン

の方法と賃金問題の関連や，その日本的特質が明確にされていない。これらの解明こそ，重要な課題である。

　しかも，輸出産業を中心とした生産性向上と賃上げの連鎖による国内経済の拡大という資本蓄積様式には，大きな変化が生じてきている。海外直接投資の増大，下請分業構造の再編成，典型雇用の削減と非典型雇用の増大，「成果主義」の導入などは，広く一般化してきた。そこには，大企業正社員をはじめとする「高賃金」コスト圧力を回避・軽減しながら競争力を強化しようとする姿勢が貫かれている。こうした経済構造の動態を含め，資本間競争と労働市場の分析を通じて，日本の賃金がいかに決められ再編成されることになっているのか，そこにどのような問題があるのかを明らかにする必要がある。われわれは，改めて現代の資本蓄積様式の分析に基づいて，日本の賃金水準と賃金格差構造の特質を解明するという基本的課題に迫られているのである。その際，留意しなければならないのは，大企業における賃金管理のあり方とともに，国際間，企業規模間，職種間，学歴間，男女間などの賃金格差の存在とその変化，格差間の相互関係を明らかにすることである。格差構造のあり方は，労働市場の構造を反映し，資本蓄積様式との交互作用をなす。そこにどのような日本的な特質がみられるのか，改めて問うことが必要である。こうした分析に基づかなければ，格差批判は存在根拠をみすえた有効な政策をもちえないことになろう。

　第2に，賃金問題研究の射程や方法に関わる問題である。これまでの成果を振り返ったとき，精緻で優れた研究も少なくない。問題は，それが賃金管理研究，特に大企業における賃金の決め方をめぐる研究に偏る傾向がみられることである。これは賃金問題研究者が，単に少ないということの結果とみることもできるかもしれない。他方で，近年の賃金見直しの動向分析の中では，次のような重要な指摘もあった。賃金のあり方は，生涯的所得保障システムの一環として公共サービスも含む地域レベルでの生活保障システムの確立を展望する政策の中で位置づけた検討を行うべきこと，新たに増加する低賃金層への最低賃金規制の重要性，生活水準にとってもつ間接賃金の意義，労働力再生産において生活構造の分析が重要であることなどである。しかし，その具体的な成果は少ない。賃金問題研究としては，賃金管理の問題にとどめず，賃金水準を公共

Ⅰ 共通論題

サービスも含む間接賃金を考慮した生活水準の問題として解明することが必要である。その際，労働市場機能の意義と限界を明確にし，現代的な労働力再生産を可能とする雇用・生活保障の政策理念を明らかにしていくことが求められているといえよう。上述したように，近年の蓄積様式の変化が，家族の生活保障を前提とした男性正社員の雇用と賃金のありようを変容させ，日本における賃金規範を問い直しつつあるとすれば，なおさらである。こうした視点からの賃金問題研究は，いまや，社会福祉・社会保障や生活経済などの研究との連携を必要としている。また，男女別格差をめぐる研究においても，男女別賃金格差のもつ意味を日本の賃金構造の特質の中で位置づけながら相対化するとともに，所得を社会的視点からとらえかえして賃金論を再構成することが重要である。企業が家族手当を廃止し，職務や成果に即した賃金へと鋳直そうとしつつある現在，賃金管理研究においても，こうした視点は不可欠のものとなってきている。そうであるならば，広範な共同研究が組織されてしかるべきであろう。さらには，政策パッケージとして構想する必要性を考えれば，生涯的所得保障システムの総合研究によって，われわれは，どのような雇用に，どのような賃金を求めるのか，生活構造の変化をふまえつつ，生涯生活保障の理念をより具体的に構想することに迫られているのではないだろうか。

すでに，与えられた紙幅はつきた。本稿は，本学会での共通論題研究報告を手がかりにしたきわめてささやかな考察に過ぎない。さらに立ち入った検討は他日を期す他ないのであるが，社会問題の政策学として賃金問題とは何であると考えるのか，その問題意識と研究視角が，社会政策学としての賃金問題研究の存在意義を左右する地点に，われわれはいま立っているのである。

1) 本稿で取り上げる社会政策学会での報告という場合，主として共通論題として，あるいは共通論題に関連して賃金問題を論じた報告に限定される。具体的には，『社会政策学会年報』，『社会政策論議』，『社会政策学会誌』に掲載され，賃金問題を明示的にテーマとする論文であり，分科会や自由論題での報告・論文については基本的に除かれている。さらには，周知のように，賃金問題は，社会政策学以外のアプローチ，労働経済学や経営学，産業（労働）社会学などのさまざまなアプローチから研究の対象とされるようになって久しい。これらの研究の中にも，優れたものは多いが，本稿で取り上げるのは，上述のとおり，非常に限定されている。

2) 末尾に、〈資料1〉として、(1)賃金問題が共通論題として取り上げられた大会、(2)共通論題に関連して「賃金」に関する報告があった大会の一覧を、〈資料2〉として、『社会政策学会年報』『社会政策論叢』『社会政策学会誌』に掲載された賃金問題関連論文の一覧を掲載した。以下、これらの文献については、例えば「文献①」「文献①-1」のように記す。
3) 「現代の女性労働と社会政策」を共通論題に開催された本学会第84回大会（1992年5月）は、こうした動きを反映するものであった。『現代の女性労働と社会政策〔社会政策学会年報第37集〕』（御茶の水書房、1993年）を参照のこと。
4) この第20回大会の成果として、単独の『社会政策学会年報』は発行されていない。第21回大会分とあわせて『労働市場と賃金〔社会政策学会年報第10集〕』（有斐閣、1961年）が発行されたのであるが、掲載されているのは井村喜代子・北原勇「わが国工業の構造的特質といわゆる"企業規模別賃金格差"」だけである。
5) 隅谷三喜男「賃労働の理論について」（東京大学経済学会『経済学論集』第23巻第1号、1955年）、氏原正治郎「労働市場論の反省」（『経済評論』第6巻第11号、1957年）を参照のこと。
6) 第52回大会「日本経済と雇用・失業問題」（1976年5・6月）と第57回大会「高齢化社会の社会政策」（1978年11月）で報告されたが、高度成長を通じた初任給上昇の下での労働市場と賃金管理の動向（文献⑩-1）、定年延長にともなう賃金カーブ修正の動向（文献⑪-1）に関するものである。
7) 遠藤公嗣「学会動向　今日の賃金問題──社会政策学会第93回研究大会を振り返って」（『大原社会問題研究所雑誌』No. 461、1997年）を参照。遠藤氏は、報告者の問題関心が総じて「賃金の個別的決定」にあったことを指摘している。
8) 石田氏の見解の詳細は、石田光男『仕事の社会科学』（ミネルヴァ書房、2003年）を参照のこと。
9) その後、第99回大会（99年10月）の共通論題「社会構造の変動と労働問題」において、海野博氏は、90年代の賃金問題をめぐって生じた動向の要点を全体として整理された（文献⑱-1）。しかし、ここでも何が90年代の賃金問題であるのか、それはこれまでの構造への変化を意味するのか、明らかにはされていない。また、中川スミ氏は、現代の重要な賃金問題として男女別賃金格差を挙げ、「家族賃金」思想批判を理論的に展開した（文献⑱-2）。こうした理論研究ばかりでなく、方法的批判や政策研究をふくめ、近年の男女格差をめぐる研究は大きな前進をみせている。しかし、賃金問題研究としては、ここでも依然上述の問題を抱えている。日本資本主義の構造的特質として男女別賃金格差のもつ意味を相対化すること、換言すれば、他の要因との相互関係あるいは規定関係を明確にしつつ論じることが求められている。
10) 以上、佐口和郎「『雇用流動化論』の歴史的意味」（社会政策学会編『自己選択と共同性〔社会政策学会誌第5号〕』御茶の水書房、2001年）24頁および27頁。
11) 中川清「近代家族の形成・展開と自己変容」（上記と同じ）を参照のこと。
12) 森建資「雇用関係の変化をどのようにとらえるか」（社会政策学会編『雇用関係の変

I 共通論題

貌〔社会政策学会誌第9号〕』法律文化社，2003年）24頁および27頁。

〈資料1〉 社会政策学会大会において「賃金」「賃金問題」が取り上げられた歴史
(1)共通論題として取り上げられた大会
　　第13回大会　1956年4月　　賃金
　　第20回大会　1959年11月　賃金構造
　　第28回大会　1963年11月　経済成長と賃金
　　第62回大会　1981年5月　　現代日本の賃金問題
　　第93回大会　1996年10月　今日の賃金問題
(2)共通論題に関連して「賃金」に関連する報告があった大会
　　第7回大会　　1953年6月　　日本の賃労働における封建性
　　第18回大会　1958年10・11月　中小企業の労働問題
　　第19回大会　1959年5月　　婦人労働
　　第21回大会　1960年4月　　労働市場
　　第30回大会　1964年11月　社会政策の国際比較
　　第52回大会　1976年5・6月　日本経済と雇用・失業問題
　　第57回大会　1978年11月　高齢化社会の社会政策
　　第73回大会　1986年10月　変貌する産業社会と社会政策学
　　第81回大会　1990年10月　社会科学の諸方法と社会政策研究
　　第82回大会　1991年6月　　現代日本の労務管理
　　第84回大会　1992年5月　　現代の女性労働と社会政策
　　第99回大会　1999年10月　社会構造の変動と労働問題

〈資料2〉 『社会政策学会年報』『社会政策論叢』『社会政策学会誌』にみる賃金問題
　　　　関連文献
文献①『社会政策学会年報』第1輯「賃金・生計費・生活保障」（有斐閣，1953年12月）
　一　賃　銀
　1　藤林敬三「ソーシャル・ダンピング論の再燃」
　2　藤本　武「日本資本主義と最低賃金法制」
　3　石原孝一「戦後における我が国賃金の構造的特質について——特に国際的比較
　　　　　　　の観点より」
　4　石崎唯雄「戦前基準実質賃金と生活水準」
　5　高木督夫「半農半労型について——低賃金の一要因として」
　二　生計費
　6　岸　　勇「農家家計の特質とその要因」

7　籠山　京「漁家の生計費調査を通じてみた窮乏化現象」
　　8　中鉢正美「最低生活水準の論拠」
　三　生活保障
　　9　近藤文二「社会保険における封建性——社会保険と福利厚生施設」
　10　高坂正敏「英国救貧法改正（1834年）とマルサス」
　11　秋田成就「イギリス救貧法の失業政策としての諸機能について——初期資本主義を中心として」
　12　小川政亮「我国保護請求権論史素描」
　13　松本浩太郎「社会医療の経済学」
文献②『社会政策学会年報』第2集「賃労働における封建性」（有斐閣，1955年6月）
　　1　藤本　武「日本の低賃金と封建的なるもの」
文献③『社会政策学会年報』第5集「最低賃金制」（有斐閣，1957年7月）
　　1　藤林敬三「序論——わが国における最低賃金制をめぐる諸問題」
　　2　藤本　武「フランスにおける最低賃金制度の発展」
　　3　森　五郎「最低賃金制に関する答申」とその検討
　　4　永野順造「社会政策としての最低賃金制の実現過程とその最低賃金額の決定基準について」
　　5　松尾　均「賃金，最低賃金制と社会保障」
　　6　高橋　武「ILOにおける最低賃金制」
　　7　角田　豊「戦後日本における賃金体系闘争の特質」
　　8　三好宏一「戦後における臨時工の賃金について——独占資本における若干の調査事例を中心に」
文献④『社会政策学会年報』第8集「中小企業と労働問題」（有斐閣，1960年10月）
　　1　小華和洋・寺村武「中小企業労働者の賃金と生活」
文献⑤『社会政策学会年報』第9集「婦人労働」（有斐閣，1961年5月）
　　1　藤本　武「婦人労働者と最低賃金制度」
　　2　山本順子「婦人の賃金」
文献⑥『社会政策学会年報』第10集「労働市場と賃金」（有斐閣，1961年12月）
　　1　竹中恵美子・中村俊子「労働市場と賃金決定」
　　2　井村喜代子・北原勇「わが国工業の構造的特質といわゆる"企業規模別賃金格差"」
文献⑦『社会政策学会年報』第11集「労働時間と職務給」（御茶の水書房，1964年1月）
　　1　吉村　励「Ⅰ　職務給に関する若干の問題」
　　2　高橋　洸「Ⅱ　〈コメント〉概念規定への若干の疑問」
　　3　井村喜代子「Ⅲ　〈コメント〉職務給理論の抽象性」

I　共通論題
    4　高木督夫「Ⅳ　職務給に関する一考察」
    5　倉野精三「Ⅴ　〈コメント〉労働組合の賃金政策に関連して」
    6　小池和男「Ⅵ　〈コメント〉「差別支配」について」
文献⑧『社会政策学会年報』第12集「経済成長と賃金」（御茶の水書房，1964年11月）
    1　小林謙一「Ⅰ　いわゆる経済成長と労働問題」
    2　石崎唯雄「Ⅱ　経済成長と雇用」
    3　並木正吉「Ⅲ　〈コメント〉戦後経済成長と雇用の総説的解明」
    4　山下不二男「Ⅳ　経済成長と企業間賃金格差」
    5　氏原正治郎「Ⅴ　規模別賃金格差の経済学的根拠」
    6　松尾　均「Ⅵ　経済成長と賃金水準」
    7　近松順一「Ⅶ　〈コメント〉分析視角上の問題点」
    8　西村豁通「Ⅷ　経済成長と労働組合の賃金政策」
    9　板東　慧「Ⅸ　経済成長と企業内賃金構造」
    10　高木督夫「Ⅹ　〈コメント〉『年功賃金』の概念規定について」
文献⑨『社会政策学会年報』第13集「社会保障と最低賃金制」（御茶の水書房，1966年3月）
    1　近藤文二「Ⅰ　日本における社会保障と最低賃金制」
    2　高橋　武「Ⅱ　生活扶助・厚生年金・最低賃金制」
    3　氏原正治郎「Ⅲ　〈コメント〉賃金水準と社会保障との経済学的関係」
    4　藤本　武「Ⅷ　最低賃金制度の国際比較」
    5　嶺　　学「Ⅸ　アメリカ最低賃金制の諸経験」
    6　永山武夫「Ⅹ　日本の現段階における最低賃金制の問題点」
文献⑩『社会政策学会年報』第21集「日本経済と雇用・失業問題」（御茶の水書房，1977年5月）
    1　川野　広「労働市場の変化と賃金決定——とくに，初任給と関連させて」
文献⑪『社会政策論叢』第Ⅲ集「高齢化社会の社会政策」（啓文社，1982年4月）
    1　下山房雄「Ⅳ　定年延長と年功賃金」
文献⑫『社会政策学会年報』第26集「現代日本の賃金問題」（御茶の水書房，1982年5月）
    1　高木督夫「Ⅰ　現代日本の賃金問題——"まえがき"にかえて」
    2　高木郁朗「Ⅱ　賃金水準と資本蓄積——賃金の自立的変化の可能性」
    3　高橋祐吉「Ⅲ　最近における年功賃金再編の動向と問題点」
    4　小越洋之助「Ⅳ　低賃金構造再編成と現行最低賃金制の機能」
    5　松崎　義「Ⅴ　労働組合の賃金政策——鉄鋼労働組合の場合」
    6　津田美穂子「Ⅵ　賃金水準と生活水準」

文献⑬『社会政策論叢』第11集「変貌する産業社会と社会政策学」(啓文社,1987年10月)
　1　下山房雄「Ⅶ　日本型賃金・労働時間の今日的様相」
文献⑭『社会政策論叢』第15集「社会政策研究の方法と領域」(啓文社,1991年11月)
　1　中西　洋「Ⅸ《賃金》の一般理論のために」
文献⑮『社会政策学会年報』第36集「現代日本の労務管理」(御茶の水書房,1992年6月)
　1　高橋祐吉「Ⅱ　現代日本の企業社会と賃金・昇進管理」
文献⑯『社会政策学会年報』第37集「現代の女性労働と社会政策」(御茶の水書房,1993年6月)
　1　高島道枝「Ⅳ　男女の賃金格差と『同一価値労働同一賃金』運動」
文献⑰『社会政策論叢』第21集「今日の賃金問題」(啓文社,1997年10月)
　1　高橋祐吉「Ⅰ　現代日本の賃金問題の諸相――『職能・業績反映型賃金管理システム』の検討」
　2　畑　　隆「Ⅱ　変貌する日本の雇用と賃金」
　3　石田光男「Ⅲ　能率管理と報酬管理――労使関係研究の新しいパラダイム」
　4　横山政敏「Ⅳ　今日の賃金決定と賃金の個別化」
　5　津田美穂子「Ⅴ　『新時代の賃金システム』を考える」
　6　孫田良平「Ⅵ　賃金と生涯生活保障――コスト抑制政策としての生活賃金保障」
　7　藤村博之「Ⅶ　賃金制度の国際比較――日本型賃金体系の将来」
　8　神谷隆之「Ⅷ　非正社員化と賃金――収入調整がパート賃金に与える影響と最低賃金」
　9　中下裕子「Ⅸ　差別賃金とコンパラブルワース」
　10　川東英子「Ⅹ　同一価値労働同一賃金と年功序列賃金」
文献⑱『社会政策学会誌』第4号「社会構造の変動と労働問題」(ミネルヴァ書房,2000年10月)
　1　海野　博「7　転換期90年代の賃金問題」
　2　中川スミ「8　ジェンダー視点から見た賃金論の現在」
　3　伍賀一道「9　構造的失業時代の雇用と賃金――『全部雇用』・『労働市場ビッグバン』・『個人単位の賃金』をめぐって」

共通論題＝社会政策学と賃金問題── 2

賃金をめぐる今日的焦点
賃金の決定基準を中心にして

木下武男 Kinoshita Takeo

はじめに

　日本の賃金制度は，グローバリゼーションという時代の転換に規定されながら，大きな変革期に入っている。年功制・能力主義から成果主義へという企業内の賃金・人事制度にとどまらず，多くの分野で新しい「賃金問題」が生じている。これらの諸問題は，賃金研究においても賃金運動においても年功賃金を所与の前提にしてきたこれまでの姿勢に，根本的な転換を迫るものである。とりわけ，賃金研究において賃金の決まり方，上がり方，水準という基本的な考え方のなかで，賃金の決定基準が中心的な論争点になりつつあるように思われる。そこでまず，年功賃金に関わる各分野の評価を整理しつつ，賃金をめぐる今日的状況について4つの分野に焦点をあて，その検討を通じて，議論の中心点が賃金の決定基準であることを論じることにする。

1　年功賃金に対する各分野の評価

（1）経営側の問題意識
　まず職能資格制度が時代に不適応であることを経営者側の問題意識からみていくことにする。日経連の報告書『経営のグローバルに対応した日本型人事システムの革新』(1999年)は日系グローバル企業の人事制度に関する報告であるが，興味深い指摘を行っている。「いま日本企業の人事システムは『仕組みとしては能力主義であるが，運用が年功的になっている』という問題点を抱えて

いる」。「何故，能力主義人事制度が年功的に運用される結果になったのか」という重要なテーマを出している。

しかし，能力主義にもとづいて職能資格制度が設計されたにもかかわらず，年功的に運用されたので，今日，弊害を生んでいると理解するのは正しくないように思われる。職能資格制度は，年功的昇進などの日本型雇用を土台にし，その確立の後に設計されたために，必然的に年功的な運用になったとみなければならないだろう。

日経連の報告も，日本型雇用との関連で年功的運用の弊害を指摘している。すなわちそれは，「入社年次別管理」と「集団内相対評価」という言葉で表されている。入社年次別管理は「護送船団方式」であったというのである。「中位グループを標準に，遅れている者についてはてこ入れし，先頭集団については突出を抑えながら同一入社年次の集団を一定の昇進差の中に収めるという意味ではひとつの護送船団方式でもある」と述べている。

護送船団というのは「同一入社年次」集団の年功的昇進を表現したものであるが，能力主義はその「集団内」における「相対評価」だったのである。情意考課や潜在能力評価に大きなウエイトをおく日本独特の能力主義は，結局は，集団から「突出を抑え」る年功制の枠内に収まるものだった。

能力主義管理とは，年功制にもとづく集団管理からの個別管理への移行であったはずであるが，そうではなかった。集団管理から個別管理への転換は，内実においては転換せず，逆行していたのである。この逆行こそが今日の賃金制度の焦点といえる。

個別管理ではなく，集団管理ということは，実力ある者，業績をあげた者，能力ある者を正当に評価しない，評価できない仕組みだったのである。このような職能資格制度を，これまで経営者団体は普及，推進してきたのであったが，グローバリゼーションのなかで企業の競争力を確保するための人事制度としては時代不適応になった，との認識に達したのだと思われる。すなわち，1995年の日経連の報告書「新時代の『日本的経営』——挑戦すべき方向とその具体策」は，労働者の処遇を3類型に分け，従業員の中核的な「長期蓄積能力活用型グループ」の処遇は，職能資格制度における能力主義の強化とした。しかし，

Ⅰ 共通論題

ここにきて，経営サイドは，年功制・能力主義から成果主義へという方向性を明確化しつつあるとみることができる。

(2) 職能資格制度による賃金差別に対する司法の判断と行政の動向

2003年1月，東京地裁は，職能資格制度のもとで賃金の男女差別を受けたとして訴訟を起こしていた昭和シェル石油の元社員に対して，訴えを認め，労働基準法第4条違反として約4536万円の支払を命じた。職能資格制度のもとで男女賃金差別を認定した珍しいケースとされている。昭和シェル石油の職能資格制度を事例にして，職能資格制度の年功的性格と性差別性について検討したが［木下 2003a］［木下 2003b］，ここでは職能資格制度の性差別性に対する司法の判断をみておこう。

昭和シェル石油の判決で裁判所は「原告の業務内容等からみた格差の合理的理由の存否」に関して「従事していた業務の中には，一定の専門技術や知識を必要とするものもあり，より上のランクや職能資格等級に該当する職務とみる余地があるものある」として，原告の仕事と，職能等級が想定している仕事内容との対応関係が一致していないことを指摘している。

これらは，職能資格制度の職能等級が，職務内容にもとづく職級と対応関係にあるという本来の制度設計の基本に立っての判断である。職能資格制度は，能力評価の恣意性が問題になりがちであるが，判決はあくまでも職務内容に着目し，結論を下していることに注目しなければならない。

職能資格制度は，建前としては職務分析・職務評価を行い「職級」というランクをつくることになっている。そして，その職級に就くことができる能力の刻みを，職能等級制度として設計する。つまり仕事評価の職級と，能力評価の職能等級とは，密接な関連があることが制度の特質だったのである。あるランクの仕事をすることができる能力を，職務遂行能力として評価し，職能等級として格づけるのである。職務遂行能力とは，文字通り「職務」を遂行することができる「能力」であり，両者は不可分の関係にある。企業が，「職務」から離れて「能力」評価をひとり歩きさせたところに，職能資格制度がもつ性差別性の最奥の真相があったのである。

今後，職級と職能等級との詳細かつ厳密な対応関係が職能資格制度の公正さの基準となるだろう。さらに，おそらく今後は，男女が集団として分離するという事実を，能力評価を行った結果であると企業が主張することは困難になると思われる。したがって，恣意的で曖昧なこの職能資格制度が，性差別性の視点から転換が迫られ，「本来型」職能資格制度へと進む可能性が生まれてきているといえる。

なお，男女賃金格差に関して厚生労働省雇用均等・児童家庭局のもとにつくられた「男女間の賃金格差問題に関する研究会報告」は2002年11月に報告をまとめた。男女雇用機会均等行政が始まって以来，男女間賃金格差を真正面から取り上げたものであり，それ自身，画期的なものである。しかし，報告は「我が国では国際的にみると大きな男女間賃金格差が存在している」という認識に立ち同一価値労働同一賃金原則の意義を認めながらも，「我が国で広く利用されている職能給中心の賃金体系の下でも，性差別のない賃金でさえあればこの原則の趣旨に沿う」(総論)としている。また，各論では「年功制度を前提にしながら同一価値労働同一賃金原則を実施することは十分に可能である」(浅倉むつ子)との指摘もみられる。[森 2003]も疑問を提出しているように，年功賃金と同一価値労働同一賃金原則とは並び立たないのである。賃金差別裁判の判決にみられるように男性の年功的昇進に女性を合わせることなどにより，「年功制度を前提にしながら『男女賃金格差を是正する』ことは十分に可能である」という表現は成り立つが，原則と制度との関係は厳密であり，同一価値労働同一賃金原則は仕事基準を前提にしているが故に，年功賃金とは相いれないのである。この点では，連合外部評価委員会の報告がより一層明確である。

(3) 労働側による「年功賃金から職務型・職種型賃金へ」の提起

賃金の公正を実現する同一労働同一賃金原則や同一価値労働同一賃金原則への関心が高まっているが，それは賃金決定基準の如何と不可分離の関係にある。この重大性は等閑視されてはならないが，この大きな課題に連合は一定の方向性を提起した。

2003年6月に出された連合外部評価委員会の「中間報告」は，「働く者の視

点からの『新しい賃金論』」を提起し，年功賃金否定を打ち出している。報告は「新しい公正な賃金論を確立することが急務」だとして同一価値労働同一賃金原則を賃金決定の基準とするよう提言している。

具体的には，「年功賃金から職務型・職種型賃金への移行を働く者の視点に立って実現させること」を提起し，さらに報告は「『仕事の価値付け』という作業の困難性と，その課題の重要性という二つを明瞭に自覚した上で『困難だからと言って作業を放棄すると，同一価値労働・同一賃金を根拠を持って要求することが困難になり，結局のところ賃下げ競争に対抗できない』と指摘している」［木下 2003d］。そして「労働組合は，均等待遇の実現のためには，これまでの『既得権』を一部放棄する覚悟をもたなければならない」と述べている。

1990年代，日本の女性運動が同一価値労働同一賃金原則に注目し，その原則の実現を求めてきたことに対して，有力なナショナル・センターが受け入れたという構図が客観的につくられたとみることができる［木下 2004］。

2　賃金をめぐる今日的焦点

(1) 日本型成果主義賃金の特徴と問題点
⑴　日本型成果主義賃金の特徴

成果主義人事制度の概念的把握が重要である。それは様々な資格制度において資格等級が何にもとづいて設計されているのかということは，人事制度の根幹に関わるからである。成果主義賃金の導入と，人事考課制度の強化や目標管理制度の導入とを混同してしまうという初歩的な間違いもみられるが，ことの本質は，新しい資格の決定基準である。

そこで成果主義人事制度の根本を明確にしておくことにしよう。あらゆる人事制度は，労働者の属性・能力ないしは仕事の価値を基準にして，上下に格づけする縦の資格制度と，その資格に就いている労働者の個々人を評価する，いわば横の評価制度との２つから成り立っている。

成果主義人事制度は，資格制度を新しく設計し直しているところに特質がある。その資格制度は，ミッション・グレードや実力バンド，役割ランクなど

様々な呼び名があるが，その多くは「アカンタビリティ」という考え方にもとづいて等級が決められている。アカンタビリティとは，「役割責任」，「成果責任」とも訳されている。

　多くの大企業の職務分析・職務評価を手がけている世界的なコンサルタント会社「ヘイ社」が開発したヘイ・システムでは，アカンタビリティは職務評価の3つの項目の1つに位置づけられている。すなわち，①知識・経験（ノウハウ），②問題解決（問題解決力），③行動・成果（アカンタビリティ）である。この総合的な職務評価にもとづいて職務の等級である職務等級制度が設定され，その等級にもとづいて基本給が決められている。ヘイ・システムのアカンタビリティは，職務の評価であり，あくまでもある職務がどのようなパフォーマンス（成果）を期待することができるかというその役割のことである。職務に付随しているその役割のことを意味している。

　日本の新しい資格制度は，総合的な職務分析・職務評価にもとづいた職務等級制度によるものではなく，職務評価の1ファクターであるアカンタビリティを抜き出し，それを経営利益に貢献できる成果役割として序列化したものである。企業にとって個人の成果が期待できる役割やポジションをランクづけ，資格制度を設計している。成果責任に特化した資格制度ということができる。いずれにせよ，資格制度の資格等級は，賃金を決定する基準となるものであり，また基本給の根幹に関わるものである。

　個人評価制度については，目標管理制度を中心にした個人の成果・業績を，人事考課制度の評価要素の柱にすえることが成果主義の特質である。目標管理制度は多くの企業に普及している。しかし，「日本で成果主義という場合，目標管理制度を意味するといっても，おおむね間違いではないだろう」（『週刊朝日』2003年8月29日号）というのは正確でない。あくまでも資格制度の改変が重要なのである。

　この目標管理制度は，期初に目標を出させ，期末に結果を評価するという制度であるが，結果を出す過程ではなく，出した結果が評価のすべてということになる。そこで結果（リザルト）主義ともいわれている。ともかく，職能資格制度の評価ファクターは，情意考課や潜在能力評価が大きな比重を占めていた

Ⅰ 共通論題

が，成果主義では，これらを極力排して成果・業績に特化する評価制度になっている。日本的能力主義は年功的昇進の枠内で作用してきたのであるが，これを転換することが成果主義人事制度の本質である。

(2) 日本型成果主義賃金の問題点

[木下 1999] で，「業績主義・成果主義によってやみくもに個人の実績を測る昨今の方向は，またしても，働く者を疲弊させることになり，『第二の失敗』になりかねません」と述べたが，今日，広まっている日本型成果主義賃金は多くの問題をかかえている。成果主義賃金は，日本型職務給，日本型仕事給といわれるようにアメリカの職務給やヨーロッパの職種別賃金とは異なっている。要するに，日本型成果主義賃金は，成果が期待される役割等級制度と，個人に対する結果主義による評価制度によって成り立っている。

この日本型成果主義賃金の問題点は，第1は基本給の変動である。成果を挙げることができる役割は経営目標にもとづいて編成され，その役割編成にもとづいて従業員が配置される。配置された従業員は，期待された成果をその役割ポストで挙げることができなかったとするならば，次年度はそのポストから外されるだろう。あるいは経営戦略の変更によって役割編成も再編され，従業員は異なる役割ポストに移動することもあるだろう。問題は，その役割ポストの変動によって基本給が上下することである。基本給の変動は労働者の将来設計を不可能にし，経営側も労働者の労働意欲を持続的に引き出すことはできないものと思われる。

第2は，過度の競争主義と職場の共同性の破壊である。「成果主義の『崩壊』」という認識が広がっている（前出『週刊朝日』）。目標管理制度＝成果主義と捉えて人事制度を設計しても，目標管理制度＝個人の結果主義なのであり，その意味の成果主義の破綻は目にみえている。結果がすべてならば一種のノルマ主義におちいってしまうからである。

個人の挙げた成果が基本給に直結し，これと裁量労働制とが結びつけば，従業員は成果を挙げるべく際限のない労働に駆り立てられることになるだろう。それは，短期的な経営の利益を生み出すかもしれないが，長期的な視野からみるならば，従業員の疲労困憊をもたらし，経営の競争力に差し障るものと思わ

れる。

　また，個人のなし得た成果が，職場にとっての業績や効率になるとしても，その成果が職場の他者の成果になる可能性がある限り，その成果は秘匿されることになるだろう。それは職場の共同性の破壊につながる。

　第3は，下位労働者の低賃金化と棲み分け不能の競争主義である。社内の全従業員を「成果役割」で配置するとしてもそのなかには，直接的な成果を生みにくい業務に従事する者も多くいるだろう。とくに定型的な業務に就いている労働者は，役割等級の下位にランクづけられるだろう。その労働者に成果主義評価を行うならば，その評価は低くなるのは当然である。成果主義人事制度は，その下位労働者の低賃金化による部分を，大きな成果を期待される上位等級の労働者にまわして，手厚く処遇するという，処遇の二極化を生み出すものと思われる。

　また，日本型成果主義は，全従業員を人事考課制度の評価対象にしている点は，職能資格制度と同じである。アメリカのようにエグゼンプトとノン・エグゼンプトを区別した評価制度ではないところに棲み分け不能の日本的競争主義が受け継がれているのである。

　日本型成果主義賃金に対しては，仕事基準の基本給を確保しつつ，その上に成果主義部分を上乗せするという個人評価型仕事給が，日本型仕事給よりもベターだと思われる。職務等級制度は，その上位ランクは高い成果が期待される職務であり，下位ランクは比較的，定型的な職務である。しかし，下位職務は，アカンタビリティの物差しだけではなく，知識・技能，労働環境などもカウントされて職務評価点が算出される。総合評価によって職務の価値が決まるので，従業員の公平感は得られやすいことになる。

（2）賃金下落を規制する社会的賃金運動

　グローバリゼーションの進展は日本の産業社会の特殊な構造に変容を迫っているように思われる。今日，企業集団や系列下請，相互相対取引という産業システム，さらに日本型株式会社といわれる変化に即応できない企業体質，これら日本独特のトータルなシステムがグローバリゼーションのなかで機能不全に

Ⅰ 共通論題

陥っているとみることができる。日本の高失業時代への突入は，この日本型産業システムがグローバリゼーションに対応できないことによる構造的な要因と，日本の賃金がグローバル経済化のなかで国際比較されることになり，国際的な「底辺へ向かう競争」に巻き込まれた結果によるものと思われる。

(1) 賃金下落のメカニズム

賃金下落のメカニズムは，失業率の上昇のもとで「年功賃金」と，「労働者間競争」，「企業間競争」の3つを組み合わせて理解することが大切なように思われる。まず，失業率上昇のもとで，年功賃金システムは賃金下落の歯止めになることができないということである。そもそも年功賃金は社会的な賃金基準をもたないし，また，それを前提にしてきたこれまでの春闘は，社会的賃金相場をついに形成しえなかった。[高木1982]が「労働組合を貧しきものにしてきたものは，戦後労働組合の40年ちかくにわたる歴史において，ついに企業別組合を包囲する社会的基準を形成しえなかったことにある」と述べたように，春闘が賃金の社会的基準を構築できなかったことと今日の労働者の困難とは大きな関わりがある。

高失業率のもとでの賃金下落の論理は次のようになる。a. 年功賃金の「右肩上がり」の実態は単身者賃金から男性世帯主賃金の上昇であった。b. 高失業率では求職者よりも求人者が優位に立つので，企業はキャリアを重視する以外は年齢の要素を採用時に勘案しない。c. したがって賃金は，単身者賃金という年功賃金の下限で相場が形成される。今日，これは失業者の再就職時や，若年者や有期雇用の賃金で現れているが，やがて，これらが「重し」となって正規雇用者の賃金を押し下げていくものと思われる。

「年収200万円台時代」の到来を実感させたのは次の事例であった。昨今注目されている公設民営方式の保育園の事例は，賃金下落のメカニズムを大変わかりやすく示している。東京都三鷹市で，全国で初めて公立保育園の運営を企業に委託する「公設民営方式」の保育園が開所された（『朝日新聞』2001年5月25日）。委託先は，年間経費見積額として約7900万円を示した「ベネッセコーポレーション」であった。市職員の保育士の人件費は平均年齢の38.1歳で，1人当たり年間約830万円だったという。ベネッセは，常勤スタッフを1年更新

の契約社員として雇い,「年功よりも仕事の内容で賃金を決めているから」月収は1年目で15～20万円程度,それでも約20人の枠に約340人の応募が殺到したという。

このように,年功賃金制度における社会的賃金相場の欠如という歴史的な条件のもとで,失業率の上昇によって労働者間競争が激しく展開され,それに構造的不況下で企業間競争が激化する,このようなメカニズムによって賃金下落が急激に進行しているとみることができる。

(2) 社会的賃金運動

この賃金が下落する構造は,最末端に「底」を構築することによってのみ克服することができる。業者間競争によって低額受注しても,業者が労働者に支払う賃金の最低が決められており,また,労働者間競争が激しく展開されても,労働者が受け取る賃金の最低が存在していることがきわめて重要なのである。具体的には地域を基盤にして,①職種別最低賃金規制の運動,②生活賃金の条例化運動,③地域最賃の改善運動,④全国一律最低賃金制確立運動,これらの賃金規制運動が構想されるが,詳細は［木下 2002a］を参考されたい。

(3) パートタイマーと正社員との均等待遇の原則

2001年に「パートタイム労働研究会」が発足し,2002年に最終報告書がまとめられた。報告は,「均等処遇ルール」について次の2つのタイプに分けたところに特徴がある。①「仕事・責任が同じ」＋「処遇差の合理的理由なし」→「同一処遇原則タイプ」(4-5%),②「仕事・責任が同じ」＋「処遇差の合理的理由あり」→「処遇配慮義務タイプ」。

この「処遇差の合理的理由あり」とは,「最終報告」にみられる「キャリア管理」ないしは「雇用管理区分」という言い方の内容とほぼ同じと考えられる。「キャリア管理」とは,「パートタイム労働にかかわる雇用管理研究会」の報告(2000年4月)の処遇差の「合理的理由」であった「残業,休日出勤,配置転換,転勤がない,又は少ない」のなかで残業,休日出勤を除き,配転・転勤を中心とした「幅広い移動の多寡」を基準にしているように受け取れる。

さてそれで,「同一処遇原則タイプ」は,この「場合にのみ,パートを正社

員と同じ処遇決定方式にする」とし,「処遇配慮義務タイプ」は,経営者に求めるルールのガイドラインを示すにとどまっている。研究会の方向は,「雇用管理区分」という基準を示し,区分けしつつ,その区分内部における処遇の均衡をはかるものと考えられる。

一方,この最終報告に対して連合は,「『均等待遇』の判断基準」を示した。「処遇差の合理的な理由となるもの」として,①「職務」の違い,②職務遂行能力の違い（キャリア,勤続,公的資格など）,③成果・業績の違い,の3つを挙げている。逆にみると,職務が同じならば,処遇も同じということを意味している。職務の違いの評価項目も,職務分析・職務評価のファクターとほとんど一致している。

これは「言葉として同一価値労働同一賃金というかどうかはすべてに共有されているわけではありませんが,仕事を基準にして考えなければならないことは,了解されています」[吉宮 2003] との表現からわかるように,基本的には同一価値労働同一賃金の視点に立ったものとみることができる。パートタイム労働研究会の最終報告と,連合の均等待遇の判断基準とは大きな隔たりがある。

（4）公務員賃金の職能資格制度への転換

公務員の人事制度が,行政改革推進事務局の主導のもとで,これまでの職階制から職能資格制度へと急速に転換しようとしている。制度設計の過程とそこでの人事院と経済産業省との確執については「『公務員制度改革』放浪記」に詳しい。

2001年12月に閣議決定された「公務員制度改革大綱」は,現行の人事制度を,「職員の能力や成果を適切に評価」することが「不十分であることなどから」「採用試験区分や採用年次区分等を過度に重視した硬直的な任用や年功的な給与処遇が見られる」と評価し,職能資格制度の導入を決定した。

2003年3月,政府は「一般職および一般職の能力等級制に関する法律」（職能等級法案）をまとめ,国会に上程する予定である。この公務員における職能資格制度は,年功制と親和的であったこれまでの民間企業のそれとはいくぶん異なるように思われる。1つは官職と職能等級とのリジットな関係である。官

職という概念は残され，その上で「官職」は「いずれかの職能等級に分類」（第4条）されることになる。職能等級には様々な官職が分類され，序列化される。そのなかで上級の職能等級に昇格するには，その等級に位置づけられている何らかの官職に就かなければならないことになる。これは逆に考えると，能力があるとみなされる職員は，上位の職能等級に抜てきされ，そして，何らかの官職（ポスト）に就くことができる。これによって，「大綱」の指摘した「在職年数等を基準にした昇任」を排することができることになる。

2つは，「予算で定める能力等級ごとの定数」（第8条）の存在である。「大綱」も「適正な給与管理及び人件費管理を行う観点から，各府省の機構及び人員構成等を踏まえ，等級別に人員枠を設定する」としていたが，この「等級ごとの定数」枠は，これまでの民間企業でみられた職能資格制度の年功的運用を困難にするものと思われる。職能資格制度の特質は，職能等級と職階制との分離，および職能等級における人員枠の不設定にあったが，これらの点からみて，今回の国家公務員に対するこの資格制度は，新型の職能資格制度のように思われる。

この職能資格制度の意図について，[丸谷 2003] は，これまでも「実態的には，特権的なキャリアシステム・『人』を基準にした運用が横行していたのであり，『人』による処遇制度への制度的転換は，職階制と官職分類制度のくびきをとりはらい，特権的な人事管理システムをいっそう強めることになるであろう」と指摘している。このような公務員上層の優遇的な処遇と同時に，当然，公務員下層における年功的運用の排除による低賃金化と恣意的査定による差別化が進行するものと思われる。その意味で，両極に区分した処遇を可能にする人事制度は，制度設計は異なるが，日本型成果主義と共通するコンセプトにもとづいているとをみることができる。

3 賃金決定基準の重要性

賃金の類型や決定基準については，1960年代初頭の横断賃率論や職務給論争のなかで明確になっていたが，その後，このような議論は社会政策学会で改め

て議論されることはなかった。また労働運動の分野でも高度経済成長を背景に，年功賃金を前提した「大幅賃上げ時代」のなかで，春闘時におけるベース・アップの「賃金水準」の問題が中心になり，「賃金決定基準」をめぐる問題意識は後景に退いてしまった。［小池 1966］は年功賃金の根拠を日本の低賃金から捉える低賃金説を批判して「上がり方」と「決め方」を分けることの重要性を指摘した。小池のこの議論には触れないが，賃金問題の分析視角として，①「賃金決定基準」，②「賃金の上がり方」，③「賃金の水準」，この3つがあることについてあらかたの了解が得られるだろう。

そのなかで，［赤堀 2002］に代表されるような年功賃金を擁護する一定の研究潮流は，賃金決定基準の理解において不正確さがみられる。年功賃金の決定基準における年齢要素を抜き出し，「年齢別横断賃率論」なるものを提起しているのであるが，年齢別賃金と年功賃金とは概念的に異なる。戦前に男工・女工という男女別賃金が存在したが，男女別賃金を年功賃金と呼ばないのと同じように，年齢別賃金を年功賃金の一種とみなすことはできないのではないだろうか。

年功賃金は歴史的日本的な概念とみなさなければならない。［熊沢 1981］『日本の労働者像』の英訳書では年功賃金について「nenkoū wage system」という用語が用いられているように，年功賃金は翻訳不能な純日本的概念なのである。「seniority based wage system」という用語を用いた題名の英書もあるが，それは間違いである。

それでは歴史的日本的な概念とは何を意味しているのだろうか。まず1つは，つとに強調されているように年功賃金は「年と功」賃金であり，功労の功・功績の功の要素が必ず入っているということである。あと1つは，年功賃金は家族賃金イデオロギーに支えられ，その家族賃金は年齢と家族数という直接的な家族扶養要因によって構成されていることである。

周知のように，欧米における家族賃金は男性職と女性職という性別職務分離のなかで，男性が，男性職の賃金を妻子を扶養できるような水準で要求したことから生じている。基本的には，年齢・家族数という要素を入れることなく，職種・職務の賃金水準の上昇を求めたのである。すなわち，ジェンダー・バイ

アスによる「仕事の価値」の増加として家族賃金がある。

　一方，年功賃金は，年齢・家族数を賃金決定要素に入れ込むことによって日本的な家族賃金を成り立たせている。すなわち，年功賃金における年齢要素は家族賃金を成立させる構成要素として存在するのであり，その年齢要素だけを抜き出して，それを年功賃金の一種としてその範疇に入れることはできないのではないかと思われる。年功賃金概念とは離れた別の賃金類型として年齢別賃金を構想することが望ましいということである。

　この年齢別賃金と年功賃金との混同には，年齢とともに上がる賃金は，生活保障と賃金平等という点からして良いものであるとの観念があるように思われる。つまり，「決定基準」と「上がり方」，「水準」の3つのなかで「決定基準」と，「上がり方」・「水準」との峻別がなされていない。そこから賃金の上昇や水準に引きずられて，決定基準の重要性が曖昧にされているのである。そこで，賃金をめぐる状況変化のなかで賃金決定基準が決定的に重要になっていることを指摘したい。

　まず，賃金における平等と差別の基準は何かということである。欧米に比べて男女の隔絶な賃金格差が存在し，また，非正規雇用労働者が激増する今日，この点の理解は不可欠である。また企業内賃金で考えると，配分の公正な基準とは何かということである。

　年功賃金がはらんでいる深刻な問題として，「人件費総額」が一定だとすると，「配分をめぐる労働者グループと労働者グループとの対立，すなわち『労労対立』が年功賃金には存在している」ことが指摘できる［木下 1997］。この「企業内賃金原資の差別的な配分」の例として，大学専任教員グループと大学非常勤講師グループとの対立を事例に挙げているが，この関係は女性労働者と男性労働者，正社員とパートタイマー，若年労働者と中高年労働者，これらの関係にも当てはまることである。

　「労労対立」とは企業内における「賃金削り取りの関係」を示している。企業内の賃金原資，すなわち「パイの大きさ」は企業内の労使の力関係に大きく左右されるが，この「パイの大きさ」と「パイの切り方」とは次元が異なっている。「パイ」は「仕事の価値」にもとづいて切られることが，賃金平等の原

則である。「パイ」の切り方がブレて，大きな切り分を得たグループは，たんに賃金を多く得たという問題ではなく，他のグループが本来，受け取るべき賃金を，自分の側に削り取って賃金を大きくしているのである。

このように賃金決定基準は，賃金差別か賃金平等かの分岐点といっても過言ではない。「仕事の価値」が平等の基準であることからすると，年齢別賃金は年齢別賃金差別であり，エイジズムにもとづいているといわざるを得ない。

さらにまた賃金決定基準の重要性は，横断的労働市場が形成・拡大しつつあるなかで，賃金の最低の歯止めを築く基準は何かというところからも理解されなければならない。大失業時代のなかで進んでいる賃金下落の歯止めは何によって可能なのだろうか。地域最賃の改善や全国一律最低賃金制の実現は法律による規制であるが，横断的労働市場における賃金規制を本来的な機能とする労働組合は，職種別賃金によって規制を行う以外にはないのではないだろうか。横断的労働市場を，年齢別要素を入れ込んだ基準で規制しようとするならば，同じような仕事ができる若年者と中高年者のなかで，経営者は若年者を採用するのは当然である。

以上，検討してきたように，賃金の決定基準の問題は，賃金をめぐる状況が大きく変化しているなかで，学問的にもまた運動の分野でもあらためて議論されるべき課題になってきている。

【参考文献】

赤堀正成［2002］「『野蛮な横断的労働市場』の可能性──木下武男『日本人の賃金』の検討」『労働科学』78巻3号

木下武男［1997］「日本的労使関係の現段階と年功賃金」『講座 現代日本3』大月書店

木下武男［1999］『日本人の賃金』平凡社新書

木下武男［2000a］「賃金の考え方を掘り下げる」『賃金と社会保障』1265・66号

木下武男［2000b］「ジョブレス社会・日本の悲劇と課題──物差し研報告をどう読むか」『賃金と社会保障』1283

木下武男［2002a］「日本型雇用・年功賃金の崩壊と新しい賃金運動の構想」『ポリティーク3号』旬報社

木下武男［2002b］「職能資格制度の年功的性格と性差別性［上］」『賃金と社会保障』

1236号
木下武男［2003a］「職能資格制度の年功的性格と性差別性［下］」『賃金と社会保障』1337・1338号
木下武男［2003b］「昭和シェル石油男女差別裁判の判決について」『賃金と社会保障』1342号
木下武男［2003c］「日本の賃金制度の行方」『労政時報 別冊』労務行政研究所
木下武男［2003d］「連合評価委員会中間報告によせて──論評と提案」『賃金と社会保障』1351・1352号
木下武男［2004］「日本の男女賃金差別と同一価値労働同一賃金原則」『ジェンダー白書 2 女性と労働』明石書店
熊沢誠［1981］『日本の労働者像』筑摩書房
Kumazwa, M., 1996. *Portraits of the Japanese Workplace*, Westview Press.
厚生労働省雇用均等・児童家庭局［2002］『パートタイム労働の課題と対応の方向性──研究会最終報告』
小池和男［1966］『賃金』ダイヤモンド社
「『公務員制度改革』放浪記」［2002］『官界』6・7・8月号
高木郁朗［1982］「労働組合史における企業別組合」『戦後労働組合運動史論』日本評論社
丸谷肇［2003］「公務員制度改革と新人事システム」『時代転換の諸断層』日本経済評論社
日経連［1999］『経営のグローバル化に対応した日本型人事システムの革新』
森ます美［2003］「『男女間の賃金格差問題に関する研究会報告』の論点」『女性労働研究』44号
吉宮聰悟［2003］「労働者側から提示する『均等待遇』の判断基準」『女性労働研究』44号
連合外部評価委員会［2003］「連合評価委員会中間報告」
労働省女性局［2000］「パート労働者の賃金・処遇をどう改善していくか──雇用管理研究会報告」

共通論題＝社会政策学と賃金問題——— 3

年齢（経験年数）別横断賃率の可能性

赤堀正成 Akahori Masashige

はじめに

　本稿は，「年功賃金」とは異なる，年齢別ないし経験年数別の横断賃率の可能性を論じようとするものである。一般に，年齢別賃金体系は「年功賃金」とともに属人給に，経験年数別賃金体系は仕事給に分類される。そうした理解に立つと，年齢別ないし経験年数別の賃金体系を並列して同時にその可能性を論じることには無理があると思われるかもしれない。加えて，歴史的にみても，年齢別賃金は電産型賃金体系というかたちで日本において戦後初期に成立したものであり，経験年数別賃率は経験年数を熟練度の指標としたものでヨーロッパにおいて特徴的とされ，19世紀来のクラフト・ユニオン以来の歴史をもつものである[1]。しかし，どちらも労働者集団の強い介入があって初めて成立したものであり，それがともに労働者間競争を抑制するために「年」を指標として打ち出したことは示唆的であろう。本稿は，戦後日本の幾つかの経験を踏まえて今日的課題を念頭に置きつつ，年齢別賃率と経験年数別賃率とが労資関係の具体的対抗の場においては同様の機能を果しうることに注目し，それがもつ可能性を掬い上げようとした。

1　属人給と仕事給

　図表1は属人給と仕事給を査定の強弱によって分類したものである。査定が強いものが労働者間の競争を促進する性格が強く，査定がないか，あっても弱いものが労働者間の競争を抑制する性格が強いと考えられる。

図表1　属人給と仕事給

	個人査定が弱い	個人査定が強い
属人給	年齢別賃金	年功賃金（職能給）
仕事給	経験年数別（熟練度別職種）賃金 単一レート職務給	能力・業績反映型賃金（成果主義賃金） 範囲レート職務給

出所：著者作成。

　まず，属人給で査定がないか弱いものとして年齢別賃金がある。これは電産型賃金体系の中核を成す「生活保障給」が典型であり，年齢を基準として加齢とともに毎年賃金額が増えるものである。

　つぎに，属人給で査定が強いものとして年功賃金，職能給がある。歴史的には日経連が電産型賃金体系の克服を課題として"定期昇給即査定昇給"の掛け声とともに導入したのが年功賃金である。その後，年功賃金にさらなる不満を抱いた日経連が『能力主義管理』（1969年）において提唱した職能給が70年代以本格的に普及した。

　さて，仕事給で個人査定がないか弱いものにヨーロッパの経験年数別（熟練度別職種）賃金と呼ばれるものがある。これは経験年数を積み重ねるごとにやはり賃金額が上がるものである。

　またやはり仕事給で査定がないか弱いものに単一レート職務給がある。職務給は一般にアメリカで活用されているものである。企業ごとに職務評価を行い，その職務評価にもとづいて当該職務に就く者の賃金額が企業内で決定される。

　なお，ヨーロッパでも職務給があるが，産業別協約による職種別賃金の裏付けをもって，それに職務給を位置づけるというものであり，産別協約による職種別賃金の裏付けをもたないアメリカの職務給とは区別されるものであろう。実際アメリカでは「シングルレートを採用している企業であっても，新規採用者については，シングルレートできまる賃金より低い賃金を適用する企業が多い」[2]と指摘されるように規制力が弱いのはやはり企業内賃金決定に拠るためと思われる。

　また単一レート職務給は，たしかに同一職種に就く労働者間に"賃金差別"

が生まれることを防ぐことはできるが，必ずしも"仕事差別"までを防ぐことができるものではない。つまり，数の限られた職務に誰を就けるかの裁量はしかるべき労働組合の規制力が存在しない場合にはもっぱら企業の経営権に属するものとなるからである。実際，早くから職種別賃金が定着しているヨーロッパで1960年代初頭に職務給が導入されようとしたとき，CGIL や CGT が職務給導入に強い反対を示した理由のひとつはそのためであった[3]。

仕事給で査定が強いものに「能力・業績反映型賃金」がある。これは旧日経連の報告書『新時代の「日本的経営」』(1995年) で提唱され，しばしば成果主義賃金などといわれながら近年の日本で導入がはかられているものである[4]。そこでは「定期昇給は原則としては，ある一定資格までは職能の伸びや生計費の高まりを考慮して毎年昇給するが，それ以降は能力や業績反映型の賃金」とされている。

職務給のひとつである範囲レート職務給と呼ばれるものを査定の強いものに分類した。経験年数に従って熟練度が増すことを想定すれば，経験年数とともにレート内での賃金額が上昇する傾向をもつと予想されるが，実際には，レート内の「下限賃金を採用時や就任時の賃金とし数ヵ月から1年程度の試用期間において職務を十分にこなすことができることを証明した時点で賃金を引き上げ，さらにその後の職務遂行能力において職務の担当者としてふさわしい仕事ぶりであった時には世間相場である中間賃金を支給する」，「中間賃金を超える賃金を支給するのは本来，当該職務で要求される以上の働きをした場合が該当する。しかし企業によっては，中間賃金から上限賃金までを3区分して，そのどこに従業員を位置づけるかは人事評価によるという例もある」[5] (傍点引用者) からである。

以上，属人給と仕事給のそれぞれの事例を査定の強弱によって4つに分類してみてきた。今日，今野浩一郎『勝ちぬく賃金改革』は労働者間競争の活性化のために仕事給を，また木下武男『日本人の賃金』は労働者間競争の抑制のために仕事給を，それぞれ提唱している[6]。こうした仕事給の理解をめぐる食い違いは，実は，属人給—仕事給という分類それ自体が労働者間競争の是非とは独立したものであることを示しているといえよう。

今日の賃金の問題と今後の賃金のあるべき姿を，労働者間競争の是非という対抗に置いて考えたときに，本稿は『日本人の賃金』が主張するように属人給でなく仕事給をという選択はせずに，属人給に分類される年齢別賃率と仕事給に分類される経験年数別賃率との，ふたつの今日における可能性を考える[7]。しかし，それに先立って，戦後日本労働組合運動史の中の，電産と全自動車（日産分会）の歴史的経験を踏まえておきたい。

2　電産型賃金と全自型賃金

年齢別賃率と経験年数別賃率が労資関係の具体的な対抗の場で同様の機能を果しうると考える本稿にとって興味深いのは，戦後日本の労働組合運動において実践された，年齢別を成立させた電産型賃金体系と経験年数別を模索した全自型賃金の事例である。以下にそれぞれの概要を一瞥しておこう。

（1）電産型賃金体系と全自型賃金
(1)　電産型賃金体系

電産型賃金体系[8]とは電産の前身，電産協が1946年の産別10月闘争で実現したものである。電産型賃金体系は，全体が「基準労働賃金」と「基準外労働賃金」とに二分され，「基準労働賃金」の主たる割合を占める「基準賃金」の部分を「生活保障給」「能力給」「勤続給」によって構成しており，「基準賃金」（生活保障給，能力給，勤続給）の構成要素のうち，「生活保障給」部分が賃金額全体の約80％を占めるようにされていた。生活保障給は，年齢と家族数によって算定されたが，これは「旧体制にある現行職階制は之を全面的に廃止」し，「資格，職階制並びに学歴，性別による賃金の不平等撤廃」（電産協給与委員会議事録，1946年）を目的として打ち出されたもので，「年齢と家族数が同じであれば，『資格，職階制並びに学歴，性別』に関わりなく，すべての従業員に平等の賃金が支給される」[9]（傍点は赤堀，なお2（3）での後述参照）ものであった。
(2)　全自型賃金

全自型賃金[10]とは全自動車労組が1952年秋の闘争の過程で提示した賃金要

I　共通論題

図表2　六本柱の賃金原則

	熟練度	経験年数	年　齢	家族数	基準額(手取)
1	未熟練	0	18	0	13,000
2	半熟練	2	20	0	16,000
3	初　級	7	25	2	21,000
4	中　級	12	30	3	26,000
5	上　級	17	35	4	32,000
6	高　級	22	40	5	38,000

出所：加藤尚文『事例を中心とした戦後の賃金』技報堂，1967年，808頁。

求である。その要求を特徴づけるのは52年秋の闘争の過程で提示された「賃金三原則」と「六本柱の統一賃金要求」である。「賃金三原則」は，「最低生活保障の原則」と「同一労働同一賃金の原則」，両者の「統一の原則」の三原則から成る。

「六本柱の統一賃金要求」(**図表2**) は，52年9月の全自定例執行委員会で決定された臨時大会決定案の「六本柱」である。熟練度と経験年数，賃金額をリンクさせたものである。熟練度「未熟練」＝「所用経験年数0年」から熟練度「高級」＝「経験年数22年以上」までが設定されている。「基準額」はマーケット・バスケット方式によって算出され，家族数が考慮されたものとなっている[11]。

さらに図表3は全自日産分会が53年争議の過程で提示した，「六本柱に最高熟練＝3万6千円を追加した」「七本柱」[12]の「経験年数別最低賃金表」である。「最高級熟練」の「所用経験年数」が毎年経験年数に応じて賃金額が上がるように明示されたほかに，「最高級熟練」にいたる「所用経験年数」が図表2の「高級」よりも2年短縮されて20年となっており，また図表2の「高級」の「基準額」が38,000円となっていたのが，ここでは36,000円となっている。こうした変更の所以はわからないけれども，これらの違いは「六(七)本柱」の性格を変えるほどのものではない。

全自日産分会が出した「経験別最低賃金表」のねらいは経験年数を熟練度のものさしとし，「主観的な等級差設定に基づく資本家的な管理賃金を排除し，客観的な基準を与える」ことにあった。しかし，この「経験年数別最低賃金

図表3　経験別最低賃金表

熟練格差	格付け	熟練格差小分類	所要経験年数	最低保障賃金
未熟練労働	入社直後の未経験労働	未熟練の1級 〃　　　2級	0年以上 1　〃	10,000円 11,000
半熟練労働	補助的, あるいは単純作業, 上級者の指導で従事する程度のもの	半熟練の1級 〃　　　2級 〃　　　3級	2　〃 3　〃 4　〃	12,000 13,300 14,700
初級熟練労働	普通の独立した作業を基準的な熟練度で遂行する程度のもの	初級熟練の1級 〃　　　2級 〃　　　3級	5　〃 6　〃 7　〃	16,000 17,300 18,700
中級熟練労働		中級熟練の1級 〃　　　2級 〃　　　3級 〃　　　4級	8　〃 9　〃 10　〃 11　〃	20,000 21,300 22,500 23,800
上級熟練労働	上級の作業を, 相当程度の熟練度で遂行し, 下級者の指導的能力を持つ程度のもの	上級熟練の1級 〃　　　2級 〃　　　3級	12　〃 13　〃 14　〃	25,000 26,600 28,300
高級熟練労働		高級熟練の1級 〃　　　2級 〃　　　3級 〃　　　4級 〃　　　5級	15　〃 16　〃 17　〃 18　〃 19　〃	30,000 31,200 32,400 33,600 34,800
最高級熟練労働	上級の作業を, 高度の熟練度で遂行し, 下級者一般の指導的能力を持つ程度のもの	最高級熟練	20年以上	36,000

注：全自A分会「要求書」(1953年5月23日提出）による。
出所：上井喜彦『労働組合の職場規制』東京大学出版会, 1994年, 66頁, 表Ⅰ-2-1。

表」にたいして組合内部で批判が起こる。技術者, 管理者等の職員層から「経験一本で決まるのは不満だという声と, その中から職種別最低賃金の主張, 職務給, 職階給, 能力給等々の主張が出てきた」[13]のである。分会執行部はこれらの要求に応えて,「経験別職種別最低賃金表」の作成を一度は目指す。それを示すのが図表4である。職種を10に分けているが, 注目されるのは,「経験別職種別最低賃金表」も「経験別最低賃金表」と同様に20年間にわたって, 毎年賃金額が上がるように設計することを想定したことが表の構成に示されてい

Ⅰ　共通論題

図表 4　経験別職種別最低賃金表

職種＼経験	0	1	2	3	4	5	6	7	8	9	10	11	12	13	14	15	16	17	18	19	20
一般生産労働																					
一般事務労働																					
一般技術労働																					
守　　衛																					
看　護　婦																					
医　　師																					
タイピスト																					
交　換　手																					
運　転　手																					
雑　　役																					

注：全自A分会『当面の運動方針（案）』（1953年5月）3頁による。
出所：上井喜彦『労働組合の職場規制』東京大学出版会，1994年，69頁，表Ⅰ-2-2。

ることである。

　しかし，今度は反対に1949年争議の敗北の経験から「労働組合らしい労働組合」への脱皮を目指す活動家層から，それ──職種別賃金──では「分裂賃金になる」という批判が「執拗に表明され」た[14]。上井喜彦氏は当時の日産分会の基本給を職種別・勤続年数別に整理した図表5を示して，「このグラフから，『分裂賃金』になるという反対意見は，これまで低く格付けされてきた生産現場──グラフでは生産部門と補助生産部門に分類されている──の広範な労働者たちの平等処遇を求める願いを代弁していたことが容易に了解」[15]されると述べている。結果として「経験別職種別最低賃金表」を作成することはできなかった。

　以上が全自および全自日産分会の賃金要求の概要である。たしかに全自日産分会では「経験別職種別最低賃金表」は完成されなかったが，注目されるのは「経験別最低賃金表」を決定した全自執行委員会は「今回は職種別賃金差はとりやめ，現場作業員を6段階に分類し，基準を定める」[16]と述べていることで

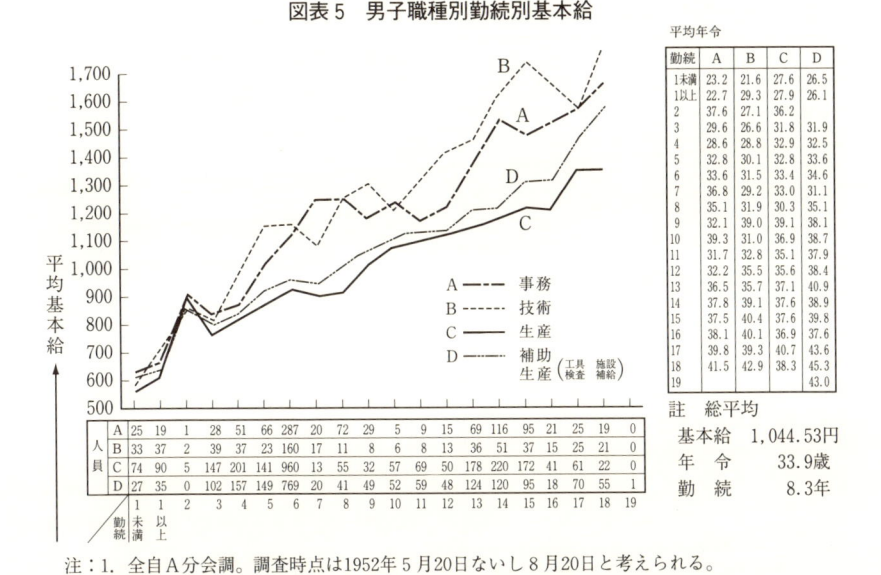

年齢（経験年数）別横断賃率の可能性

図表5　男子職種別勤続別基本給

勤続	A	B	C	D
1未満	23.2	21.6	27.6	26.5
1以上	22.7	29.3	27.9	26.1
2	37.6	27.1	36.2	
3	29.6	26.6	31.8	31.9
4	28.6	28.8	32.9	32.5
5	32.8	30.1	32.8	33.6
6	33.6	31.5	33.4	34.6
7	36.8	29.2	33.0	31.1
8	35.1	31.9	30.3	35.1
9	32.1	39.0	39.1	38.1
10	39.3	31.0	36.9	38.7
11	31.7	32.8	35.1	37.9
12	32.2	35.5	35.6	38.4
13	36.5	35.7	37.1	40.9
14	37.8	39.1	37.6	38.9
15	37.5	40.4	37.6	39.8
16	38.1	40.1	36.9	37.6
17	39.8	39.3	40.7	43.6
18	41.5	42.9	38.3	45.3
19				43.0

註　総平均
基本給　1,044.53円
年令　33.9歳
勤続　8.3年

凡例：
A ——— 事務
B ········ 技術
C ─── 生産
D ─·─ 補助生産（工具検査　施設補給）

人員：
	1未満	1以上	2	3	4	5	6	7	8	9	10	11	12	13	14	15	16	17	18	19
A	25	19	1	28	51	66	287	20	72	29	5	9	15	69	116	95	21	25	19	0
B	33	37	2	39	37	23	160	17	11	8	6	8	13	36	51	37	15	25	21	0
C	74	90	5	147	201	141	960	13	55	32	57	69	50	178	220	172	41	61	22	0
D	27	35	0	102	157	149	769	20	41	49	52	59	48	124	120	95	18	70	55	1

注：1. 全自A分会調。調査時点は1952年5月20日ないし8月20日と考えられる。
　　2. 「全自A分会の賃金要求について」（『労働調査』1953年1・2月合併号）33頁による。
出所：上井喜彦『労働組合の職場規制』東京大学出版会，1994年，69頁，図Ⅰ-2-1。

ある。図表5は日産の状況を示したものだが，そこでは現場労働者（「生産」「補助生産」）が最低位に位置づけられている。図表2はそれゆえ，最低位にある「現場作業員」，ブルーカラーの職種別賃金要求を示したものと解することが可能である。全自執行委員会で「職種別賃金差」が取りやめられたのは，やはり，全自日産分会が直面したのと同様に，日産分会より早い時期に，職種別格差をもつ職種別賃金という形式の賃金要求に対する反対にぶつかったためと思われる。

なお上井氏は「経験年数を熟練度のものさしとすること，その狙いは，主観的な等級差設定に基づく資本家的な管理賃金を排除し，客観的な基準を与えることにあった」が「経験年数は一人歩きを始め」て「『熟練別最低賃金表』と命名されるはずのものがいつしか『経験別最低賃金表』に転じてしまった」と述べている。しかし，実は，ヨーロッパの熟練別賃金は経験年数をものさしとしているように思われる。たとえばドイツにおける雑誌編集者の賃金協約は図

Ⅰ 共通論題

図表6 ドイツの雑誌編集者の賃金協約

Ⅰ 編集者	
職歴1年	4,417マルク
職歴2, 3年	4,791マルク
職歴4年	5,220マルク
職歴5年	5,723マルク
職歴7年	5,991マルク
職歴10年	6,493マルク
職歴15年	6,883マルク
Ⅱ 特別な地位にある編集者	
職歴3年以上	5,920マルク
職歴5年以上	6,671マルク
職歴10年以上	7,670マルク
職歴15年以上	8,069マルク
Ⅲ 自由協定による賃金	
・部長	
・業務責任者	
・編集長	
・副編集長	

出所：木下武男『日本人の賃金』平凡社, 1999年, 165頁。

表6に示すようなものである。

図表6では,「編集者」および「特別な地位にある編集者」ともに「職歴」15年まで賃金が上がりつづけるようになっている。そして, 全自が想定したように毎年上がるか, 2年ないし3年おきに上がるかは,「熟練別賃金」の性格を規定するものではないと考えられる。

本稿では, 熟練度別職種別の熟練度別とは, 経験年数別と同義と考える。また, 職種の括り方, あるいは何を《職種》と捉えるかは, 主体の政策を反映して可変的であると考える。たとえば, 図表5の実態を示した「男子職種別勤続基本給」においては「生産」と「補助生産」が区別されているのに対し, 職種別賃金に政策的に取り組もうとして10職種を区分した図表4の「経験別職種別最低賃金表」では「生産」と「補助生産」が一括されて「一般生産労働」とされている。これは, 挫折したとはいえ,《職種》の括り方の変更を試みたものと思われる。

（2）電産型賃金と全自型賃金の賃金カーブ

ここで, 電産型賃金体系と全自日産の「経験別最低賃金表」の賃金カーブをみておきたい。電産型賃金体系の賃金カーブは40歳まで上昇し, それ以降は水平になる。全自型の場合は入職20年まで上昇し, それ以降はやはり水平になる。図表7は, 電産型賃金体系と, 全自日産「経験別最低賃金表」において19歳入職時の賃金を100としたときのそれぞれの賃金カーブである。属人給とされる電産型賃金体系と仕事給とされる全自型賃金がほぼ同様の賃金カーブを描くことがわかる。これに加えて, しばしば「年功賃金」の特徴ともいわれる右肩上

年齢（経験年数）別横断賃率の可能性

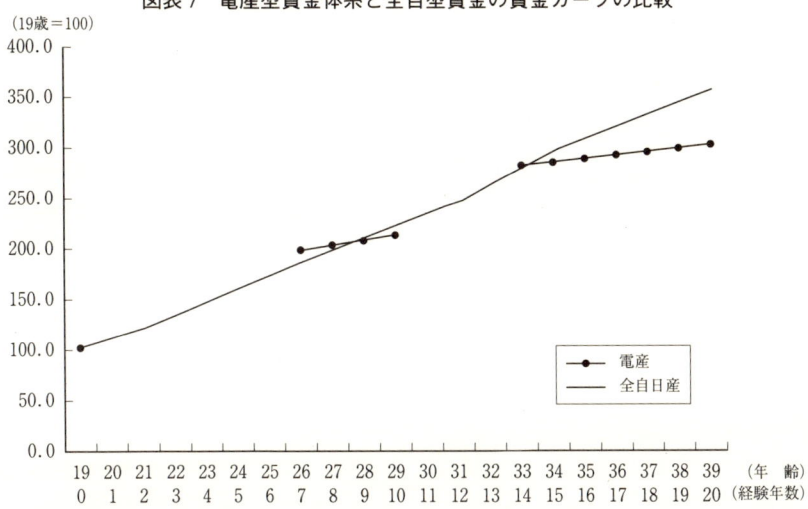

図表7　電産型賃金体系と全自型賃金の賃金カーブの比較

注：電産型賃金体系において19歳入職の場合と全自日産分会「経験別最低賃金表」において19歳（＝0年目）で入職したことを想定して比較したもの。
　　電産型賃金体系の数値は河西宏祐『電産型賃金の世界』早稲田大学出版会，1999年，123頁の「表2-2　生活保障給」より家族数を全自日産分会「経験別最低賃金表」が想定した家族数に一致させて算出した数値。全自日産の数値は「経験別最低賃金表」による。
出所：筆者作成。

がりの度合いは，入職年齢，家族数の条件をそろえたときには，属人給である電産型賃金体系よりも仕事給である全自型賃金のほうが大きい。

　『日本人の賃金』は電産型賃金体系に言及して「日本の年功賃金の根幹を形づくった」[17]，「年功賃金の典型」であり「年齢と家族数を基本にしつつ，能力給部分の査定を会社にゆだねる賃金制度」[18]と批判しつつ，全自型賃金を「『電産型賃金』に比べて志の高い賃金原則」[19]と評価している。しかし，電産型賃金体系が年齢，全自型賃金が経験年数と客観的な指標を打ち出すことによって賃金を規制していこうとしていたことを踏まえると，一方が属人給といわれ，他方が仕事給といわれるにもかかわらず，電産型賃金体系と全自型賃金とは——全自型賃金がついに実現しなかったとはいえ——労資関係の具体的な状況においては，同一の機能を果たす，ともに「志の高い」賃金体系と考えられるのである[20]。

（3）意義と限界

　電産型賃金体系と全自型賃金との相似性は，年齢——経験年数という基準や賃金カーブのほかにもある。今日的関心から両者の特徴をながめておきたい。

　全自型賃金は経験年数を基準にするが，その場合には特定企業への「勤続年数」ではなく，「企業外経験をも経験年数に加えようとしていた」[21]。電産型賃金体系の場合は賃金の3.7％を占める「勤続給」があったが，これは「特定企業への勤続ではなく，電気産業に働いていた期間を勤続期間」とすることを「経営に認めさせ」ていた[22]。

　能力給については，電産では，『日本人の賃金』が述べるように「査定を会社にゆだね」ていたわけでは必ずしもない。「決定された個々の能力給の内容は，組合・組合員がほぼ把握できた」という当事者（元電産中央本部財政局長・岩崎俊彦氏）の証言があり，査定結果については「好ましく無く不都合なもの」は団体交渉でとりあげられていたとされるからである[23]。ひるがえって，全自型賃金要求が能力給を排除できていたわけではない。「経験別職種別最低賃金表」の是非をめぐって職場討議が行われていた時期に会社に出された「要求書」は能力給，能力査定を認めており，しかし，同時に，電産と同様にその査定には組合規制をかけていこうとするものとなっている[24]。

　また，『日本人の賃金』は，電産型賃金体系を「年功賃金の典型」といわれることに示されるように，年齢別賃金と年功賃金との違いを曖昧に捉えているように思われる。年齢別賃金体系の査定なしの自動昇給と，そうした事態の克服を目指して日経連が「電産型賃金体系を払拭」すべく1954年に"定期昇給即人事考課昇給"を唱えて意識的に実現した年功賃金との，それぞれの昇給の性格の違いは看過できないものと考える[25]。

　さらに電産型賃金体系が妻を養う成人男性を基準にしていたといわれることがあるが，当事者（前出，岩崎俊彦氏）が語るところでは「生活保障給が女性の従業員にも適用されることは自明の理であります。世帯主は男性のみでは無かったのであります」，また「夫婦が勤務する場合に，いずれかの者にはある事項を適用しないというような不届きな規定は設けてありませんでした。また，夫が電力産業で働き，妻が他産業で働く場合，あるいは逆の場合もあり，さら

に夫が身体障害者で妻が働く場合など，種々の場合がありますが，電力職場の者には各人すべてに生活保障給が支給されていました」[26]という。したがって，この点で，電産型賃金体系が性差別的あったとする批判は当たらない。

この問題と関連して家族給が大きな比重を占めることが問題にされることがある。この点については，電産型賃金体系を「新しい賃金体系」と高く評価した永野順造が1949年当時すでに「電産の場合に於ける年齢別最低賃銀は専ら年齢別扶養家族数によって算出されている。従って年齢別最低賃銀と家族手当とを賃銀要求形式に於いて併立せしめる必要はない。年齢別最低賃銀が妥当且つ必要にして充分な賃銀水準に於いて決定されるならば，家族手当による補足は無用であり蛇足である」[27]と指摘している。それゆえ，電産型賃金体系の成立から約6年後の全自型賃金の要求は家族数を想定しながらも家族手当という区分を設けず経験別最低賃金のうちにそれを含めて「充分な賃金水準」──1人平均税込み29,775円の現状に対して全自日産分会の要求額は1人平均税込み53,000円になった[28]──を要求したことで永野の批判を免れているといえよう。

3 賃金構造の現況と職種別賃金要求の試み

（1）賃金構造の現況

電産型賃金体系が戦後日本の賃金体系に大きな影響を残したことはよく指摘されるところである。戦後日本に広く普及したといわれる電産型賃金体系は，1960年代のある電力会社の職場においてはなお"大卒の課長よりもお茶汲みのおばちゃんの方が賃金が高かった"」と語り継がれているほどだったが，大勢としては次第に，早くは全自日産分会の52年の「男子職種別勤続別基本給」（図表5）にみられるような職種別賃率に変化していったと思われる。そうした現実の進行があったからこそ，全自日産分会は一時は「経験別職種別最低賃金表」の作成を方針として掲げながらも，それが作成される前に，「労働組合らしい労働組合」を目指す活動家集団の力によって組合内部でこれを否定し，電産型賃金体系と同一の機能をもつ「経験年数別最低賃金表」を打ち出すことになったのだろう。それは同時に，職種別賃金格差を認める賃金政策を否定す

I　共通論題

図表8　企業規模別・性別・学歴別・職種別にみた賃金カーブ

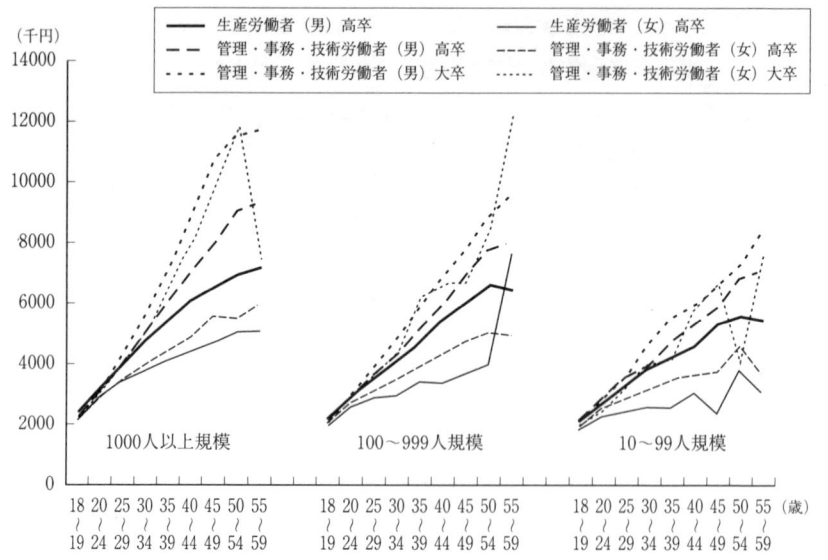

（千円）
― 生産労働者（男）高卒　　　　　　― 生産労働者（女）高卒
--- 管理・事務・技術労働者（男）高卒　--- 管理・事務・技術労働者（女）高卒
⋯ 管理・事務・技術労働者（男）大卒　⋯ 管理・事務・技術労働者（女）大卒

1000人以上規模　　100〜999人規模　　10〜99人規模

18 20 25 30 35 40 45 50 55 （歳）
〜 〜 〜 〜 〜 〜 〜 〜 〜
19 24 29 34 39 44 49 54 59

注：各年齢階級の賃金額は「所定内給与額」×12＋「年間賞与その他特別給与額」によって算出。
出所：厚生労働省『賃金構造基本統計調査報告』2001年版。

ることにもなっただろう。

　しかし，電産は52年争議の敗北で決定的に後退し，また全自は53年争議を経て消滅した。翌54年には日経連が定期昇給即人事考課昇給を実践に移すべく提起した。その後，年齢・勤続×学歴×性別×個人査定の年功賃金が1950年代に成立して賃金カーブを複線化していくことになる。そして年功賃金が1970年代前半には年齢・勤続×職能別×個人査定の職能給となって，今日の状況を迎えているように思われる。

　そこで，そのような歴史をもった日本の賃金構造は現在どのように構成されているかをみよう。

　図表8は『賃金構造基本統計調査報告』2001年版から作成した，製造業の標準労働者について，企業規模別，性別，学歴別，生産労働者（ブルーカラー）と管理・事務・技術労働者（ホワイトカラー）の区別をした賃金カーブである。細かいクロスのためサンプル数が減るから線はややあれている。

ここからは以下のことが確認できる。まず，いずれの類型の労働者も年功的な賃金カーブを描いていること，また，同一の属性の労働者についてみれば，常に企業規模の大きいものが小さいものよりも賃金水準が上回る傾向があること，さらに性別については，その他の条件について同一のものを比較すると，男性の賃金水準が女性のそれを常に上回る傾向にあることが確認される。

労働者の属性別に賃金水準の高い順にみると，「管理・事務・技術労働者（男）大卒」＞「管理・事務・技術労働者（女）大卒」＞「管理・事務・技術労働者（男）高卒」＞「生産労働者（男）高卒」＞「管理・事務・技術労働者（女）高卒」＞「生産労働者（女）高卒」という序列がいずれの企業規模においても存在していることがうかがえる。

いうまでもなく，個別企業内の人事考課を経る賃金決定は，企業規模毎に，年齢×性別×学歴×ブルー／ホワイトで構成される銘柄を指標に決められているわけではない。しかし，それにもかかわらず，個別企業内賃金決定の結果として，図表8は，賃金カーブが規模別に年齢×性別×学歴×ブルー／ホワイトで構成される銘柄の企業横断的な社会的相場が存在することを示している。

上にみた賃金構造の状況を踏まえて，今日に横断的労働市場の規制を試みる政策として注目されるものに電機連合の第5次賃金政策がある。つぎにそれをみよう。

（2）今日における職種別賃金要求の試み——電機連合の第5次賃金政策

熊沢誠氏は横断的労働市場の形成にとっては「企業の枠を越えた賃金の規範的決定，具体的には職種グループ別横断賃金制の確立」が必要だが，「この点では2001年に確立された電機連合方針が注目に値する」としてつぎのように述べている。

電機連合は，現行の賃金システムを産業内企業横断給の「職種別賃金決定方式」に移行させる方針を定め，まず17の企業（単組）において，製品組立，機械加工，企画，事務，営業，SE，研究，開発・設計など大分類11職種毎の賃金実態を把握するトライアル調査に入る。将来は職種ごとに産業内ミニマムを設け，その上で職種ごとの目標水準の到達に向けて賃金闘争を組む予

Ⅰ 共通論題

定である……（中略）……この方針は賃金や労働時間の管理，需給関係，労働者意識などすべてにわたって従業員としての一体性が分解しつつあるという現実を直視する，今日ではもっとも適切な労働組合の賃金論と評価することができる。……（中略）……非正社員の「均等待遇」の実施にとっても職種別賃金の意味は大きい。本格的な制度化にはなお紆余曲折が確実ではあれ，実践のゆくえが期待されるのである。

なお幾つか補足すると，賃金決定にあたっては「労働力の銘柄別価格としての個別賃金決定方式を基本とする」とある。そして「『最低賃金』，『初任給』，『基幹職種の賃金』などの個別賃金水準について統一要求・目標水準を設定し，賃金水準の改善と産業内横断化をめざしていく」としている。また「要求ポイント」は，「基幹職種」について「35歳技能職」と「30歳技術職」の２つとされている。

ところで，このような方針を実行に移すためにも７社のトライアル調査が行われたが，その結果はどうなっただろうか。第１に，図表８に示したような年齢×性別×学歴×ブルー／ホワイトの賃金カーブが導かれ，電機連合が定めた11の職種別賃金格差は「ほとんど出なかった」ということ。つまり，性・学歴をコントロールすると，ブルーカラー内の職種別賃金格差，ホワイトカラー内の職種別賃金格差はあらわれずに，それぞれが「ほとんど１本になった」ということである。第２に，その上で，成果主義賃金導入企業においては，ブルーカラー内部，ホワイトカラー内部の職種別賃金格差が形成されつつある，ということであった[29]。

電機連合の第５次賃金政策は経営のイニシアティヴによる成果主義賃金（＝職種別賃金）導入への対応として，現在存在している年齢×性別×学歴×ブルー／ホワイトの賃金カーブが「職種別賃金」となって格差拡大に向かうのを抑制することを意図したものと思われる。

しかし電機連合のトライアル調査の結果からは，逆説的だが，つぎのことが示唆される。それは，職種を可視的な労働態様や職務分析によって決定されるものではなく，それに固有の賃金カーブ，賃率をもつものと考えれば，現状は，性・学歴の要素に規定されているブルー１本，ホワイト１本の職種賃率が存在

する，ということである。というのは，第5次賃金政策が示した11の職種は，先にも全自型賃金について触れたように，客観的な要素に規定されたものであるとはいえ，政策的にこれらの括りをより少なくすることもできるだろうし，より多くすることも可能だろう。そのように考えられるならば，トライアル調査の対象となった企業には現在，性・学歴の要素に規定されたブルーカラー1本，ホワイトカラー1本の職種賃率が存在するといえよう。

それゆえトライアル調査にあらわれた現在進行中の成果主義賃金（＝職種別賃金）はブルー1本，ホワイト1本の賃率をそれぞれにおいて複線化（「多立化」）することになるものと思われ，熊沢氏の「期待」はその複線化に多少のユニオン規制をかけようとするものと理解される。しかし，こうした職種別賃金が成立した暁に，あるいは成立する以前に——半世紀前の全日産分会のように——「差別賃金」を忌避する，「労働組合らしい労働組合」を求める組合内部の力が顕在化して，賃率の複線化に反対して，たとえば，再び，ブルーカラー1本，ホワイトカラー1本へと戻すように運動することがまったくあり得ないこととは思われないのである。

4　年齢（経験年数）別横断賃率の試み

前節で図表8でみたように，日本の賃金構造には，個別企業内賃金決定の結果として，賃金カーブが規模別に年齢×性別×学歴×ブルー／ホワイトで構成される銘柄の企業横断的な社会的相場が存在する。また，電機連合のトライアル調査についてふれた際にみたように，そのトライアル調査に限っても，職種を可視的な労働態様や職務分析によって決定されるものではなく，それに固有の賃金カーブ，賃率をもつものと考えれば，現状は，性・学歴の要素に規定されているブルー1本，ホワイト1本の職種賃率が存在することが示された。

このような日本型職種賃率[30]とでもいうべきものは，ここまでみてきたように，年齢別賃金たる電産型賃金体系に——そして実現しなかったとはいえ，経験年数別を提起した全自型賃金要求にもみられた——男女同一の単一職種賃率がかつて成立したことが大きな要因となっていると思われる。そして，日本

的経営に特徴的だとされる頻繁な配置転換は，そうした単一職種賃率の賃金体系の規範的性格に経営が規制されて，それへの対応としてもたらされたものと考えられる。では，ひるがえって，電機連合の行った11の職種分類が職種賃率となって実現した場合には，これまでの頻繁な配置転換の足枷になり，組合の職場規制の足がかりたりうるかといえば，11の職種分類の内容に即してその可能性は少ないとみられる。

本稿はこれらを踏まえて，今日企業横断的な社会的相場として存在する，性別・ブルー／ホワイト別・学歴別・年齢別賃金カーブを手がかりに性別格差をなくした賃金運動が規模別に取り組まれてよい，と考える。すなわち，性別・ブルー／ホワイト別・学歴別・年齢（経験年数）別賃金に即して，当面は，性別格差と性別格差を助長しやすい人事考課を規制していくことが検討されてよいだろう。結果として存在する年齢×性別×学歴×ブルー／ホワイト別の職種別賃金カーブを，将来の労働市場規制に向けて，むしろ賃金決定の前提とする試みが，横断的労働市場の規制に組合が主体的に関与していく第一歩となるのではないだろうか。

ここで年齢（経験年数）別横断賃率の一例として，全日本建設運輸連帯労組関西地区生コン支部の「生活保障型賃金体系」をみておきたい。『日本人の賃金』はこの事例を関西地区労働5団体が大阪兵庫生コン経営者会と企業横断的な団体交渉を経て成立した協約賃金として高く評価している[31]。ここでは賃金の内容をみることにしたい[32]。

「生活保障型賃金体系」は基本給を「基礎額」と「年齢給」で構成するものである。「基礎額」は何歳であろうとも，いくら経験年数を積んでも変らない。「年齢給」は入職1年後から55歳まで毎年増え続けていく。この側面では年齢別賃金である。しかし，たとえば，同じ年齢でも21歳で入職して3年後の24歳の基準内賃金は，22歳で入職して2年目の24歳の基準内賃金よりも，同じ24歳でも，上まわることになる。この側面では経験年数別である。しかし，その差額は絶対的にも小さくなるように設計されているし，年齢＝経験とともに差はさらに小さくなるように設計されている。たとえば，21歳入職者が30歳のときの賃金を100とすると30歳入職で経験0年の者の賃金は93である。そして，そ

の10年後，21歳入職者が40歳のときの賃金をやはり100とすると，30歳入職者が40歳になったときの賃金は98である。「生活保障型賃金体系」とされる所以だろう。

　ここでは経験と年齢が絡み合って分かちがたく機能して賃金を決定しているようにみえる。ここからはまた，同一労働同一賃金と年齢別，経験年数別が齟齬をきたすという理解が存在しないこともうかがえるだろう。

　なお賃金カーブは，21歳入職の場合だと，基準内賃金の月額を21歳時100とすると38年後，59歳で145となる緩やかなものである。賃金水準は組合の力を反映してかなり高いといってよい。したがって，賃金カーブは緩やかだが，21歳入職者の賃金は，大卒者の初任給をゆうに上回っており，このことは，年齢別賃金の視点からすれば，それだけ若年者の賃金が高く設定されているということである。

むすびにかえて

　ブルーカラー，ホワイトカラーを問わず，右肩上がりの賃金カーブをなるべくフラットにしようというのは，今野浩一郎『勝ちぬく賃金改革』にも，木下武男『日本人の賃金』にも共通する見解である。その際に，『日本人の賃金』は賃金の不足分は福祉国家による社会保障によってカバーするのが本筋という理解である[33]。

　しかし，本稿は，『日本人の賃金』が考えるように，賃金カーブをフラットにすると賃金の不足分を補うために労働者国民が福祉国家を要求する→それゆえ賃金カーブをフラットにすることが福祉国家を築く前提となる，とは考えない。また，フラットにすべきか否かという問題それ自体にもこだわらない。上でみた「生活保障型賃金体系」のごとく，若年者の賃金の社会的相場を相対的に大きく引き上げることで結果として賃金カーブがフラットになることにはもちろん異論はない。

　1）　イギリスの事例を詳細に検討しているのは小野塚知二『クラフト規制の起源』有斐閣，

I 共通論題

2001年。
2) 笹島芳雄『アメリカの賃金・評価システム』日経連出版部，2001年，80頁。
3) CGT 金属労連「職務給対策の指針」総評調査部『ヨーロッパの賃金（2）』(1962年) 所収。
4) 赤堀「『新時代の日本的経営』における構想と実践」『労働科学』第79巻第4号を参照。
5) 笹島芳雄，前掲書，81頁以下。
6) 今野浩一郎『勝ちぬく賃金改革』日本経済新聞社，1998年。木下武男『日本人の賃金』平凡社，1999年。
7) 木下武男氏の賃金論についての筆者の理解は「『野蛮な横断的労働市場』の可能性――木下武男『日本人の賃金』の検討」『労働科学』第78巻第3号を参照されたい。
8) 以下，電産型賃金体系については，断りのない限り，河西宏祐『電産型賃金の世界』早稲田大学出版部，1999年に拠った。
9) 河西宏祐，前掲書，6頁。
10) 以下，全自型賃金については，断りのない限り，上井喜彦『労働組合の職場規制』東京大学出版会，1994年，第Ⅰ部第2章に拠った。
11) 53年争議の過程で日産分会が会社側に提出した「要求書」には，家族手当要求に加えて「経験年数は少ないが，年令が多く，それ相当の仕事をしている者は一定の保障をあたえること」（上井喜彦，前掲書，65頁）などというように経験年数のみでなく年齢を指標とする必要を指摘していることは，電産型賃金体系＝年齢別と全自型賃金＝経験年数別との発想の同一性を考える際に興味深いことである。
12) 上井喜彦，前掲書，65頁。
13) 上井喜彦，前掲書，69頁。
14) 上井喜彦，前掲書，70頁。
15) 上井喜彦，前掲書，70頁。
16) 加藤尚文『事例を中心とした戦後の賃金』技報堂，1967年，808頁。
17) 木下武男，前掲書，69頁。
18) 木下武男，前掲書，145頁。
19) 木下武男，前掲書，145頁以下。
20) 山本潔「自動車工業における賃金体系」『社会科学研究』第30巻第1号，1978年は「全自A分会は，基本給決定における水準の上昇，不均衡是正，恣意性の排除，のための活動という意味で，基本的には，この電産型賃金体系を要求していたわけである」（185頁）としている。
21) 上井喜彦，前掲書，71頁。
22) 河西宏祐，前掲書，320頁。
23) 河西宏祐，前掲書，335頁。
24) 上井喜彦，前掲書，72頁。
25) 兵藤釗『労働の戦後史』上，東京大学出版会，1997年，123頁以下，156頁以下を参照。
26) 河西宏祐，前掲書，337頁。

27) 永野順造『戦後の賃金』伊藤書店，1949年，30頁。
28) 上井喜彦，前掲書，72頁。
29) 2003年6月6日，電機連合役員へのインタビューによる。
30) 日本型職種賃率および年齢別横断賃率については下山房雄『現代日本労働問題』労働旬報社，1983年，第3章，第4章を参照。また，山本潔『日本の労働調査 1945～2000年』東京大学出版会，2004年，第5章を参照。
31) 木下武男，前掲書，190頁以下。
32) 以下，本文で述べている，全日本建設運輸労組連帯関西地区生コン支部の「生活保証型賃金体系」の理解について，大会当日，木下武男氏より「間違っている」と指摘をいただいた。しかし，2003年10月30日に同支部委員長の武洋一氏にインタビューしたところ，武氏は赤堀の理解について「そのとおりですよ」と応えられた。
33) 木下武男，前掲書，171頁以下。

共通論題＝社会政策学と賃金問題―― 4

雇用区分の多元化と賃金管理の課題

佐藤博樹 Sato Hiroki

1 はじめに

　職場には，多様な雇用形態の人々が働いている。雇用期間に定めのない正社員だけでなく，定めのある非正社員も働いている。この区分もそれぞれの働き方の実態をみると曖昧なものであることがわかる。それだけでなく正社員や非正社員も一様ではない。正社員と非正社員のそれぞれの内部に，異なるキャリアの下で異なる処遇が適用される複数の雇用区分が設けられてきている。雇用区分の多元化である。企業によって具体的な雇用区分の名称は異なるが，正社員では総合職，一般職，全国社員，地域限定社員などが，非正社員では契約社員，パート社員，アルバイト社員などの区分が設けられている。雇用区分でみれば，何種類かの社員が同じ企業に雇用され働いているといえる。複数の雇用区分が設定されている企業では，雇用区分ごとに異なる賃金制度が適用されていることも多い。ひとつの企業の中に複数の賃金制度が導入されているのである。したがって，企業の賃金制度のあり方を議論する際には，賃金制度一般ではなく，どの雇用区分の賃金制度を取り上げているかを示さなくては意味がないことになる。

　本稿では，企業の賃金制度を議論する場合の留意点を確認したのち，雇用区分多元化の現状を事例調査とアンケート調査で分析する。最後に，雇用区分の多元化の下における賃金管理上の課題を提示する。

　なお，ヒアリング調査とアンケート調査では，雇用区分を，「総合職社員」「一般職社員」「契約社員」「パート社員」「アルバイト」など呼称によりたがいに区別される雇用者の区分として定義している。そして，同じ正社員でも，

異なる名称で呼ばれ，賃金テーブルが異なるなど賃金の決め方が異なり，勤務地や職種の限定に関する取り扱いが異なるグループがあり，採用あるいは昇進限度を別々管理している場合は異なる雇用区分とみなすこととした。ただし，管理職に関しては，管理職に昇進することで賃金の決め方が変化しても，例えば「総合職社員」とキャリアが連続しているものとして管理されている場合は「総合職社員」に含めた。このような雇用区分の定義からして，雇用区分に関する分析には，外部労働力は含まれておらず，雇用区分に関する分析は，回答企業と雇用関係のある労働者に限定されている[1]。さらに，調査に利用した正社員，非正社員の区分は，調査対象企業の判断によるものであり，雇用期間の定めの有無等で定義したものではないことに留意されたい。

2 賃金管理の課題

雇用区分の多元化の現状を分析する前に，人事管理における賃金管理の課題を確認しておきたい（今野浩一郎・佐藤博樹 2002）。

人事管理における賃金管理の対象は，①総額賃金と②個別賃金の2つに分けることができる。前者は企業の支払い能力内に賃金総額を管理することであり，後者は賃金総額を個々の従業員に配分するルールの管理にかかわるものである。本稿で取り上げる賃金管理は，後者の配分ルールである。

配分ルールは，①短期評価賃金（例えば賞与）と長期評価賃金（例えば基本給）の配分と組み合わせ，さらに②各賃金の決定基準などからなる。配分ルールには，多様な組み合わせがあるが，通常，当該企業にとって「価値ある働き方」をした従業員を高く評価できる決定基準が採用される。したがって，企業にとっての「価値ある働き方」が変われば，当該企業が選択する決定基準も変わることになる。つまり，すべての企業にとって望ましい賃金制度が存在するわけではない。同時に，企業が採用した配分ルールは，従業員の働き方を規定するものとなる。なぜなら従業員は，企業が「価値ある働き方」と評価する職務行動を行おうとすることによる。

賃金の配分ルールに採用される決定基準には，①従業員が従事している仕事，

②従業員が保有する能力（潜在能力），③従業員が仕事に投入した能力（顕在能力），④従業員が実現した成果，⑤従業員が実現した成果に関する市場評価，⑥従業員の属性などがある。企業が，これらのうちいずれの決定基準を採用し，それぞれにどの程度の比重を置くかは，企業が評価する「価値ある働き方」だけでなく，仕事の性格や人的資源管理戦略などに規定される。例えば，配置された仕事を適切に処理できるミニマムの能力があれば，それ以上の能力を保有していても成果の質や量に影響しない場合は，仕事要素のみを決定基準に採用することも合理的となる。しかしそうではなく，同じ仕事に従事していても能力によって成果の質や量が異なる場合では，仕事要素だけでなく，保有する能力や発揮された能力を評価する基準を採用することが合理的となる。さらに，仕事の変化が激しく，あるいは将来のキャリアを想定した能力開発を従業員に期待する場合では，現在従事している仕事に求められる能力だけでなく，仕事の変化や将来従事するであろう仕事を考慮し保有する能力や能力向上への取り組みなどを評価することが合理的となる。これは，人材の内部育成重視・外部調達重視など企業の人的資源管理戦略に規定されたものでもある。したがって，同一の企業であっても異なるキャリア段階，例えば能力育成段階と能力発揮段階において賃金の決定基準を異なるものとし，あるいは仕事内容やキャリアに応じて複数の雇用区分を設定している企業では，雇用区分ごとに異なる決定基準を設けることが合理的となる。こうした結果，最近では，同一の企業の中に複数の賃金制度が設けられるようになってきている。

　ところで，賃金の配分ルールに採用された決定基準に応じて，賃金制度を特徴づける議論も多い。例えば，①従業員が従事している仕事を基準とするのが仕事給・役割給，②従業員が保有する能力や③従業員が発揮した能力を基準とするのが職能給やコンピテンシー給（この両者を区分する場合もある），④従業員が実現した成果や⑤成果の市場評価を基準とするのが成果給・業績給（この両者を区分する場合もある），⑥従業員の属性を基準とするのが属人給などと賃金制度を特徴づけ類型化する議論である。しかし，こうした特徴づけや類型化は，現実の配分ルールがひとつの決定基準のみでなく，複数の決定基準を採用することが一般的であるため，誤解を招くことが少なくない。大企業では，90年代

に入り，職能給から仕事給や成果給に賃金制度を変革しつつあるなどといわれる。しかし実態は，職能要素で決定される賃金部分を縮小し，仕事要素や成果要素で決定される賃金部分の比重を拡大するような改革を行っている企業が多い。しかし，上記の類型化ではその点の理解が不十分となる。また，キャリアの特定段階層のみを対象とするものや，特定の雇用区分だけを対象とする賃金制度の改定も少なくない。つまり，賃金制度を議論する場合には，いかなる雇用区分のどのキャリア段階を取り上げているのか，またどの決定要素がどのように変化したのかを検討しなくては意味がないものとなる。さらに，職務等級制度など仕事要素に基づく賃金制度の場合であっても，ブロードバンディング（職務等級数の統合や削減）の結果，同一の職務等級に分類される仕事に従事していても賃金水準の違いがきわめて大きい場合がある。こうした賃金制度は，仕事要素だけでなく，能力要素で賃金を決めている部分が大きいと判断することができる。賃金制度の名称だけでなく，その内容に則して賃金の決定要素を理解するとともに，複数の決定要素を組み合わせて賃金が決められている場合には，基本給を取り上げれば，基本給総額の半分以上を決定している要素に着目して当該賃金制度を特徴づけるなど議論の整理も必要である。

3 雇用区分多元化の事例

雇用区分の多元化の実態を具体的にイメージできるように，複数の雇用区分を設けている企業の事例を3つ紹介しよう。

（1）製造業A社

①企業概要と雇用区分：製造業A社は，半導体製造を事業とし，以前はある大手企業の事業部門であったが，2002年11月に分社化され，現在は独立した法人となっている。

A社は，正社員と位置づける従業員を主として，社員（役割グレード適用者），社員（A職群），社員（B職群），社員（C職群）という呼称の異なる4つの区分にわけ，それぞれに仕事内容およびキャリア形成の機会，雇用条件，賃金制度

を区別して適用している（正社員の雇用区分名称としてそれぞれ社員と同じ名称を使用したのは，同社で同じ名称が使われていることによる。以下でも同様に表記）。2003年3月10日現在の要員構成は，社員（役割グレード適用者）が約1380名，社員（A職群）が約2450名，社員（B職群）が約990名，社員（C職群）が約710名となっている。過去3年間の要員数の推移では，社員（役割グレード適用者）と社員（A職群）が増加し，社員（B職群）と社員（C職群）が減少している。

②仕事内容とキャリア：制度上，雇用区分ごとに仕事内容が異なるように管理されている。すなわち，社員（役割グレード適用者）は，管理ないし高度専門職の職種群，社員（A職群）は，裁量性をともなう非定型的な職種，社員（B職群）は，定型的な仕事を行う事務系および技術系の職種，社員（C職群）は，製造現場（開発試作工場）の技能系の職種に従事するとされる。

社員（A職群：3ランクの資格），社員（B職群：6ランクの資格），社員（C職群：7ランクの資格）の各区分にはそれぞれ異なる資格等級（職群毎・ランク毎に期待役割が異なる）が設けられており，昇格にともないより高度な仕事が割り振られる。各区分とも最上位の役職は主任である。そして，各区分の要員は，昇進により，社員（役割グレード適用者）へと職群区分を転換することで，さらにキャリアを展開することができる。社員（役割グレード適用者）の区分における最上位の役職は事業本部長である。社員（役職グレード適用者）の要員は，さらに，報酬体系の異なる役員層として，執行役員，取締役（社長，副社長）へキャリアを展開させることも可能である。このような昇進によるキャリア形成とは別に，製造部門の縮小にともない，社員（C職群）から社員（B職群）への異動が行われている。それ以外の異動は，制度上は可能であるが実態としてはごく少ない。

③雇用条件：雇用契約期間の定めがないこと，残業があること，契約上の職種は非限定であること，契約上の勤務地も非限定であることなどの雇用条件は，社員のすべての雇用区分に共通である。

④賃金制度：雇用区分ごとに異なる賃金制度が適用されている。とくに基本給をみると，社員（役割グレード適用者）の基本給は，役割グレード（職責）に基づく年俸制であるのに対し，社員（A職群），社員（B職群），社員（C職群）

の基本給は，資格等級に基づく月給制である。しかも，それぞれの基本給の賃金テーブルが異なり，各職群の月収額の上限が，A職群が最も高く，これにB職群，C職群の順で続く。同一ランク内の評価に基づく昇給額の差は，A職群が，B職群，C職群よりも大きい。賞与に占める個人成績部分の比重も職群とランクで異なり，A職群は個人成績部分が大きく，B職群とC職群は資格別定額部分が大きくなる。

（2）流通業B社
　①企業概要と雇用区分：流通業B社は，百貨店業を営み，国内に約10店舗がある。B社は，主な雇用区分として，A社員，B社員（パートタイム），B社員（フルタイム），B社員（コミッション）の4つの区分をもつ。B社は，このうちA社員を正社員とし，B社員（フルタイム），B社員（パートタイム），B社員（コミッション）を非正社員と位置づけている。2002年11月現在，要員数は，A社員約970名，B社員（フルタイム）約700名，B社員（パートタイム）約130名，B社員（コミッション）約80名である。過去3年間の要員数の動向をみると，A社員の要員数が減少し，B社員（フルタイム）の要員数が増加している。他の雇用区分の要員数はほぼ変化していない。

　②仕事内容とキャリア：A社員に対しては，長期的に育成する方針がとられる。A社員は，新卒で採用されると，原則として販売部門に配属され，売り場での販売関連業務に従事する。そのまま，売り場で販売関連業務に従事し続ける者もいるが，こうした層に対しても，2～3年をかけて販売業務の基礎を習得したあとは，より管理的な販売関連業務を担うことが期待されている。他方で，採用後，販売部門に配属されたあと，3年目以降に外商部門へと異動する者も少なくない。その中には，その後，事務部門や再び販売部門へと異動する者もいる。人事部の方針としては，1度異動したら2～3年は異動先の部門を経験させるようにしている。

　A社員には，資格制度が適用されている。資格等級は，低いものから順に1級から6級まである。1～3等級までが一般社員，4～6等級が役付きの社員となる。新卒で採用された者は，1年目には資格等級があたえられず，初年度

の考課の結果に応じて，1～3等級のあいだで格付けがなされる。通常，新卒採用者は，1等級に格付けられる。その後，標準的な昇格のペースで昇格すると，3年目で2等級に昇格し，7年目で3等級，11年目で4等級に昇格するよう制度が設計されている。

　資格等級とポジションとは一定の対応関係をもつ。販売部門の場合，4等級と5等級のA社員の中から，セクション・リーダーという名称の売り場責任者が選ばれている。また，3等級のA社員は，正式の職制でないインフォーマルな売り場管理者のポジションにつくことが多い。

　A社員には，フルタイム勤務であるが，育児・看護の必要から一時的にB社員（パートタイム）に雇用区分を変更して，短時間勤務を行える制度がある。現在，67名が，育児のためこの制度を利用している。短時間勤務期間中は，A社員として勤務していた時の月給の時間給相当額が勤務時間に比例して支払われる。

　B社員（フルタイム）の仕事内容についてみると，職種としては営業職と事務職がある。事務職はすべて女性で100名程度。男性21名を含む500名強が営業職に従事する。担当する仕事の範囲は，4年目くらいまでの，役付きでないA社員が行うような仕事にかぎられる。主として接客販売や，売り場での発注業務などを行う。未経験者が，これらの仕事をひととおり覚えるのには1年程度要するとされる。B社員（フルタイム）は，A社員と違い，管理者の代行業務や，予算編成，計数管理などは行わない。また，以下のB社員（コミッション）と異なり，売り場内のショップの店長などにもならない。就業規則上は，職場間の異動もありうるが，実際にはほとんどない。他の雇用区分への転換制度はない。

　B社員（パートタイム）は，B社員（フルタイム）と同様の仕事を行う。ただし，B社員（フルタイム）と異なり，発注業務は行わない。B社員（パートタイム）は，1990年代前半に，生鮮品部門でセルフ方式をとりいれた際にレジ業務へ多く配置したことや，1990年代後半に，ローコスト・オペレーションの店舗をいくつか出店したことにともない，一時増員された。B社員（パートタイム）は，現在もそうした部門や店舗を中心に利用されているものの，これらの部門

や店舗の増加がないため，ここ数年は増員されていない。今後も，同じ理由から増員の予定はない。生鮮品部門やローコスト・オペレーション店以外の接客販売の比重が高い部門や店舗では，フルタイム勤務のほうが，引き継ぎなしに顧客対応ができるなどの業務運営上のメリットが大きいため，B社員（パートタイム）はあまり利用されていない。他の雇用区分への転換制度はない。

　B社員（コミッション）は，育児などを理由に退職した販売力の高い元A社員を再雇用し販売力に応じて高く処遇するためや，販売力の高い派遣店員が競合他社へ移動しないよう販売力に応じた高い処遇で雇い入れるための雇用区分として，1996年度に導入された。実態に採用されている層としては，前者が主となる。すべて営業職であり，この雇用区分の導入当初は，さまざまな売り場に配属されていたが，現在では，7割強が化粧品売り場，3割弱が婦人服ないし紳士服のプライベート・ブランドのショップに配属されている。それ以外の売り場には，個人別の業績が明確に把握しにくいため，ほとんど配属されていない。一般の販売員のほか，売り場内のショップの店長を行う者もいる。ショップ店長の場合は，VIP待遇の客への接客販売のほか，担当するショップでの発注業務のほか，販売員の指揮なども担当する。しかし，作業スケジュールの決定や考課など，人事管理にかかわることはあくまでA社員の仕事であり，B社員（コミッション）は行わない。B社員（フルタイム）ないしB社員（パートタイム）への転換制度はあるが，今のところ利用した者はいない。

　③雇用条件：各雇用区分の雇用条件をみると，各区分のあいだには，第1に，労働時間の制度に関して違いがある。A社員の所定労働時間は，年間1978時間のフルタイム勤務である。残業やシフト勤務も行われる。B社員（フルタイム）とB社員（コミッション）は，所定労働時間は，年間1958時間のフルタイム勤務（1日7.5時間勤務）である。残業やシフト勤務もA社員と同様に行われている。これに対し，B社員（パートタイム）は，契約労働時間が週28時間以下の短時間勤務者である。制度上，労働時間の下限はないが，実際には週20時間が下限となっている。主婦層が多く，年収が103万円にならないよう就業調整する者が多い。残業は，契約上は可能であるが，実際には，ほとんど行われていない。

I 共通論題

　第2に，A社員は期間の定めのない雇用契約を結ぶのに対し，B社員（フルタイム），B社員（パートタイム），B社員（コミッション）は，いずれも1年間の有期の雇用契約である。ただし，原則として更新が行われている。

　第3に，A社員は，担当する仕事の範囲が，契約により限定されないが，B社員（フルタイム）とB社員（パートタイム）は，採用時の契約により事務職ないし営業職に職種が限定されている。B社員（コミッション）も，契約により，営業職として店頭販売を行うというかたちで，仕事の範囲が限定されている。

　第4に，勤務地についても，A社員の場合は，契約上，非限定であり，実際に住居の変更をともなう事業所間の異動が行われている。これに対し，その他のB社員の区分では，契約により勤務地が限定されている。ただし，B社員（コミッション）については，住居の変更を必要としない範囲で事業所間の異動がある。

　④賃金制度：A社員の場合，資格等級に対応した職能給のほか，各自のポジションに応じた職責給が適用されている。職能給は等級ごとに単一レートとなっている。一方，職責給には，各ポジションの職責に対応した幅がある。職責の種類としては，上位の職責から順に，店長職責，副店長職責，チーム・リーダー（フロア管理者），売り場リーダー（売り場管理者），エキスパート職責，メンバー職責の6つがある。これらそれぞれの職責に対応して賃金幅が設定されている。ライン管理者とならない優秀な販売員を処遇するため，エキスパート職責と売り場リーダー職責の賃金は部分的に重なり合っている。

　このほか，賞与が支払われる。賞与は，基本給の額に対応した固定部分と，売り場および個人の成績を反映させる業績変動部分から構成される。業績変動部分の原資は各売り場の業績に応じて売り場に割り振られ，そこから，チーム・リーダーの判断で，売り場のメンバーに対し各人の成果に応じて配分される。賞与が支払われるのは，A社員のみである。

　B社員（フルタイム）とB社員（パートタイム）の基本給は時間給である。職種ごとに，10円程度のきざみで20段階程度の時給額の幅がある。同職種の地域相場と，半年に1度の能力考課の結果に応じて，各人の時給額が決められる。B社員（フルタイム）については，このほかに，加算時給として，能力考課の

結果に応じ260円，210円，160円，110円，60円のいずれかが時間給に加算される。時間給と加算時給に基づく賃金は毎月支払われる。このような加算時給はB社員（パートタイム）には適用されていない。

B社員（コミッション）の賃金は月給制であり，各人の業績に連動した業績変動部分の割合が高い点に特徴がある。月例賃金は，最低保障額の意味をもつ固定額の15万円の基本給と，歩合給とから構成される。歩合給としては，最初の期中は3万円が支払われ，その後は，前期の各人業績目標の達成率に応じて，3万円×達成率に相当する額が支払われる。業績目標は，売り場リーダーと話し合って決められる。業績考課も売り場リーダーが行う。一般の販売員の場合，各人の売上が業績目標とされるが，ショップの店長として部下を指揮しつつ売上をあげる場合は，売り場リーダーとの話し合いに基づき，適切な比率で売り場の売上と個人の売上が業績目標とされる。基本給と歩合給をあわせ，月に23万円前後を得ている者が多い。最も高くて月35万円程度となっている。

（3）サービス業C社

①企業概要と雇用区分：C社は，東京で都市ホテルを経営・運営する。C社が運営するホテルは，全国展開を行うホテル・チェーンの1事業所にあたる。ホテル・チェーンでは，傘下の各事業所がそれぞれ独立の法人となっている。

C社の主な雇用区分としては，正社員，契約社員，パートの3つがある。要員数としては，2003年1月現在で，正社員約560名，契約社員約110名，パート約170名となっている。

②仕事内容とキャリア：正社員は，社内の各部門の様々な業務を担当する。とくに習熟を要するような業務が多い部門や職場では，正社員の要員の比率を高くしている。人事部門の考え方としては，正社員は，基幹的な業務を担う要員と位置づけられている。現状では，正社員のみが，社内の管理的ポジションに配置されている。正社員は，異動により部門内外の複数の職場を経験して，社内でのキャリアを形成する。出向により，C社の所属するホテル・チェーンの他のグループ会社に出向する者もいる。正社員は，採用されると，客室部門・レストラン部門・宴会部門に配属され，それぞれの部門において専門知

識・技能を修得し，その後，本人の適正をみながら営業や経理などのスタッフ部門に配属される。ただし，要員の都合などにより，入社してすぐにスタッフ部門に配置されることもある。調理部門の正社員については，かれらのほとんどが調理人としてのキャリアをのぞんでおり，異動や昇進は主として調理部門内で行われる。

　正社員には，資格制度が適用されている。資格等級としては，管理職層に，部長，部長代理，課長，課長代理の4つの等級，組合員である一般階層に，主事補，主査1，主査2，主査補1，主査補2の5つの等級が設定されている。ただし，組合員の最上位の等級である主事補の多くは，個別のレストランや調理場などの監督者としての役割を担っている。正社員は，最下位の管理職層である課長代理に，新卒採用の場合，最も早くて入社10年目，平均的には15年目に昇格している。課長代理に昇格し非組合員の管理職層になる際には，面接のほか，所定の通信講座の受講やTOEICの受験が課される。資格と役職の対応関係としては，レストラン部門の例でいうと，主事補が各レストランの現場責任者，課長補佐が3～4程度のレストランを統括する支配人クラスの部門責任者に相当する。

　契約社員は，各部門で，主として，従来は正社員の新入社員が従事していたようなエントリー・レベルの仕事を割り振られる。ただし，契約社員の従事すべき業務の範囲について，公式の基準があるわけではない。そのため，本人の技能や能力によっては，より高度な仕事を担当することもある。それでも，現在のところ，契約社員は，各レストランや調理場などの現場責任者やその補佐を含め，管理的な職位にはついていない。

　ただし，契約社員には正社員への登用制度が用意されている。C社は，人件費管理のため，1996年度頃から2001年度まで正社員の採用を行わず，2000年度からは，新卒者を正社員として採用するかわりに，主として，正社員よりも人件費の低い契約社員として採用している。そのため，現在では，正社員は主に契約社員から選ばれる仕組みとなっている。2000年度から3年間は毎年約50名を契約社員として採用している。そのうち9割程度が新卒者である。中途採用者についても20歳代の年齢層がほとんどである。契約社員は，採用後2年間た

つと，基本的には正社員への登用試験を受けることができる。登用の際には試験のほかに，所属部門の責任者の推薦と，過去2回の人事考課の結果が参考とされている。契約社員が正社員に登用されると，年齢を主な基準に，同年齢の正社員が主として格付けられている資格等級に格付けされる。

　パートは，主として定型的な業務に従事する。例をあげると，レストラン部門では，食器の上げ下げや，客席のコップに水を注いだりする業務に従事する者が多い。パートに対しては，契約社員への登用の機会が年1回設定されている。2001年には，部門の責任者から5名の推薦があり，そのうち3名が契約社員に登用されている。調理部門では，調理人であるC社の正社員が，他社の調理人から紹介された者をC社のアルバイトとして一定の期間試用したのちに契約社員へと登用するケースもある。

　③雇用条件：雇用区分ごとの雇用条件の違いをみると，第1に，正社員の場合は，期間の定めのない雇用契約をむすぶのに対し，契約社員とパートは，有期の雇用契約をむすぶ。雇用契約期間は，契約社員では1年間，パートでは6ヶ月である。ただし，いずれも原則として更新されている。

　第2に，労働時間に関して，正社員の所定労働時間は1日7時間30分である。主に，午前7時くらいから7時間30分間の勤務，午前11時30分くらいから7時間30分間の勤務，午後5時くらいから翌日の朝までの勤務という3パターンを基本としたシフト勤務が行われている。契約社員も，勤務時間数，シフト勤務，残業に関しては，正社員と同様である。パートの場合，1日の勤務は正社員や契約社員と同様に勤務する日はフルタイム勤務であるが，週の出勤日数が少ないという勤務形態の者が多い。勤務日数を含めてフルタイム勤務を行う者は2割程度である。残業は，正社員，契約社員，パートのいずれの雇用区分でも行っている。

　第3に，職場に関しては，正社員のみが，契約上，事業所間の異動がありうる。ただし，C社の経営・運営する事業所がひとつであるため，事業所間の異動は出向者にかぎられる。現在，正社員約560名のうち，約60名はC社のホテルチェーン・グループ内の他社に出向している。契約社員やパートの場合，契約上，事業所間の異動はない。事業所内の職場や部門のあいだの異動について

は，パートはないが，正社員と契約社員では行われている。ただし，契約社員の場合，正社員の新入社員と異なり，教育訓練の観点から，部門や職場のあいだを異動させることはない。異動の頻度も，正社員より少ない。

④賃金制度：正社員の基本給は，管理職層を除き，資格等級に対応した賃金テーブルに基づく職能給と，年齢に応じた本人給とから構成される。制度の設計上は，入社時は，基本給に占める職能給と本人給の割合が2：8となり，45歳で職能給と本人給が5：5となるようになっている。このほか，手当として，資格手当，家族手当，住宅手当，食事手当（月6000円）が支払われる。このうち資格手当は，資格等級に応じたものとなっている。このほか，資格等級と評価の結果に応じた賞与がある。

管理職層の正社員の賃金は，年俸制で，基本年俸と業績年俸とから構成される。課長代理に昇格すると，組合員時点の資格手当を除く月給の12倍が基本年俸になる。業績年俸は，会社業績などにより原資が決定され，担当レストランの売上など管理者としての個人の業績に応じて分配される部分である。

契約社員の賃金の構成要素は，正社員と同一である。ただし，給与表には職能給，本人給，各種手当などの内訳が示されず，以上を合計した額が基本給として支払われる。基本給を算出する際の基準も正社員と同一であることから，月例の賃金水準は，制度上，同じ年に採用される正社員とかわらない。しかし，賞与については，月給の2か月分に固定されている。正社員については，労使交渉の結果により賞与額が決まり，近年では平均して月給の4か月分程度が支払われている。そのため，賞与については，正社員とのあいだで支給額に差がある。

パートの賃金は時給制であり，賃金水準は，課長や課長代理レベルの責任者の判断で個別に決められる。人事部門は，各部門に対して，職種別に最低限の時給額を示し，それから上に10％程度の幅を目安として，各人の業務内容や技能などを考慮しつつ時給額を決めるよう指示している。人事部門が提示する時給の最低額は，レストラン部門で1000円程度，調理部門で900円程度，宿泊部門では，フロント業務で1250円程度，客の荷物の運搬業務で850円程度となっている。賞与としては，年2回，労働時間に応じて5万円までが支払われる。

以上では，3つの企業について，複数の雇用区分を設けている企業の人事管理の実態を概観した。いずれの事例も，雇用している従業員を呼称の異なる複数の雇用区分に分け，それぞれに仕事内容やキャリア形成の機会，雇用条件，賃金制度を区別して適用している。

しかし，雇用区分の設定方法は事例により様々である。A社の事例のように正社員と位置づける雇用者を複数の区分に分けているケースもあれば，B社やC社の事例のように，非正社員と位置づける雇用者を複数の区分に分けているケースもある。また，B社とC社のように，同じく非正社員の区分を複数に分ける事例であっても，各雇用区分にどのようなキャリア形成の機会や雇用条件，賃金制度を対応づけるかは事例により異なっている。企業にとり，雇用区分を分け方に関しては多様な選択肢があることがわかる。

4 企業アンケート調査でみた雇用区分の多元化の現状

アンケート調査のデータを利用し，雇用区分数や雇用区分の設定要因，さらに正社員と非正社員の雇用区分の特徴について全体の傾向を明らかにしてみたい。

（1）雇用区分数[2]

アンケート調査の結果によると，回答企業数547社のうち非正社員を雇用する企業は538社で，回答企業の98.4％とそのほとんどが非正社員を雇用し，非正社員の活用が一般化している。さらに回答企業の多くは，非正社員を雇用するだけでなく，正社員と非正社員の両者に関して複数の雇用区分を設けている。

正社員の雇用区分の設定状況（547社）では，1区分が43.7％と多い。とはいえ，1区分だけは半数を下回り，2区分が25.8％，3区分が16.8％，4区分が6.0％となり，2区分以上の合計は56.3％と半数を超える（平均2.2区分）。このように正社員に複数の雇用区分を設けている企業が半数を超え，2つあるいは3つの雇用区分を設けている企業も多い。

つぎに，非正社員を雇用している企業（538社）を取り上げ，非正社員の雇用

Ⅰ　共通論題

図表 1　正社員と非正社員の区分を設ける理由およびそれぞれに複数の雇用区分を設ける理由
（それぞれ 3 つまで選択）　　　　　　　　　　（単位：%）

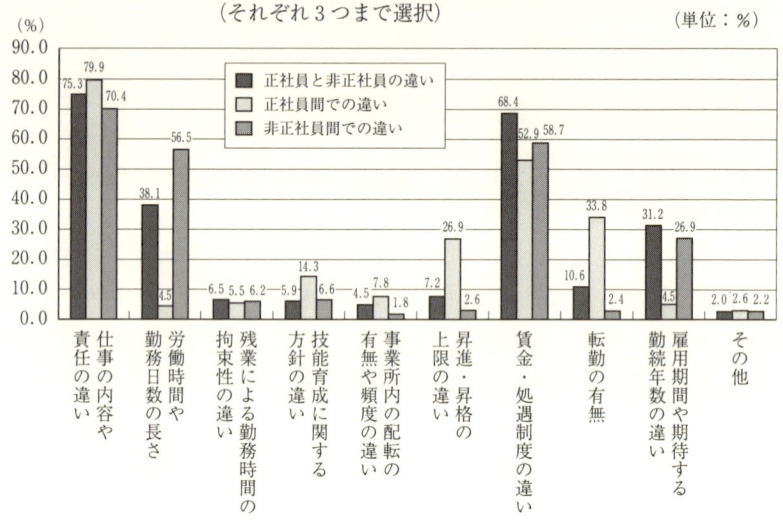

凡例：正社員と非正社員の違い／正社員間での違い／非正社員間での違い

項目	正社員と非正社員の違い	正社員間での違い	非正社員間での違い
仕事の内容や責任の違い	75.3	79.9	70.4
労働時間や勤務日数の長さ	38.1	4.5	56.5
残業による勤務時間の拘束性の違い	6.5	5.5	6.2
技能育成に関する方針の違い	5.9	14.3	6.6
事業所内の配転の有無や頻度の違い	4.5	7.8	1.8
昇進・昇格の上限の違い	7.2	26.9	2.6
賃金・処遇制度の違い	68.4	52.9	58.7
転勤の有無	10.6	33.8	2.4
雇用期間や期待する勤続年数の違い	31.2	4.5	26.9
その他	2.0	2.6	2.2

出所：佐藤・佐野・原（2003）。

区分数をみると, 1 区分が14.9%, 2 区分が31.0%, 3 区分が28.1%, 4 区分が14.3%, 5 区分以上が10.8%となっている。非正社員の雇用区分数は, 正社員よりも多元化している（平均2.9区分, 無回答0.9%）。

（2）複数の雇用区分を設ける理由

　企業は, いかなる基準に基づいて複数の雇用区分を設定しているのか。図表 1 は, 正社員と非正社員を区分する要因（3 つまで選択）とそれぞれに複数の雇用区分を設ける要因（3 つまで選択）に関してアンケート調査の結果を集計したものである。同図によると, いずれの要因についても, 「仕事の内容や責任の違い」と「賃金・処遇制度の違い」が多く指摘されている。正社員内部に雇用区分を設ける要因は, それらに加えて「転勤の有無」と「昇進・昇格の上限の違い」が指摘されている。さらに, 非正社員内部に雇用区分を設ける要因（3 つまで選択）は, 「労働時間や勤務日数の長さ」と「雇用期間や期待する勤続年数の違い」にある。この 2 つは, 正社員と非正社員の区分を設ける要因と

しても指摘されている。他方,「残業による勤務時間の拘束性の違い」,「技能育成に関する方針の違い」,「事業所内の配転の有無や頻度の違い」は,正社員と非正社員を区分する要因および正社員と非正社員のそれぞれに複数の雇用区分を設ける要因の上位には指摘されていない。

ところで,「労働時間や勤務日数の長さ」は,正社員と非正社員の雇用区分を設ける理由と非正社員内部に雇用区分を設ける理由とされている。しかし,正社員内部に雇用区分を設ける理由には挙げられていない。つまり,正社員内部に複数の雇用区分が設定されていても,労働時間はすべてフルタイム勤務であり,短時間勤務の雇用区分は想定されていないことがわかる。

(3) 正社員と非正社員の雇用処遇の異同

アンケート調査では,雇用区分ごとにそれぞれの雇用契約や雇用条件を尋ねている。まず,雇用区分を正社員と非正社員に分類し,それぞれの特徴をみよう。前述のようにここでの正社員と非正社員の区分は,企業の判断によるものであり,雇用期間の定めの有無などで事前に定義して調査したわけではないことに留意されたい。

正社員として分類された雇用区分の特徴は,①雇用期間に定めがなく,②仕事の範囲や勤務地が限定されず,③管理職を主な職種のひとつとし,第2次考課者以上のポジションへ昇進可能で,④長期的な視点から計画的に幅広い技能を習得させる方針をとり,⑤技能や職務遂行能力を基本給の主な決定基準とする月給制が適用されていることにある。

これに対して,非正社員として分類された雇用区分の特徴を概観すると,①有期の雇用契約を結ばれるものの通常は契約更新され(雇用期間に定めのない区分が一部にある),②仕事の範囲や勤務地が契約上あるいは実態として限定されており,③管理職的なポジションには従事せず,④定型業務をこなせる程度に技能を習得させ,⑤市場の賃金相場を基本給の主な決定基準とする時間給制が適用されていることがわかる。また,所定労働時間は,正社員よりも短い雇用区分と同じ雇用区分が半々となる。正社員の雇用区分は,同じ労働時間であったことから,労働時間の短い働き方はほとんどすべて非正社員の雇用区分と

I 共通論題

図表2　正社員の雇用区分類型計

	雇用区分数	配置要員数（人）	配置要員数の構成
計	873 (100.0%)	1,304,721 (842)	100.0%
a）仕事非限定・勤務地非限定型	459 (52.6%)	900,354 (442)	69.0%
b）仕事非限定・勤務地限定型	110 (12.6%)	142,524 (107)	10.9%
c）仕事限定・勤務地非限定型	110 (12.6%)	136,063 (103)	10.4%
d）仕事限定・勤務地限定型	194 (22.2%)	125,780 (190)	9.6%

注：1. 正社員の雇用区分のうち雇用期間に定めのない雇用区分895件のうち仕事と勤務地の限定の有無に関して回答のある873件を母数とする。
　　2. 配置要員人数欄の（　）内の数字は，配置要員に関して回答のあった雇用区分の数である。
　　3. 仕事非限定：仕事の範囲が契約で限定されていないし，実際も限定されていない。
　　　 仕事限定：仕事の範囲が実際に限定されているもの。なお，契約で限定されていないが，実際は限定されているものを含む。
　　　 勤務地非限定：勤務地が契約で限定されていないし，実際も限定されていないもの。
　　　 勤務地限定：勤務地が実際に限定されているもの。なお，契約で限定されていないが，実際は限定されているものを含む。
出所：佐藤・佐野・原（2003）。

なっていることがわかる。

　さらに，正社員と非正社員の雇用区分を類型化し類型ごとの雇用区分数や配置要員数をみよう。ここでは雇用区分を，仕事の範囲と勤務地の限定の有無で類型化し，a）仕事非限定・勤務地非限定型，b）仕事非限定・勤務地限定型，c）仕事限定・勤務地非限定型，d）仕事限定・勤務地限定型の4つの類型を設定した。

　正社員の雇用区分を上記の4類型に分けると，a）仕事非限定・勤務地非限定型が52.6％で半数強を占め，このほかはd）仕事限定・勤務地限定型が22.2％，b）仕事非限定・勤務地限定型とc）仕事限定・勤務地非限定型はそれぞれ12.6％となる（図表2）。4つの類型に配置されている要員数の構成をみると，a）仕事非限定・勤務地非限定型が69.0％，b）仕事非限定・勤務地限定型が10.9％，c）仕事限定・勤務地非限定型が10.4％，d）仕事限定・勤務地限定型が9.6％となる。仕事の範囲や勤務地が限定されていない従来の総合職型に相当するa）仕事非限定・勤務地非限定型は，雇用区分数の50％強，配置人数では70％ほどとなる。従来の総合職型以外の雇用区分がかなりの割合を

図表3 非正社員の雇用区分類型計

	雇用区分数	配置要員数	配置要員数の構成比
計	1,168 (100.0%)	550,829 (1,092)	100.0%
a) 仕事非限定・勤務地非限定型	63 (5.4%)	8,113 (61)	1.5%
b) 仕事非限定・勤務地限定型	87 (7.4%)	79,730 (85)	14.5%
c) 仕事限定・勤務地非限定型	70 (6.0%)	50,158 (62)	9.1%
d) 仕事限定・勤務地限定型	948 (81.2%)	412,828 (884)	74.9%

注：非正社員の雇用区分のうち仕事と勤務地の限定の有無に関して回答のある1168件を母数とする。他は、図表2に同じ。
出所：佐藤・佐野・原（2003）。

占めてきていることがわかる。

さらにキャリア形成の機会や雇用条件に関してこれらの類型毎の特徴をまとめると、①正社員の区分であっても、仕事や勤務地が限定されている雇用区分ほど、「第2次考課を行うポジション以上」への昇進が閉ざされている。とりわけ、b) 仕事非限定・勤務地限定型とd) 仕事限定・勤務地限定型の勤務地限定型では上位ポジションへの昇進が制約されている。②技能育成の方針（いくつでも選択）では、勤務地が非限定のa) 仕事非限定・勤務地非限定型とc) 仕事限定・勤務地非限定型では、「長期的な視点から計画的に幅広い技能を習得させる」という方針をとる雇用区分の割合が高い。他方、b) 仕事非限定・勤務地限定型とd) 仕事限定・勤務地限定型では、「長期的な視点から計画的に特定の技能を習得させる」と「業務の必要に応じてそのつど技能を習得させる」が主となる。つまり、正社員の雇用区分であっても仕事や勤務地の限定に応じて異なる雇用管理が行われている。

非正社員の雇用区分を正社員の場合と同じく仕事と勤務地の限定の有無で4類型に分けると、d) 仕事限定・勤務地限定型が、雇用区分数では81.2%、配置要員数では74.9%と大多数を占める（図表3）。他の3つの雇用区分類型は雇用区分数でみても配置要員数でみても比率が低くなる。とりわけ従来の正社員の働き方に典型的であったa) 仕事非限定・勤務地非限定型は、雇用区分数では5.4%を占めるが、配置要員数は1.5%にすぎない。

キャリア形成の機会と雇用条件に関して非正社員の雇用区分の類型ごとの特徴をまとめると、①雇用契約期間の定めの有無では、いずれの雇用区分類型で

Ⅰ　共通論題

も雇用期間に定めがあるものが多数を占める。しかしそのほとんどでは通常，契約更新が行われている。また，仕事の範囲を限定していない a) 仕事非限定・勤務地非限定型（19.0％）と b) 仕事非限定・勤務地限定型（12.6％）では雇用期間に定めのない無期雇用の区分が少数であるがみられる。とりわけ前者の従来型正社員の働き方である a) 仕事非限定・勤務地非限定型ではその比率が20％ほどになる。②非正社員の雇用区分類型では，「管理的なポジション」がキャリアに含まれていない雇用区分が70％から80％と多数を占める。しかし，仕事の範囲に限定がない雇用区分類型は，キャリアの上限が高く，転換制度によって他の雇用区分までキャリアが広がる可能性がある。ただし，正社員の雇用区分への転換では，勤務地が限定されていない雇用区分類型の方が有利となる。③技能育成の方針（いくつでも選択）では，雇用区分類型別に大きな違いはなく，いずれの雇用区分でも「長期的な視点から計画的に幅広い技能を習得させる」と「長期的な視点から計画的に特定の技能を習得させる」の比率が低くなる。非正社員についても仕事や勤務地の限定に違いがあるだけでなく，それぞれに応じて異なる雇用管理が行われている。

　上記のように正社員と非正社員の雇用区分は，仕事の範囲や勤務地の限定の有無，能力開発やキャリア，賃金決定要素などに違いがある。しかし，正社員と非正社員の雇用区分を仕事と勤務地の限定の有無で4類型に分けると，正社員と非正社員それぞれの雇用区分の中には同じ類型に分類できる区分が存在する。例えば，非正社員の多数を占める仕事限定・勤務地限定の雇用区分が正社員にもみられる。同じく，正社員の多数を占める仕事非限定・勤務地非限定の雇用区分が非正社員にも数は少ないが存在する。正社員と異なり非正社員は雇用期間が限定されているが，後者の雇用区分の多くは，契約が原則として更新されている。また，仕事と勤務地の限定の有無でも，両者の雇用区分には同じ類型が含まれている。つまり異なる雇用区分とせずに，正社員・非正社員の区分を超えて，同じ雇用区分とすべきものがあると考えられる。このことは雇用区分の再編成の必要性を示唆する。

5　小括：雇用区分の多元化と賃金管理の課題

　雇用区分多元化の現状について紹介してきた。最後に，雇用区分多元化の下における賃金管理の新しい課題をまとめておこう。
　①雇用区分ごとの仕事やキャリア管理に適合的な賃金制度を設計することである。このことはひとつの企業の中に複数の賃金制度が併存することを意味する。大企業を中心に70年代後半から普及した職能資格制度に基づく職能給の特徴は，職能分野やキャリア（管理職，専門職など）の違いを超えて，全社同一の賃金制度であることに特徴があった。この点からすると大きな変化である。雇用区分の多元化の下で職能資格制度を維持する場合，全社１本の職能資格制度でなく，雇用区分ごとの職能資格制度となろう。これは，日経連能力主義管理研究会編（1969：39-40頁）が，職能資格制度を２つ（全社１本の「能力的資格制度」と職能分野ごとの「職能的資格制度」）に類型化したうえ，近代的な人事制度に望ましいものとして提起していた「職能的資格制度」に近い仕組みである。
　②同一企業内に複数の賃金制度を導入することは，雇用区分間の賃金水準のバランスや均衡という新しい賃金管理上の課題を浮上させることになる。従来も異動の範囲や仕事の種類に応じて異なる雇用区分を設定し，それぞれ異なる賃金制度を導入している企業では，雇用区分間の賃金水準差の合理的な設定が課題となっていた。雇用区分間の賃金水準差の合理的な設定方法として，雇用契約時点における働き方に関する限定条件（職務限定，勤務地限定，時間限定など）に応じて，賃金にリスクプレミアムを導入する案が提起されている（短時間労働の活用と均衡処遇に関する研究会編 2003）[3]。検討に値するものである。
　③雇用区分に則した賃金制度を導入し，雇用区分間の賃金水準のバランスを配慮する前提として，雇用区分の合理的な設定が求められる。しかし，雇用区分の現状をみると，雇用区分の再編成を必要とすることがわかる。これは，正社員と非正社員の区分を前提として，それぞれ内部に雇用区分を設定する方法が採用されていることによる。雇用区分ごとの仕事やキャリア管理の実態をみると，正社員の雇用区分と非正社員の雇用区分の間に重複がみられる。さらに，

Ⅰ　共通論題

所定労働時間が短い雇用区分はほとんどすべて非正社員の区分とされている。この背景には，「短時間勤務は会社への貢献が低いのだから非正社員として扱い低い処遇で良い」との考えがあろう。正社員・非正社員の区分を廃止し，雇用区分の実態に基づいた雇用区分の再編成が求められる。例えば，図表2のa）の雇用区分と図表3のa）の雇用区分を統合することなどが課題となる。正社員と非正社員を統合した人事制度の構築である。統合後の賃金制度は，雇用区分内に関しては同一の処遇制度が適用されることになる（同一処遇決定方式；厚生労働省雇用均等・児童家庭局編 2002, 脇坂・松原 2003, 久本 2003）。重要な点は，所定労働時間の長短を雇用区分の設定基準に含めないことである。同一雇用区分内では同一の賃金制度が適用され，労働時間の長短による賃金水準の違いは時間比例となる。

　④同一企業内に複数の雇用区分を設定した場合，雇用区分間の移動のルールをどのように設計し，運用するかが課題となる。現状の仕組みをみると，移動の仕組みはあるものの，その適用は限定的である。頻繁に移動が発生するのでは，計画的な人事管理が困難となることが背景にある。移動ルールには，雇用区分間の移動を可能とする時期の設定（キャリアやライフステージの節目等）などの工夫も必要となろう。

　⑤正社員，非正社員の区分を超えて既存の雇用区分を再編する際の最大の問題は，雇用契約の違いである。図表2の雇用区分は雇用期間に定めのない無期雇用となるが，図表3の雇用区分の大多数は，契約更新が主となる有期雇用である。両者の雇用区分を統合し，同一の雇用区分として，同一の処遇制度を適用することで処遇の均衡が実現できたとしても，雇用保障の均衡が課題として残される。この解決が今後の課題となろう。一時的な仕事以外はすべて雇用期間定めなしの無期雇用とし，同一の雇用区分内は同一の雇用保障水準とするためには，雇用区分の多元化に応じた「雇用保障の多元化」が求められよう（佐藤博樹 2001）。具体的には，無期雇用を前提としたうえで，雇用契約における働き方の限定のあり方に応じて，雇用保障の範囲を限定する仕組みである。この仕組みが導入できなくては，現状の非正社員にみられる有期契約とその契約更新の問題は解消できないであろう。

1) 事例調査とアンケート調査は,「雇用管理の現状と新たな働き方の可能性に関する調査研究委員会」の成果に基づく。研究会のメンバーは,主査：佐藤博樹（東京大学社会科学研究所教授),委員：脇坂明（学習院大学経済学部教授),廣石忠司（専修大学経営学部教授),上野隆幸（松本大学総合経営学部専任講師),佐野嘉秀（東京大学社会科学研究所助手),原ひろみ（東京大学大学院経済学研究科博士課程,当時),連合総研事務局：中尾和彦（連合総研主任研究員,当時),茂呂成夫（同主任研究員),末吉武嘉（同研究員,当時）である。調査結果は,雇用管理の現状と新たな働き方の可能性に関する調査研究委員会（2003）としてまとめられている。

   事例調査は,2002年7月から2003年1月にかけて20社に関して実施し,アンケート調査は,①連合傘下の民間産業別組織に属する企業925社,②帝国データバンクに登録のある企業のうち連合非加盟組合の多い産業に属する従業員数500名以上の企業（無組合企業を含む）2000社の計2925社を対象に,企業の人事労務担当者に対して郵送にて2002年10月から11月にかけて実施した。有効回答企業数は547社,有効回答率は18.7％であった。回答企業の業種は製造業が30.7％と最も多く,これに小売業18.3％,サービス業14.6％,運輸業10.6％と続き,その他は10％に満たない。企業規模を正社員数でみると1000人以上の大企業が全体の40％弱となる。

2) 本稿の4の（1）の雇用区分と（3）で取り上げている雇用区分には違いがある。（1）ではすべての雇用区分が分析対象となっているが,（3）で分析対象としている雇用区分からは,①定年後の雇用延長の受け皿となっている区分,②医師,看護師,乗用車運転手などの特務職のための区分,③会社役員の区分,④特別な事情によって数名残っているが現在の在籍者が退職すれば廃止する区分,が除かれている。なお,（1）の雇用区分数に関する設問の設計からして役員の雇用区分は除外されていると考えられる。さらに,（3）の分析では,上記の4つ以外の雇用区分の中で,かつ正社員と非正社員のそれぞれ主要な雇用区分を3つまでを対象としており,3の分析対象とされた雇用区分数は,（1）の分析対象となった正社員の雇用区分数の80.4％,非正社員の雇用区分数の77.4％を占める。主たる雇用区分に関してはほぼ分析対象に含まれていると考えられる。

3) 「時間限定」に関して詳細な説明はないが,所定労働時間の長短ではなく,会社側の都合による就業時間,勤務時間帯,曜日などの変更可能性として提起されている（短時間労働の活用と均衡処遇に関する研究会編 2003, 31-32頁)。

【参考文献】

今野浩一郎・佐藤博樹,2002,『人事管理入門』日本経済新聞社。

厚生労働省雇用均等・児童家庭局編,2002,『パート労働の課題と対応の方向性：パートタイム労働研究会最終報告』財団法人21世紀職業財団。

雇用管理の現状と新たな働き方の可能性に関する調査研究委員会,2003,『雇用管理の現状と新たな働き方の可能性に関する調査研究報告書』財団法人連合総合生活

Ⅰ　共通論題

　　　開発研究所.
　佐藤博樹, 2001,「外部労働市場依存型の人材活用と人事管理上の課題」『ジュリスト』11月1日号（No. 1211）。
　佐藤博樹・佐野嘉秀・原ひろみ, 2003,「雇用区分の多元化と人事管理の課題：雇用区分間の均衡処遇」『日本労働研究雑誌』No. 518。
　短時間労働の活用と均衡処遇に関する研究会編, 2003,『短時間労働の活用と均衡処遇：均衡処遇モデルの提案』財団法人社会経済生産性本部生産性労働情報センター。
　日経連能力主義管理研究会編, 1969,『能力主義管理：その理論と実践』日本経営社団体連盟弘報部。
　久本憲夫, 2003,『正社員ルネッサンス：多様な雇用形態から多様な正社員へ』中公新書。
　脇坂明・松原光代, 2003,『短時間正社員の可能性についての調査報告書』東京都産業労働局。

＊　本稿は，佐藤博樹・佐野嘉秀・原ひろみ「雇用区分の多元化と人事管理の課題」『日本労働研究雑誌』（2003年9月号掲載予定）の一部を利用している。

共通論題＝社会政策学と賃金問題——座長報告

社会政策学と賃金問題

下山房雄 Shimoyama Fusao

　社会政策学会107回大会共通論題「社会政策学と賃金問題」の座長を森ます美さんとともに務めた。その仕事の過程で私が考えたことを記しておく。

1　大会で議論されたこと

(1) 木下報告と赤堀報告の衝突

　議論の緊張に満ちた白眉は, 木下 (敬称略, 以下同様) と赤堀の衝突であろう。大学や研究所の本雇い賃金は, 公務員賃金通例の男女平等自動昇給による職階給類型の年功賃金が通例だが, 教授職現任の木下が教授 (女性教授も?) の賃金を下げて非本雇いを含む若手教員の賃金を上げよとの立場から, 赤堀に対して「私には賃下げの覚悟はあるが君にはあるか?」と迫る場面まであった。若手賃金引き上げ要求に止めずに, 年功賃金中高年の部分を下げよとまで主張するのは, 年功賃金を職務給に改革し, 年功カーブの立った男性本雇い賃金＝家族賃金をカーブの寝た女性賃金＝個人賃金に引き下げよとする主張の系論だが, この主張がアメリカのコンパラブル・ワース (CW) 運動の思想には全く存在しない「パイの理論」に公然と支えられていることが明白に述べられたことも強烈印象の特徴だった。しかもこの「パイの理論」は, パイを「付加価値＝賃金＋利潤」とせず賃金だけに限る新型の理論, つまり他ならぬ賃金基金説である。この説は, 新自由主義的グローバリゼイションのもとで, 付加価値増大は賃上げには向けず, 国の内外への投資＝蓄積基金とする日本企業の政策貫徹のもとで生まれている強い時代思想ではあるが, スミス＝マルクス的に賃金—利潤の関係は可変的と私はなお考えている。

I　共通論題・座長報告

　赤堀報告に対してはフロアからも「年齢，経験年数，それにもとづいた生活保障給が，いかに性差別的に運用され，女性を排除してきたか」の社会政策学会での10年以上にわたる研究成果を無視するものとの批判的質問が出された。このような疑念に対して，私は2つのことを言いたい。それへの直接的コメントと間接的コメントである。

（2）電産型賃金——論難と擁護

　まず電産型賃金の主軸＝生活保障給が男女平等の年齢別賃金だということを確認する。確かにその体系を根拠づける生計費モデルは，男性稼働—女性主婦専業という家父長モデルではあった。それは当時の大量的生活事実の反映であり，理念として掲げられたものではない。そのモデルによる再生産コストをカバーする賃金カーブは経済原論における農産物価格と同じ限界値による価格規定であり，その限界値よりも再生産コストの安い女性労働力に対しても同一価格が支払われた。電産賃金を年齢差別だということは形式的には可能であっても，男女差別とは言えない。性差別賃金になるのは，電産型賃金が解体され，50年代の定昇制度復活や60年代導入の職能給によって査定昇給や賃金表複線化が行われた結果，組合活動家，左翼政党活動家とあわせ，長勤続の女性も生涯賃金が寝た形の年功カーブを描くようになったのである。年齢差別との論難に対しても，日本的熟練や独占段階的半熟練の技能階梯との照応（後述），生涯賃金としての同等性，資本が問題にする賃金コストは個々の労働力価格ではなく協業集団労働力の総価格あるいは平均価格，といったことを私は対置して，年齢別・経験年数別賃金を擁護する。

　戦後産業民主化の輝ける金字塔とされてきた電産型賃金を男女差別賃金の根元とする言説がこの10年，学会通説になったとは到底思えないが，しかしある種のファッションとなったことは確かだ。ついには，戦後民主化運動の獲得物を戦中の総動員体制の遺物として規制緩和による解体を叫ぶ主張と共鳴して，電産型賃金は戦時賃金統制の遺物つまり天皇制ファシズムの産物の完成であるかのように説く言説まで登場した。そういう言説を心地よく聞いているらしいフェミニズムの潮流を私は憮然として眺めないわけにいかない。

（3）年功と労働の対応と賃金差別——合理と非合理

　年功と労働との関連について，長く世間と学会は全く対立的であった。世間常識では，年功賃金は労働と全く関係ない儒教的長幼序列で，寝ていても（！）生活保障が行われる非合理的賃金体系といった反労働者的言説が好まれた。だが学会通説は「人事考課の強化や職能給への流れは，年齢・勤続に応じその職業能力の向上を背景に上昇するという年功賃金の本質に近づく方向」（高梨昌編『変わる日本型雇用』日本経済新聞社，1994年，118頁）との規定であろう。この本は世間常識にタイトルをあわせたが，真意は「変わらぬ日本型雇用」なのだ。この認識系譜は，氏原正治郎の「経験によるカンとコツの累積としての熟練（日本型熟練）」と年功職場秩序を関連づけた「大工場労働者の性格」概念化（日本人文科学会『社会的緊張の研究』有斐閣，1953年）および種々の年功カーブで描かれる日本型職種賃率の発見（日本人文科学会『佐久間ダム』東京大学出版会，1958年，氏原正治郎「労働市場論の反省」『経済評論』1957年11月）に始まり，氏原シューレによる独占段階の職務階梯昇進的新型熟練工賃金体系概念化の転回（小池和男『賃金—その理論と現状分析』ダイヤモンド社，1966年，山本潔『日本労働市場の構造』東京大学出版会，1967年，石田光男『賃金の社会科学』中央経済社，1990年）を経て今日に至っている。

　この研究系譜では，賃金差別問題は無視捨象されている。この点は，石田氏が「差別のある」「実態と乖離のある理念」を論じたと自覚的に明言されているとおり。しかし経験科学たる社会科学としては，60年代半ば以降の会社派執行部で固められた労働組合のもとで横行した賃金の組合差別，思想差別（日本の企業は職場で組合活動をしていない「模範社員」的左翼政党活動家を公安警察と一体化して抑圧する政治組織となる），女性差別の実態を分析すべきである。そういう仕事がないわけではない。野沢浩の北辰電気賃金差別裁判などの法社会学的分析（「賃金差別と事実認定の問題」初出1986年，『労使紛争処理システムの現代的課題』労働科学研究所出版部，1995年）にみるような判例命令批評の類はかなりあり，学会固有の研究者の仕事としても，熊沢誠の東芝府中工場，私のJR西日本の賃金差別分析（熊沢『日本的経営の明暗』Ⅱ　筑摩書房，1989年，下山『現代の交通と交通労働』10章　御茶の水書房，1998年）をさしあたり挙げることができる。そ

してこれらの研究が提起する政策的含意は「差別されてない労働者の所与の賃金趨勢まで差別されている労働者の賃金を引き上げる形で改善せよ」であって，非差別・被差別両方の労働者をともに職務給に改定せねば，差別解消はないとするものではなかった。ところが，女性差別の解消の場合にのみ，男性職賃金率の現存カーブに女性職賃金率をあわせよではなくて（その際に両職種の職務評価が有用な場合もあろう），男女両職種の賃率をともに職務給に改革して差別をなくすとの言説がなされるという誠に奇妙なことになったのである。

　この状況は，アメリカのCW運動と比べても奇妙だ。ブルム『フェミニズムと労働の間』（訳書　御茶の水書房，1996年）から読みとれるアメリカ状況と対比して，次のことが言える。まず，アメリカでは，低い女性職賃金を高い男性職賃金に同一化する手段としての職務評価が言われているのに，日本では，男女ともに職務評価による賃金決定にすれば女性賃金があがる，年功賃金＝家族賃金を職務給＝個人賃金にすべし，家族＝子供の扶養は社会保障で，といった具合で，結果ではなくて最初から男性賃金引き下げを主張している。また，アメリカの男性職賃金は，スタート賃金から昇給カーブを描き（同書82, 151頁）職務給だが上がり方は年功的で家族賃金だ。CW運動が目指すのは，女性にも家族賃金をということで，シングルマザーが自己の賃金で子育てできることを要求している（同書16, 205, 226頁）。ジュリア・ロバーツ演ずるエリン・ブロコビッチが訴訟に負けても3人の子育てができる賃金を要求しているのである。女性職賃金が低いことを団交で主張してストをかけてとるとか，最賃引き上げで女性職賃金を引き上げる方がベターなCW運動というのがブルムの含意だ。ところが日本では最賃金額引き上げにほとんど沈黙であり，高い家族賃金から安い個人賃金への改革が叫ばれる。せっかく，男女差別撤廃訴訟で勝利して男性の家族賃金に到達した勤続，闘争ともに頑張った女性の賃金も再び個人賃金に下げろというのか。

　アメリカでは，職務評価は本来的に「科学的管理」（労働者からの決定権の剥奪）のものなので闘争的に取り組むべきことが強調され，事実，CW運動には団体交渉，スト，ピケなどとの密接な関連が現存する。日本のCW論者の主張にも実践にもそういう特徴はないか薄いと言えるのではないか。賃金基金説

の立場で，賃金男女差別をなくそうとするならば，そうなる因果はよく理解される。しかし，前提が間違っている因果を私は承認しない。

2 大会で議論されなかったこと

(1) 私が書いた「共通論題趣旨」

　下関大会の前までは，プログラムに掲載される「共通論題趣旨」は，何故か企画委員会ではなくて座長が書いていた。また，私には解題的報告をとの要望が企画委員会内にあり，それを固辞するならば「趣旨」をじっくり書き込んでくれとの要望もきいた。しかし，私は下掲のような昔の論文によくあった「問題の限定」的叙述で「趣旨」とすることにした。この中身が大問題になり，結局「趣旨」は企画委員会自作となったという経緯がある。

　ハレーションを起こして引っ込めた私の「趣旨」原稿は以下のごとくである。

　──「賃金問題の領域を，水準，構造，体系，政策の４つに分けてみると，今回大会の企画は結果として，体系の問題に焦点が合わされることになった。1980年代以降，アメリカにおいて「日本的経営」のチームコンセプトが移入実践されることで，先任権制度＝職務規制組合主義が動揺しているのに対して，日本では年功賃金＝終身雇用制度がまずは賛美されついで徹底解体すべきものとして動揺させられている。この日本の現状に発する諸報告である。／取り上げられなかった問題について数言。賃金水準の問題は，製品コスト要素，利潤との分配関係，生活賃金などとして，経済学の初発からの重要な問題であった。山田盛太郎『分析』における綿糸百斤当たり「個数賃金」からの「インド以下的低賃金」規定はそのような流れのもとにある。わが社会政策学会では，大河内戦時社会政策論の視角，つまり労働力再生産のサイクル内部に限定された賃金問題が賃金水準研究の主流であったように思う。国際比較における名目賃金の購買力平価による実質賃金への翻訳の作業や，賃金が労働力再生産費用の全部には照応せぬ構造のもとでの間接賃金や社会的賃金への注目は，そうした生活費としての賃金研究の流れである。／私が構造問題とするのは，労働市場の複合・階層構造のもとでの賃金較差あるいは格差の問題である。この問題を分

析する道具となる原理的キータームは「純利益均等原理」と「非競争集団」であるが，戦後日本ではこの「非競争集団」の低層形成を，女性，中小零細企業，非・本雇い雇用形態などの対象につき解明する研究が折々行われてきた。しかし，研究の主流は本工内部市場の形成に由来する特殊な「非競争集団」のもとでの管理的賃金決定の問題であって，今回大会共通論題報告の大勢もその流れである。／政策問題としては，ケインズ的インフレと組合交渉力昂揚のもとでは，賃金抑制＝所得政策が問題となったが，今日では新自由主義思想とその経済政策の重圧のもとで機能麻痺となっている最低賃金制が重要問題である。しかし，パート労働の研究論文・調査報告は多いが，パート賃金を強く規定している現行最賃制を分析する論文は稀だ。幸い，今大会テーマ別分科会（1）で「最低賃金制の動向」あるいは「今日における最低賃金制の動向」がとりあげられた。」──

（2）企画委員会「共通論題趣旨」へ

　この「趣旨」では，報告はできない，下りるとの激烈な異議をはじめ，下山個人の見解が書かれている部分削除などの批判も出た。体系問題に絞られたがなお残されている問題があるとの個人見解を書くのが何故まずいのか，私には未だに理解できないが，企画の「趣旨」は企画した企画委員会が書くのが全く正当な形式と判断して，上掲のものは引っ込めた。だが本稿では関連して2つのコメントを書かせていただく。第1には，企画委員会「趣旨」が，「『成果主義』化の傾向は不可逆的であるかのよう」「年功賃金は崩れつつあるということが半ば常識化」「『能力』や『成果』の論理から，公平性や納得性を追求しようとする発想は，労働者の間にこそ強い共鳴者を獲得しつつあるよう」と書くことへの評釈である。これらの命題はいずれも断定的表現を避けているが，森座長が大会の場で「かのよう」をとって「不可逆的進行」と述べたように，上掲した私の「趣旨」で「動揺させられている」と表現されている事実は，年功賃金終焉を唱える労務管理の方向が労働者の支持をも得つつ勝利する形で決着しているとの観点である。

　その観点からだろう。最後の成文にはさすがに登場しなかったが，討議の過

程では，わが学会の弱点は能力・成果の公平な計測・評価を行いそれに基づく納得的処遇を行う経営実践の規範を示せなかったことだ，との意見が出されもした。私が，三菱・下関造船所の少数派組合＝「全造船」活動家が配布したビラを持参して，そこで糾弾されている石播のゼロ・コミュニスト運動といった組合差別，思想差別の賃金体系問題は科学的に分析すべき社会問題ではないのかと問題を提起したのに対して「運動体が問題にしていることは学問としては扱えない」との意見を聞いたことなどとあわせ，とうとう労務管理の代行を学会がやれという時代が来てしまったのかと私は驚愕したのである。帰路の新幹線で手にしたサラリーマン向け雑誌『ウェッジ』(2003年6月号) 裏表紙で，私は「公正な評価システムが完成　人事考課革命　今まで不可能だった給与への納得が実現」と謳うエトナ株式会社の一頁広告を見ることにもなった。社会政策学会がこういうコンサルタント会社と競争せねばならぬというのか。もっと大事なことがあるのでは，と改めて思った次第である。

(3) 戦後世界市場と日本の賃金

　女性職の寝た年功カーブをそれと同一価値労働の男性職の立った年功カーブに同一化するのではなくて，両者ともに職務給に改革することで同一価値労働同一賃金を実現するとの主張の前提が自称パイの理論，実は賃金基金説であることは前述した。そしてこの学説が「現段階の世界市場で日本資本主義が生き残るには，世界一となった賃金をこれ以上は絶対に増やせない」とする経済思想に支えられていることも見るに容易い。だが，これこそ半ば常識化したテーゼをチェックする必要があるのではないか。なぜ国際競争力弱化と言われつつ，2003年度対米貿易黒字6.6兆円，対アジア6.2兆円といった黒字基調（『日経新聞』2004年5月4日）が維持されるのか。いまこそマルクスの古典的規定──「労働の生産性および労働の内包的大きさの測定器」となる個数賃金の国際比較（『資本論』1巻20章）を行う「戦後世界市場と賃金コスト」といった仕事がなされるべきではないか。

　戦前の講座派理論が，帝国主義戦争勝利のための労働力保全発達を説く大河内戦時社会政策論に転回することで，賃金を剰余価値・利潤さらには資本蓄積

I 共通論題・座長報告

との関係で見る視角は，賃金を専ら労働力再生産の環の中で自足的にとらえる視角に転回された。大河内理論のもとで，賃金は消費財そのものであり，労働市場は労働力給源ルートであった。労働力再生産論の戦後展開の一典型は隅谷＝賃労働の理論であり，別の典型が労働者啓蒙教育の中で盛んであった価値以下論であった。後者は，賃金が文化的社会的標準生計費を満たさないことが労働者の価値を蹂躙していることだといって団結を呼びかける組合主義的批判思想ではあったが，資本主義総体認識に至る科学的思想ではなかった。

氏原正治郎は，賃金―生計費の脈絡ではなくて，市場を通ずる労働力の社会的配分機構のもとに賃金をとらえることで経済学への復帰を行った（前掲「労働市場論の反省」）。また，山本潔は剰余価値率の代理指標としての分配率（賃金÷付加価値）を世界資本主義のもとで類型化する新転回を行った（山本潔『日本の賃金・労働時間』東京大学出版会，1982年）。

そして，山田『分析』が，インド的低賃金（藤本武の実証）＋イギリス的生産性・労働強度の相乗結果たる綿糸個数賃金の低位＝「インド以下的低賃金」を，日本綿業の世界制覇→外貨獲得→生産手段・原料輸入という日本資本主義興隆の基礎に据えた仕事の戦後高度成長段階版は，松崎義『日本鉄鋼産業分析』（1982年　なお A. Gordon "The Wages of Affluence" 1998, p. 103, p. 222 参照）として登場した。鋼材トン当たり労務費（1964年）日本19.8ドルが，西ドイツ，イギリス，アメリカを下回る序列の中での日本の優位＝劣位が日本鉄鋼業の世界制覇を成し遂げさせ，鉄鋼連盟会長をして「もう一つの地球を！」と言わしめる状況を作った基盤を明らかにした業績である。

管見の限りで，その後の世界市場制覇のチャンピオンになっていく日本の造船，自動車，電機での個数賃金国際比較を行う調査研究は登場していない。賃金―生活費の脈絡から，購買力平価による実質賃金や社会的賃金の国際劣位を示す調査研究は出ているが（海野博『賃金の国際比較と労働問題』ミネルヴァ書房，1997年），コストとしての個数賃金の優位＝劣位に踏み込んだ調査研究はない。確かに，綿業や鉄鋼業よりもはるかに広汎複雑な外業部を持つ自動車や電機での単位製品当たり労務費＝個数賃金測定は容易ではない。しかし，賃金基金説脱却のためにも，そうした調査研究は是非にもなされねばならない。

共通論題=社会政策学と賃金問題——座長報告

4 報告へのコメント

森ます美 Mori Masumi

　「社会政策学と賃金問題」と題する第107回大会の目的は,「共通論題趣旨」に明らかなように，社会政策学会にとって中心的なテーマでありながら，1960年代後半以降，後景に退いていた「賃金問題，とくに賃金体系や賃金形態の問題」を，今日的状況の中で論ずることにあった。
　今，なぜ賃金問題か。この背景には，賃金をめぐる3つの動向があると思う。第1は，経済のグローバル化の中で，企業の賃金コスト削減策が，企業社会を支える「聖域」であった男性の「年功賃金」（世帯扶養賃金）の堀崩しにまで及んできたこと。第2に，雇用流動化によって膨大化した非正規労働者の低賃金問題，主要には，その大半を占める女性パートと正規労働者間の均等待遇問題，そして第3に，90年代冒頭から裁判闘争として顕在化した正規男女間の賃金格差問題である。これらに通底し，提起されているのは，賃金はどのように決定されるのが最も公正かつ合理的であり，さらに労働者個人と彼らが営む世帯の生活を保障する適正な賃金（水準）はどのように確保されるべきかという問題である。これは同時に，狭義には雇用と賃金における，広義には生活総体におけるジェンダー関係とジェンダー規範の問い直しを包含している。ジェンダー視点抜きに，今日の賃金問題は論じられない所以である。
　賃金についての規範・イデオロギー，制度，政策が，性と階級をめぐって錯綜する21世紀の賃金問題は，そう簡単に道筋を示すことはできないが，少なくとも今大会では，その第1歩を踏みしめたといえよう。
　木下武男報告・赤堀正成報告・佐藤博樹報告（以下，〈木下〉等と省略）では，企業／労働市場レベルの差はあれ，課題である「賃金制度」について具体的な提起がなされた。3報告が提示した論点を，私の問題関心——ジェンダー平等

——に引き寄せて，議論の継続を期待してコメントしたい。

　順不同であるが，〈佐藤〉(「雇用区分の多元化と賃金管理の課題」)は，現在進行中の企業における雇用区分の多元化の実態から，今後の方向として，従来の正社員・非正社員といった枠組みを廃し，「雇用区分毎の異なる賃金制度」の設計を提案している。前提となる雇用区分の主要な要素は，仕事の範囲と勤務地の「限定の有無」である。賃金の配分ルールには，当該企業にとって「価値ある働き方」を高く評価できる基準，および各雇用区分の仕事内容やキャリア管理にマッチした決定基準の採用が望ましいとされる。雇用区分間の賃金水準差の合理的な設定方法として，「雇用契約時点における働き方に関する限定条件（職務限定，勤務地限定，時間限定など）に応じて，賃金にリスクプレミアムを導入する案」は検討に値すると注目する。

　現在，ホワイトカラー部門のいくつもの男女賃金差別訴訟で，性差別賃金をもたらす主要な要因として告発されている〈コース別雇用管理制度〉は，正社員を対象とした制度であるが，雇用区分の多元化の典型的な形態である。現行のコース別雇用管理の性差別性をめぐる論点は2つある。1つは，雇用管理（コース・職掌）を区分する主要な要素である職務規定（基幹的企画判断業務，定型的補助業務）の合理性と，二分された職務と転勤の有無（勤務地の限定の有無）が賃金格差を合理化する要因たり得るかということ，それらと関わって2つには，〈総合職〉と〈一般職〉の雇用区分が，結果（実態）として性によって二分される間接差別性である。雇用区分間の賃金水準差の合理性を担保するためには，雇用区分毎の担当職務（実態としての仕事の範囲・役割・責任等）の相対的評価が特に問われるところとなる。「雇用区分毎の賃金制度」にとって区分の基本的要素である職務配分と間接差別を引き起こさない制度設計が，ジェンダー平等の視点からは看過できない課題である。

　一方，〈佐藤〉とは対照的に，「今日企業横断的な社会的相場として存在する，企業規模別・性別・学歴別・ブルー／ホワイトカラー別の年齢別賃金カーブ」に依拠して，「年齢（経験年数）別横断賃率」を，「賃金決定の前提」として主張するのが〈赤堀〉である。ジェンダー視点からは無視できない，市場賃金に明らかに存在する男女間の賃金格差（賃金水準格差と年齢別賃金上昇率の差異）に

ついては,「当面は, 性別格差と性別格差を助長しやすい人事考課を規制していくことが検討されてよいだろう」と一言あるのみで, 様々な差別要因を含み込んだ市場賃率を基準とするこの戦略から, 賃金のジェンダー平等を展望することは難しい。

〈赤堀〉への素朴な疑問は, ①賃金決定の基準として「年齢(別)」にこだわる理論的根拠は何か, ②労働者間競争の抑制という機能から,「年齢(別)」と「経験年数(別)」賃金を等値することは論理的・戦略的に合理的か, さらに③今日的時代状況下の賃金戦略として,「年齢(上昇)」が然るべき賃金上昇を勝ち取る根拠たり得るか, という諸点である。

〈赤堀〉は, 年齢別=経験年数別横断賃率の根拠を, 1940年代の年齢別電産型賃金体系も, 1950年代の経験年数別全自型賃金も,「結果として」同様の賃金上昇カーブを描いたことに求めているが, 経営による雇用流動化が強力に推進されている90年代以降, 属人的要素である「年齢」が, キャリアとしての「経験年数」を代理し得る状況はますます破壊されている。さらに, 今日の賃金論争が, 戦後日本の賃金規範であった生活保障給としての〈年齢に対応した賃金上昇〉, いわゆる「年功賃金」体系の崩壊に端を発していることを考えれば, これに対抗する戦略として, 賃金決定の基準に再び「年齢(別)」を対置することが有効とは思えない。オルタナティブとしては, 職種別に, 職能に関わる「経験年数別横断賃率」を要求する方がはるかに納得的と思えるが(ブルーカラー一本, ホワイトカラー一本の職種賃率というのは, 統計値としては導かれるが, 大括りすぎて非現実的であろう), いかがであろうか。

いずれにしても今, 賃金をめぐる論点は,〈木下〉(「賃金をめぐる今日的焦点——賃金の決定基準を中心にして」)が指摘するように,「賃金決定基準, 賃金の上がり方, 賃金水準」にある。換言すれば, 賃金の公正な階層制と資本蓄積に適合した公正な賃金水準を, 企業/市場レベルでいかに再構築するかにある。

〈赤堀〉の「年齢別賃金は年齢別賃金差別であり, エイジズムにもとづいている」と批判する〈木下〉は, 賃金平等の原則は,「仕事の価値にもとづくパイ(人件費総額)の配分」であるとして,「同一価値労働同一賃金原則」を公正な賃金決定基準と位置づける。そして,「横断的労働市場が形成・拡大しつつ

あるなかで……賃金規制を本来的な機能とする労働組合は，職種別賃金によって規制を行う以外にはないのではないか」と述べて，連合外部評価委員会の提言「年功賃金から（同一価値労働同一賃金原則による）職務型・職種型賃金へ」（同委員会『最終報告』2003年9月）を，「新しい賃金論」として高く評価している。

とはいえ，右肩上がりの年功賃金に馴染んできた（その多数は男性労働者である）労働組合のみならず社会政策研究者の中にも，同一価値労働同一賃金原則に基づく職種別賃金への抵抗感は大きい。その理由の1つに，賃金水準の低下への危惧があると思われる。事実，〈木下〉が紹介した東京都三鷹市の公設民営方式の保育所運営を受託したベネッセは，「年功よりも仕事の内容で賃金を決めている」という理由で，契約保育士の賃金を，年収200万円台へと大幅に抑制している。

同一価値労働同一賃金原則による賃金決定は，必ずしも賃金水準を保障するものではない。同一価値労働の比較対象者の賃金水準に規制される。「賃金下落のメカニズム」の中で，雇用・就業形態の多様化と結合した賃金掘り崩しに対抗するためには，賃金決定の基準にこの原則を据えると同時に，例えば「保育士」という専門職種にいくら支払われて然るべきかを，当事者自らが提起していくことだと思う。職種別市場賃金の比較も1つの方法であろうが，職種・職務の分析による仕事の専門性の評価，人材育成に必要とされる資源・コストの明確化などの作業が重要になってくる。保育士をはじめ看護師，ホームヘルパーなど医療・保健・福祉サービスに関わる多くの女性職が賃金破壊の標的となっていることを目の当たりにして痛感するところである。

1950年代以降の社会政策学会研究大会における「賃金問題研究」をサーベイした橋元秀一報告（「社会政策学における賃金問題研究の視角と課題」）は，今日の賃金問題研究の視角と課題を2点にまとめて提起した。第1は，「現代の資本蓄積様式の分析に基づいて，日本の賃金水準と賃金格差構造の特質を解明するという基本的課題」，第2は，研究の「射程や方法」に関わって，賃金問題研究を「賃金管理の問題にとどめず」，「賃金のあり方」を，生涯的所得保障システムの一環として，「公共サービスをも含む間接賃金を考慮した生活水準の問

題として解明すること」である。この視角からすると，今大会の上述の3報告は，「賃金管理の問題」に留まり，その意味では〈橋元〉の要請は，再び，今後の課題となった。

　〈橋元〉に関連して，今大会を通して私が感じた諸点を補足して終わりたい。1つは，社会政策学における賃金問題研究の発展のためには，「賃金問題」の概念の相対化が必要ではないかということ，2つには，社会政策の20世紀的前提を問い直した第106回大会（「新しい社会政策の構想」）が提起した「21世紀型福祉国家の前提」（武川 2004）は，21世紀の賃金問題研究の「前提」として共有されるべきではないかということである。

【参考文献】
武川正吾（2004）「『新しい社会政策の構想』に寄せて──第106回大会の前と後──」社会政策学会編『新しい社会政策の構想──20世紀的前提を問う──』（社会政策学会誌第11号）p. 67-77

II 【テーマ別分科会】報告論文と座長報告

わが国最低賃金制の現状と課題　　　　　　　神代和欣

韓国の失業対策と雇用保険
　―IMF金融危機以降を中心に―　　　　　　李　義圭

〈座長報告〉
阿部　誠　　埋橋孝文　　永山利和

テーマ別分科会1＝最低賃金制

わが国最低賃金制の現状と課題

神代和欣 Koshiro Kazuyoshi

はじめに

　わが国では，1959年4月に初めて最低賃金法が公布されたが，当初は業者間協定方式を中心としていた。1968年6月の改正法によって，審議会方式に基づく最低賃金の決定が中心となり，1972年以降76年までに全都道府県で地域包括最低賃金制度が導入された。78年度からは中央最低賃金審議会から4ランク別の目安額が答申され，それに基づいて地方最低賃金審議会が地域最賃の改定を審議決定する仕組みとなった。この方式は現在でも維持されている。

　他方，82年には新産業別最低賃金制度への移行が答申され，88年以降新産業別最賃が地方別・産業別に設定されている。使用者側は98年以降，新産別最賃は「屋上屋を重ねるものであり廃止すべきである」旨主張しているが，2002年答申では基本的改正は行われなかった。2002年7月および2003年7月には2年連続して目安改定が見送られた。目安制度導入後20年以上が経過し，この間，わが国の最低賃金制度はおおむね有効に機能してきたと評価されるが，グローバル競争が激化し非正規労働者が増加するなかで，より有効な最低賃金制度のあり方が問われている。最低賃金の雇用に及ぼす効果に関しては，わが国では，アメリカと異なり，全都道府県が毎年いっせいに最低賃金額を改定するので，実証的計測が行いにくい。

1　平成12（2000）年目安制度の見直し

　筆者は，1996年5月から2003年1月初めまで，中央最低賃金審議会会長の職

にあったので，この機会に在任中に扱った主要な問題点について，問題点を整理しておきたい。それ以前の研究や問題点に関しては，紙面の制約もあるので必要最低限の言及にとどめる。

　はじめに述べたように，わが国の最低賃金改定の目安制度は，昭和53 (1978) 年度以来，制度として定着した。平成7 (1995) 年4月，中央最低賃金審議会目安制度のあり方に関する全員協議会報告で20指標の直近5年間の数値の平均値を取り，当該平均値を総合化した指数に基づいて見直しを行った。これは5年ごとの見直し規定に基づく。1999年4月28日第1回目安制度のあり方に関する全員協議会で審議を開始し，2000年の見直しでは，現行のランクとの継続性，法的な安定性に留意し，基本20指標について平成6 (1994) 年から10 (1998) 年までの数値の平均値を取り，その単純平均値により新しい総合指数を作成して，4県について目安ランクを変更した。その他は，従来どおり4ランクとした（平成12年3月24日全員協議会報告）。具体的には，長野，広島がCからBへ，福島がDからCへ，茨城がBからCへ変更された。

2　平成14 (2002) 年最低賃金制度改革

　平成12 (2000) 年4月第12回目安制度のあり方に関する全員協議会から「表示単位期間」等の見直しの検討を開始した。

(1) 時間額表示問題

　平成12年12月7日第16回全員協議会で中間とりまとめのあと，平成13 (2001) 年4月から2002年4月2日まで5回にわたる審議の結果，日額表示方式（時間額併用）から「時間額単独方式」への切り替えを決定した。すなわち，「地域別最低賃金額の金額改定に係わる目安は平成14年度から時間額で表示することが適当」とした。実際には，すべての都道府県で地域別最低賃金が時間額表示に一本化された。時間賃率は，最高の東京708円から最低の沖縄604円にまでまたがっている（平成14年9月2日，労働基準局賃金時間課発表）。

(2) 新産別最賃

　わが国の最低賃金制度は，都道府県別の業者間協定方式から発足したために，審議会方式に移行し，地域別最低賃金制度が確立した後も産業別最低賃金制度が存続し，そのあり方が問題になった。その経緯を見ると，「行政のイニシアテイブによって設定される旧産業別最低賃金については，昭和63年度までは最低賃金額の改定を行うこととするが，昭和64年度（平成元年度）以降は改正諮問を行わず，最低賃金を据え置くこととし，関係労使のイニシアテイブによる新産業別最低賃金の決定，改正のみが行われる。これに伴い，その機能が縮小していく旧産業別最低賃金は，漸次廃止する。」「本審議会は，（中略）今後の産業別最低賃金は，最低賃金法第11条の規定に基づくもののほか，関係労使が労働条件の向上又は事業の公正競争の確保の観点から地域別最低賃金より金額の高い最低賃金を必要と認めるものに限定して設定すべきものであるという基本的な考え方を示」すこととなった（中央最低賃金審議会，昭和61年2月14日答申）。

　〔使用者側の新産業別最賃廃止論〕使用者側は平成10（1998）年2月24日の第1回産業別最低賃金制度の運用上の問題点等に関する検討部会以来，廃止を主張した。そのため，公益会議で地域産別最賃243件と地域最賃との分布状況（特性値）などを検討したが，結論を出すにはいたらなかった。平成13（2001）年4月，使用者側からのあらたな問題提起により，中央最低賃金審議会に産業別最低賃金制度全員協議会が設置され，同年5月から平成14（2002）年12月6日（第12回）まで審議，同日審議会で全員協議会報告「産業別最低賃金制度の改善について」を採択した。

　すなわち，関係労使の一層のイニシアテイブの発揮について①当該産業関係労使の意思疎通，②関係労使の参加による必要性審議，③金額審議における全会一致の議決に向けた努力など，運用上の改善を期待した。そのほか，①労働協約ケースによる申出に向けた努力，②適用労働者数の要件（1000人程度基準，地域の実情に応じて決定），③産業別最低賃金についても時間額単独方式の検討を進める，などを決定した。

　この過程で，使用者側は次のような意見を表明した。「経済のグローバル化

Ⅱ　テーマ別分科会

が進展する中，国内における事業の公正競争の確保はほとんど意味を失っており，『基幹労働者』について普通の労働者以上の最低賃金を設定することは地域別最低賃金がある以上，最低賃金法第1条に照らしてそぐわない。(中略) 産業別最低賃金は屋上屋を重ねるものであるとともに，セーフテイネットの確保については，地域別最低賃金のみで最低保障を決める方が分かりやすい。」
「したがって，産業別最低賃金制度は廃止すべきである。」「また，制度が廃止されない段階においては，地域，産業の実情を踏まえ，必要性の乏しい個別の産業別最低賃金については廃止，その他については引き下げ又は凍結を含め柔軟に対応すべきである」(平成14年12月6日，中央最低賃金審議会に対する産業別最低賃金制度全員協議会報告)。

〔労働側の見解〕これに対して，労働者委員は次のように主張した。「地域別最低賃金はすべての労働者に適用される賃金の最低水準を，産業別最低賃金は産業別の基幹的労働者に適用される賃金の最低基準をそれぞれ決定するものであり，二つの制度が相互に補完しあいながら存在することで，最低賃金の実効性を高め賃金の下落の防止を図るとともに，賃金格差の是正を果たす役割を担っている。特に，最低賃金対象者の賃金水準は，先進国の中でも決して十分ではないことを認識すべきである。」

「さらに，経済のグローバル化の進展の下，国内における企業間競争は激化し，企業はコスト削減策の一つとして賃金引下げを始めとする人件費削減を行っており，賃金の下落の動きが拡大するとともに，パートタイム労働者等の増加などにみられるように，雇用形態が多様化しており，働き方の多様化に対応した公正処遇を確保する必要がある。特に，一般労働者とパートタイム労働者等との賃金格差が拡大しており，賃金の不当な引下げを防止し，事業の公正競争の確保を図る観点から，産業別最低賃金の機能強化が求められる」(同上報告)。

〔今後の検討〕このように新産業別最低賃金制度に関しては，労使間の意見が真っ向から対立したため，全員協議会においては次のように結論した。「今後，法改正を伴う事項も含めた産業別最低賃金制度の在り方については，時機を見て新たに検討の場を設け，中長期的な視点から更なる議論を深めることが適当

である」(同上報告)。追記参照。

(3) 最低賃金制度の見直し

グローバル競争時代に相応しい最低賃金制度のあり方については，平成15 (2003) 年度以降の課題というおおむねの了解で決着したが，この過程で次のような論点が提起された。

(1) 最低賃金は引き下げられるか

使用者側は，中央最低賃金審議会目安に関する小委員会報告(平成15年7月17日)の見解において，「……これまで目安審議で最も重要な指標として使われてきた賃金改定状況調査結果は，今年，第1表において凍結事業所割合が60％近くとなり，製造業では70％近くになるとともに，引き下げ事業所割合が増加している。また，第4表の賃金上昇率がマイナス［0.1％］となっており，従来から目安を第4表のみで決めるべきものではないと主張し続けてきたところではあるものの，この数字をかなり重く受け止めるべきである」と主張，「以上のことを総合的に判断し，企業の存続と雇用の維持を最重要課題として，今年の目安については，据え置きに留まらず引下げの目安を示すべき時期に来ていると最後まで強く主張」した。

これに関連して，最低賃金決定制度の創設に関するILO 131号条約2条1項「最低賃金は，法的効力を有するものとし，引き下げることができない。」の解釈が問題となるが，同規定は，私的労働契約，労働協約などによって法定最賃を引き下げることはできないとの意味であり，最賃審議会の決定する法定最賃の額自体を引き下げることは条約に抵触しないことが確認されている。もちろん，実際にそのような国際的にも先例のない決定を行うことは別問題であり，毎年6月に実施されている「最低賃金に関する基礎調査」等に基づいて，経済動向をも睨み合わせながら，審議会において慎重に決定されるべき問題である。

(2) 東南アジア・中国の低賃金との競争にどう対処するか

わが国の地域別最低賃金の最低水準は，2003年現在，沖縄の地域最賃604円(日額4832円，月額約10万円)である。他方，グローバル競争が激化するなかで，上海では1999年改定423元／月（@14円，5922円＝1/17)，北京400元／月（5600円

＝1/18)，シンセン2001年5月改定547元／月 (7658＝1/13)；韓国2001年改定2100ウォン／時 (@0.10円，210円＝1/2.9)；バンコク都市部2001年1月改定165バーツ／日 (@2.8円，462円＝1/10.5)，チェンマイ他143バーツ／日 (400円＝1/12)，その他の地域133バーツ／日 (372円＝1/13)。これらの低賃金諸国と賃金水準で競争することは到底不可能であり，国際経済学的にも先進諸国は高付加価値産業への特化や対外直接投資，国際調達等によって新しい国際分業体制を求めることが基本である。

　ちなみに，アメリカ合衆国の連邦最賃は5.15ドル／時（為替レートによって@120円，597円〜@116，618円)，英連合王国の2003年10月改定最低賃金率は4.50ポンド／時 (@186円，837円)，ただし development rate は3.80ポンド (707円) である。また，フランスの2003年7月改定の SMIC は7.19ユーロ (@130円，935円〜@125円，899円)，ただし16〜17歳5.75ユーロ (@130円，748〜719円)，17〜18歳 6.47 (841〜809円) となっている[1]。

3 最低賃金制をめぐるいくつかの基本的視点

(1) 最低賃金の目的と原則

　最低賃金設定の基本方針としては，法制定前の議論のなかで提起された以下の視点が今日でも有効であると考える。すなわち，「最低賃金額は，労働者の正常な生活を保障することを目的とすべきではあるが，右に述べた四業種に関する最低賃金に関する最低賃金額の算出に当たっては，当面，当該業種の成年単身労働者の最低生活費と当該業種の賃金支払能力とをあわせて考慮したものを基準とする必要がある。」「もちろん，この金額は，前述のごとく労働者の標準生計費としては，なお不十分なものといわざるを得ず，将来その経済力が充実するに伴って改善されるべきものであるが，現状としては，この限度を超えた最低賃金額を決定することは，企業経営を極度に圧迫し，労働者の雇用機会を奪うこととなり，かえって労働者保護の目的を損なう結果となるものと考えられる」（中央賃金審議会・最低賃金制に関する答申，昭和29年5月21日；有沢広巳・藤縄正勝『日本の最低賃金』日刊労働通信社，1972年，pp. 746-7)。

なお，最低賃金制の目的に関して，法第1条は次のように規定している。「この法律は，賃金の低廉な労働者について，事業若しくは職業の種類又は地域に応じ，賃金の最低額を保障することにより，労働条件の改善を図り，もって，労働者の生活の安定，労働力の質的向上及び事業の公正な競争の確保に資するとともに，国民経済の健全な発展に寄与することを目的とする。」また，最低賃金の決定原則に関しては，「最低賃金は，労働者の生計費，類似の労働者の賃金及び通常の事業の賃金支払能力を考慮して定められなければならない。」（法第3条）と規定されている。

　これらの規定の解釈・適用をめぐって，生活保障と最低賃金制の関係がしばしば問題となるが，これに関しても法制定以前の論議のなかで行われた次のような指摘が重要である。すなわち，「……最低賃金制と最低生活の保障とは，無関係でありえないことはいうまでもないところである。」「しかしながら，市場経済体制のもとにおいては，賃金は，労働力の価格，すなわちその変動を通じ，社会の基本的な生産要素の一つである労働力の需給が調整され，経済全体を通ずる最適な配分がもたらされるところの価格であるという性格を，好むと好まざるとにかかわらずもつものであり，国家が賃金になんらかの規制を及ぼすとしても，そのような機能を営んでいる賃金の価格としての側面を無視することはできないところである。」（有沢・藤縄，前掲，p. 31）。「国は当然の義務として『健康で文化的な生活』を保障しなければならぬ立場にある。しかし，その国家の責任を最低賃金制というかたちで個別企業に転嫁する理由はない。……はじめから最低賃金は最低賃金，生活保障は生活保障と割り切って，差額分は国家が直接に社会保障給付を行えばよい。」（辻村江太郎「最低賃金制の経済学～社会保障政策と区別せよ～」『エコノミスト』1968年11月5日；有沢・藤縄，前掲，pp. 31-2）。もっとも，貧困対策と最低賃金制との関係は，今日でも先進諸国で引き続き論議されている。

（2）貧困対策と最低賃金制の関係：欧米の教訓

　イギリスでは，1970年代から20年間，賃金格差が拡大し，in-work poverty が増加した。低賃金を社会保障給付（Family Credit, Housing Benefits, Council Tax

Benefit などの in-work security benefits）で補わなければならないものが増加し，労働党政権は1999年4月全国一律最低賃金制を実施した（時給3.60ポンド＝フルタイム労働者の時間当たり平均賃金収入7.34ポンドの49％）。

また，アメリカでは連邦最賃はわが国のように毎年改定されるわけではなく，政治的にかなり長期間据え置かれることが多いため，連邦最賃による実質年収額（1999年基準）は，1970年前後は貧困線以上だったが，80年代から低下して94年には貧困線以下の年収10,000ドルを切った。クリントン政権は，The Welfare Reform Act of 1996 によって from welfare to work の思想を強調し，具体的には，poverty threshold を13,330ドル（1998年3人家族）に設定し，貧困線の130％を基準に食費補助が行われている。

他方，わが国の場合，生活保護基準（最低生活費）[2]は，1級地—1においては65歳単身月額81,584円（平成11年度），3級地—2においては63,233円となっている。また，標準3人世帯（33歳男，29歳女，4歳子）では，1級地—1で180,490円，3級地—2で138,940円，老人1人世帯（68歳女）では1級地—1で93,980円，3級地—2で70,760円である。これに対して，わが国の地域最賃の加重平均値は，平成11年度日額5,256円，時間額654円で，月額推定109,872円（週40時間月間4.2週就労），平成15年度においても地域最賃は東京都708円（月収約118,944円），佐賀・長崎・鹿児島・宮崎・沖縄県で605円（月収101,472円）であった。したがって，最低賃金率ではフルタイム就労しても標準世帯の最低生活費に達しないが，その差額は，共働きまたは生活保護制度による支援によって補われるべきものとされている。

このようなシステムが低賃金就労によって生活を維持する必要に迫られている人々，とくに母子世帯の母親にとって少なからざる困苦を与えている可能性については，十分な注意を払う必要がある（藤原，2003：8）。しかしそれに対する政策としては，負の所得税（EITC）や食料切符制度の導入が望ましいようである（Fujiwara, 2003：23-25）。

（3）最低賃金と雇用の関係

周知のように，アメリカではこの問題に関して Card & Kruger（1995）の研

究を契機として，活発な論争が展開され，国際的にも注目を集めた。すなわち，1991年4月に連邦最賃が3.80ドルから4.25ドルに引き上げられた直後に，ニュージャーシー州では州最賃を4.25ドルから92年4月5.05ドルへ18.8%引き上げた。しかし，隣接するペンシルバニア州は連邦最賃基準と同水準で据え置いた。それにもかかわらず，ニュージャーシー州のファーストフード業の雇用は減らなかった。これは，理論的には購買独占の状態ではある程度の最賃額引き上げは労働需要にマイナスの影響を与えないためと理解されている。これに対して，Kosters (1996), MaCurdy and O'Brien-Strain (2000) ら新古典派理論に基づく多数の反論が行われた。また近年は政治学者による研究も多い (Waltman [2000], Levin-Waldeman [2001])。

アメリカの最低賃金制は，連邦法と州法の二本建てで（ただし，州最賃が連邦最賃を下回る場合には，連邦最賃が適用される），しかもスライド制ではなく議員立法によって政治的に間歇的な大幅改定が行われるので，Card & Kruger のような方法で最低賃金引上げの雇用効果を測定することができる。しかし，わが国の場合には，各都道府県が毎年夏から秋にかけて一斉に，地方最低賃金審議会で地場企業の賃金水準の動向，支払能力，「影響率」「未満率」などを総合的に判断して決めているので，もともと雇用に対する大きなマイナス効果をあまり生じさせない形になっており，また技術的に引き上げの雇用効果を測定しがたいものと判断される。

(4) 影響率と未満率

わが国の最低賃金の審議過程においては，「未満率」（最低賃金額改正前に最低賃金額を下回っている労働者の割合）が1％台，「影響率」（最低賃金額を改定した後でそれを下回ることになる労働者の割合）が2％前後と，比較的その影響が小さめに抑制されている（厚生労働省「最低賃金に関する基礎調査」ベース；図表1参照）。これは，沿革的に雇用への影響をできるだけ少なくするという政策判断を反映したものであろう。このため，一般的には，わが国の最低賃金は，低賃金労働を規制していく上で十分な効果を発揮していないのではないかという疑念をもたれているように思われる。しかし，これは，次に述べるように，事実に反す

II テーマ別分科会

図表1 地域別最低賃金（加重平均値）の未満率，影響率

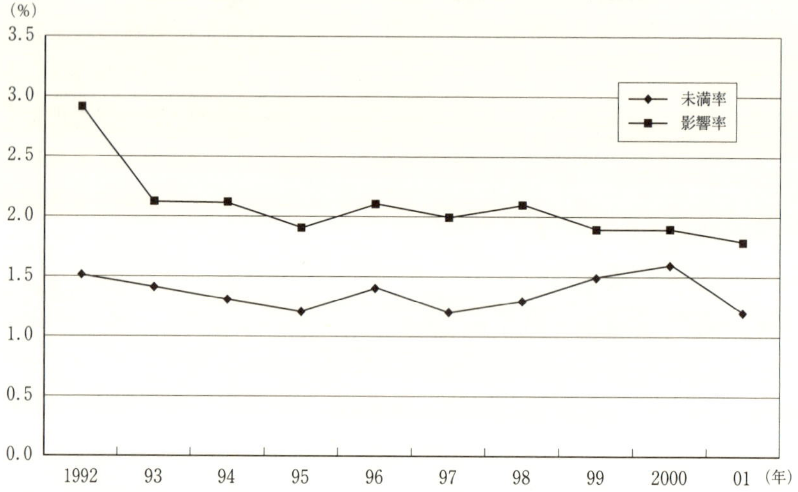

出所：厚生労働省「最低賃金に関する基礎調査」に基づく。

るといわなければならない。

（5）一般賃金水準との関係

　日本の地域最賃（全国加重平均値）は『賃金構造基本統計調査』10人以上（一般労働者平均所定内給与時間額）の35～36％，同5～9人の43～44％，『毎月勤労統計』30人以上時間当たり所定内給与額（パートを含む）の32～33％でほぼ安定しており，90年代後半以降はむしろ若干上昇している（**図表2**）。

　これをアメリカの場合と対比してみると，一般生産労働者の平均賃金に対する連邦最賃の割合は1955年当時の55％から1999年には40％以下に低下している。また，第1・十分位数と比べても1975年の100％から1999年には82％にまで低下している（Bernstein and Schmitt [2001]: 3）。なお，為替レートで換算して日米間のドル建ての最低賃金水準を比較してみると，円高の影響も受けて1980年代末以降はおおむねわが国の地域別最低賃金の方が上回っている（**図表3**）。

　なお，平成14年度地域別最低賃金額改定に目安に関する公益委員見解（2002年7月26日）は，「目安制度が導入されて20年以上が経過したが，同制度は長ら

わが国最低賃金制の現状と課題

図表2　地域別最低賃金（加重平均）と一般賃金水準との関係（時間額，所定内）

出所：厚生労働省賃金時間課の集計による。

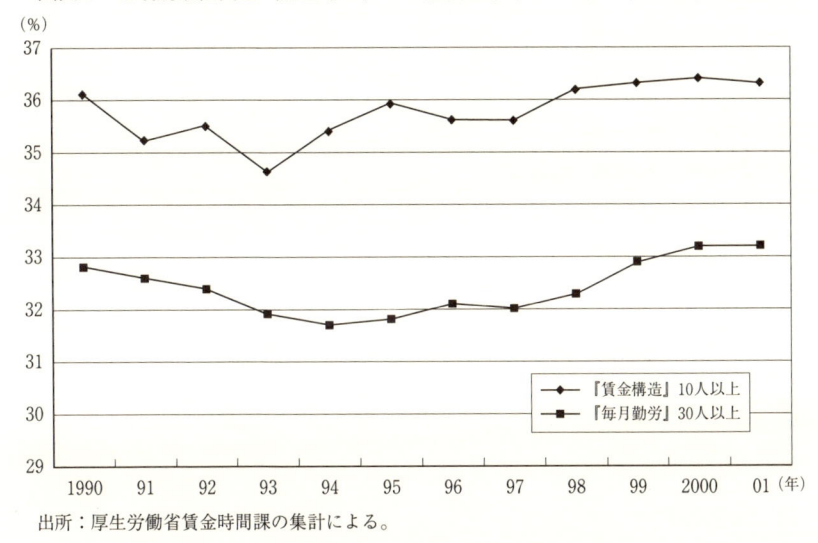

図表3　ドル建ての最低賃金比較（1977～2001年）

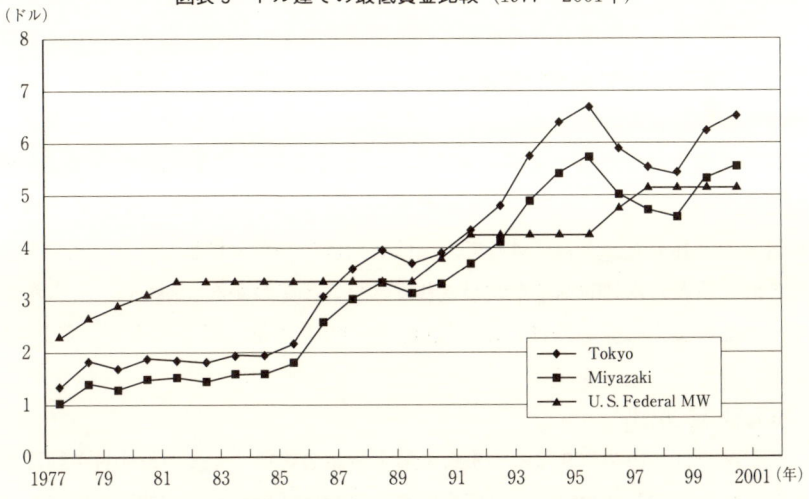

出所：日本は厚生労働省賃金時間課公表の地域別最低賃金額の改訂状況調査に基づく。アメリカは Waltman (2000), p. 36 所収のデータおよび U. S. Department of Labor, History of Federal Minimum Wage Rates under the Fair Labor Standards Act, 1938-1996 (http://www.dol.gov/dol/esa/public/minwage/chart.htm) に基づき作成。

Ⅱ　テーマ別分科会

図表4　実質最低賃金と全産業および製造業実質賃金の上昇率との比較（1978〜2002年）

全産業実質賃金指数上昇率（1978〜2002年）	
計測式	lnWAGI＝4.404442＋0.0098T
t-検定値	（440.8）　（14.59）
自由度修正済み決定係数	0.8983
製造業平均実質賃金指数（1978〜2002）	
計測式	lnWAGIM＝4.3124＋0.01339T
t-検定値	（531）　（24.5）
自由度修正済み決定係数	0.9615
地域別最低賃金の最低水準（宮崎県）の伸び率（1978〜2002）	
計測式	ln（MW宮崎実質）＝5.9748＋0.0179T
t-検定値	（1556.2）　（72.0）
自由度修正済み決定係数	0.9952

出所：全産業実質賃金指数（WAGI），製造業実質賃金指数（WAGIM）は，東洋経済新報社ECONOMATE（2003年次版）所収による。Tはタイムトレンド。計測は筆者による。

く我が国における低賃金労働者の労働条件の改善に概ね有効に機能し，一定の役割を果たしてきた」と評価している。このような評価が可能なのは，基本的には，三者構成の審議会方式が毎年の賃金実態調査と慎重に定められた法手続き（due process）とに基づいて審議決定してきたことによるものである。なお，念のために，目安制度を導入した1978年以降2002年までのわが国の全産業および製造業の平均実質賃金水準と地域別最低賃金の最低水準実質値（宮崎県）の上昇率とを比較してみると，全産業実質賃金は年率0.98％，製造業平均は1.34％の上昇であったのに対して，最低賃金は1.79％上昇しており，緩やかながら最低賃金の相対的水準が改善されてきたことがわかる（図表4）。したがって，上記のような公益委員の評価は，統計的にも裏づけられるといえよう[3]。

（6）決定方式

わが国では，1970年9月の中央最低賃金審議会答申「今後の最低賃金制度のあり方について」において，全国全産業一律制は「現状では実効性を期待し得ない」として斥けられ，78年度から中央最低賃金審議会の提示する目安額に基づいて，各都道府県別の最低賃金審議会（三者構成）が毎年改定を審議決定す

る方式がとられている。

アメリカでは,議会の立法による連邦最賃と州別最賃の二本立てとなっているが,連邦最賃を下回る場合には連邦最賃が適用される。ほとんど大統領選挙のたびに政治的争点とはなるが,「政治的シンボル」の意味が濃く,政治的駆け引きに利用されやすい,とされている (Waltman [2000], Levin-Waldeman [2001])。

イギリスでは,サッチャー政権が1993年に最低賃金制度をいったん廃止したが,ブレア労働党が政権奪取の選挙スローガンのひとつにし,98年7月31日に最低賃金法が成立,99年4月から史上初めて議会決定による全国一律方式がとられている (Low Pay Commission [1998];労働省 [1998])。

フランスの全国一律最低賃金 (SMIG) は,1969年の法改正によって制定された。毎年7月消費者物価指数が2％以上上昇した場合,翌月1日から,労働省令により指数の上昇分だけ改定される。定時改定は,全国団体交渉委員会 (CNNC) の賃金給与小委員会の意見を参考にして,毎年7月1日付けで改定される。この場合,法律により,SMIG の引き上げ幅は,一般賃金の実質上昇率の2分の1を下回ってはならない (五十畑 [1996])。なお,各国の最低賃金制度の比較に関しては,OECD [1988] が便利である。

(7) パートタイム・非正規労働者の増加と最低賃金制

2003年9月12日社会保障審議会年金部会意見書において,短時間労働者に対する厚生年金保険の強制適用(従来,3号被保険者資格を被用者の妻で年収130万円未満,通常の労働時間の 2/3 未満としていた基準を,それぞれ,65万円未満,週20時間未満に縮小する)が提案された(平成15年3月,雇用と年金に関する研究会報告『多様な働き方に対応できる中立的な年金制度を目指して』に基づく)。この案に対して,コンビニ,スーパー,飲食店など該当労働者の多い業界では,保険料負担の増加によってパートの雇用に悪影響が生ずるとして猛反対し,日本経団連も反対意見を表明した。このため,自民党・公明党連立政権は2004年年金改正法にこれを盛り込むことを断念し,次回2009年改正に検討を先送りした。

総務省『労働力調査』(2002年10～12月分)によると,パートタイム労働者737万人のうち419万人 (56.9％),非正規労働者1,510万人のうち731万人 (48.4％)

が年収100万円以下であり，実質的に最低賃金労働者に近いものが多いと推定される。2002年『賃金構造基本統計調査』によると，女パートの所定内時間当たり平均賃金は2002年の891円までまだ微増しているが，男パート賃金水準は1998年の1,040円をピークに2002年には911円にまで低下している。こうした傾向が続けば最賃の「影響率」の政策的判断がより重要性を帯びてくるものと思われる。

おわりに

平成14年の中央最低賃金審議会を閉じるにあたって決めたように，今後，制度の抜本的な見直しを行う際には，本稿，とくに第3節で指摘した諸点を考慮に入れる必要がある。少なくとも，次期目安制度の見直しが予定されている2005年には，これらの点が十分に検討されることを期待する。

〈追記〉
2003年12月22日，総合規制改革会議はその第3次答申のなかで産業別最低賃金制度の見直しを平成16年度中に検討するよう勧告し，これを受けて，政府は04年3月19日，「規制改革・民間開放推進3か年計画」（閣議決定）のなかで，同様の決定を行った。

1) 現行のアメリカの連邦最賃と均衡する為替レートはおおむね1ドル116円である。なお，国際比較にあたっては，最低賃金の対象となる賃金（わが国は「毎月支払われる基本的な賃金」であり，賞与等，時間外割増賃金，精皆勤・通勤・家族手当などは除外される），適用除外の範囲（わが国は身体・精神障害者，試用期間中の者，認定職業訓練受講中の者のうち一定のもの，所定労働時間のとくに短い者，断続的労働従事者等を除外しているが，若年者を除外してはいない）点が異なるので，留意する必要がある（厚生労働省労働基準局賃金時間課編『最低賃金決定要覧』平成14年度版，労働調査会，2002年3月，pp. 9〜10）。
2) わが国の生活扶助基準は，終戦直後は標準生計費方式によっていたが（昭和21年3月13日），その後マーケットバスケット方式（昭和23年8月1日〜），エンゲル方式（昭和36年4月1日〜），格差縮小方式（昭和40年4月1日〜）となり，現在は水準均衡方式（昭和59年4月1日〜）によっている。

3) この公益委員見解は，http://www.mhlw.go.jp/shingi/2003/10/s1021-5g18.html に掲載されている。この評価に関しては，亜細亜大学の安部由起子氏から上記のような判断の「根拠」を尋ねられ（2004年2月27日），当時の中央最低賃金審議会会長として答える必要を感じたので，同氏に私信でお答えした内容の要点を，ここに記す次第である。

【参考文献】

有沢広巳・藤縄正勝（1972），『日本の最低賃金』日刊労働通信社。

Bernstein, Jared and John Schmitt (2001), "The Impact of the Minimum Wage-Policy lifts wages, maintains floor for low-wage labor market," Economic Policy Institute, *Briefing Paper*, July 2001.

Card, David & Alan Kruger (1995), *Myth and Measurement : The Economics of the Minimum Wage*, Princeton University Press.

藤原千沙子（2003），「母子世帯の就業実態：調査結果から得られる知見」日本労働研究機構『母子世帯の母への就業支援に関する研究』8月。

Fijiwara, Chisako (2003), "Lone Mothers and Welfare-to-WorkPolicies in Japan and the United States : Towards an Alternative Perspective." Paper submitted to the International Sociological Association Research Committee 19 on Poverty, Social Welafare and Social Policy, *New Challenges for Welfare State Research*, August 21-24, 2003, Toronto, Canada.

五十畑明（1996），『新たなる最低賃金制』日本労務研究会。

Kosters, Marvin H. ed. (1996), *The Effects of the Minimum Wage on Employment*, Washingto, D. C.: The AEI Press.

厚生労働省労働基準局賃金時間課編（2002），『最低賃金決定要覧』平成14年度版，労働調査会，3月。

Levin-Waldeman, Oren M. (2001), *The Case of the Minimum Wage : Competing Policy Models*, State University of New York Press.

Low Pay Commission (1998), *The National Minimum Wage, First Report of the Low Pay Commission*, Presented to Parliament by the Board of Trade by Command of Her Majesty, June.

MaCurdy, Thomas and Margaret O'Brien-Strain (2000), *Who Benefits and Who Pays for Minimum Wage Increases in California ? A Perspective on Proposition 210*, Hoover Institution on War, Revolution and Peace, Stanford University, 2000 No. 28.

OECD (1988), *Employment Outlook*, "Chapter 2, Making the Most of the Minimum : Statutory Minimum Wages, Employment and Poverty," pp. 31-79, June.

辻村江太郎（1968）「最低賃金制の経済学〜社会保障政策と区別せよ〜」『エコノミス

Ⅱ　テーマ別分科会

　　ト』1968年11月5日。
労働省労働基準局賃金課編（1977）『わが国の最低賃金制』日本労働協会。
労働省（1998）『海外労働情勢』（海外労働白書）。
Waltman, Jerold (2000), *The Politics of the Minimum Wage*, Urbana and Chicago: University of Illinois Press.

テーマ別分科会2＝国際交流

韓国の失業対策と雇用保険[1]
IMF 金融危機以降を中心に

李　義圭　Lee Euikyoo

1　はじめに

　韓国の雇用情勢は，IMF の金融危機をその後の持続的な高い経済成長で克服して1997年度に近い水準に達している。しかし，IMF 金融危機を克服する時，労働市場の柔軟化政策のため未だに高い失業率と労働市場の流動化で不安定就業者が急速に増加して，2002年度には常用労働者を上回っているという不安な状態である。

　このように，IMF 金融危機で生じた失業者の失業対策は，積極的労働市場政策の一環として雇用安定のための雇用維持支援，職業訓練を通じた就業能力向上と外延的経済成長を通じた新規仕事創出を中心に行われた。特に，失業者に対して就業能力を高めるための失業対策職業訓練が活発に行われた。もちろん，セーフティネットとしての雇用保険の適応範囲を拡大しながら失業給付の範囲も広げている。

　以下では，IMF 以後の韓国における労働市場の雇用失業動向，金融危機から生じた失業対策の枠組み，セーフティネットとしての失業に対する雇用保険の対応を中心として検討することにする。

2　韓国労働市場の雇用動向

　現在，韓国の労働市場の雇用動向の特徴は，以下の通りである。2003年15歳以上の生産可能人口は，3,733.9万人で前年対比37.6万人，経済活動人口（労

Ⅱ　テーマ別分科会

図表1　韓国の労働力人口の推移

(単位：千名)

	経済成長率(GDP)(%)	15歳以上人口	経済活動人口（労働力人口）		非経済活動人口	経済活動参加率(%)	就業率(%)	失業率(%)
			就業者	失業者				
1997	5.0	34,842	21,662	21,106	556	13,180	62.2	97.4	2.6
1998	−6.7	35,347	21,428	19,938	1,490	13,919	60.6	93.0	7.0
1999	10.9	35,757	21,666	20,291	1,374	14,092	60.6	93.7	6.3
2000	9.3	36,186	22,069	21,156	913	14,118	61.0	95.9	4.1
2001	3.1	36,579	22,417	21,572	845	14,162	61.3	96.2	3.8
2002	6.3	36,963	22,877	22,169	708	14,086	61.9	96.9	3.1
2003	3.1	37,339	22,916	22,139	777	14,424	61.4	96.6	3.4

出所：統計庁『経済活動人口年報』，各年度および韓国銀行『国民計定』，2003から作成。

働力人口）は2,291.6万人で前年対比3.9万名増加した。経済活動参加率（労働力化率）は，61.4％で前年対比0.5％ポイント下落した。これを性別でみれば，男子が74.6％で0.2％ポイント，女子が48.9％で0.8％ポイント下落した（図表1）。

就業者は，2,213.9万名で前年対比3万名（−0.1％）減少した。年齢階層別にみると30代以下と60歳以上の年齢階層で減少し，40代と50代の年齢階層でやや増加したが，2004年度に入って徐々に増加傾向にある（2004年4月現在2,267.3万名，統計庁『2004年4月雇用動向』）。

非賃金労働者は，773.6万名で前年対比25.2万名（−3.2％）減少し，賃金労働者は1,440.2万名で22.1万名（1.6％）増加した。非賃金労働者中自営業主が14.7万名（−3.2％），無給家族従事者が10.3万名（−5.7％）減少したが，賃金労働者は常用労働者が40.7万名（5.9％），臨時労働者が11.8万名（2.4％）増加し，日雇労働者は30.3万名（−12.5％）減少した（図表2）。

失業者は77.7万名であり，前年対比6.9万名増加し，失業率は3.4％で前年対比0.3％ポイント増加した。教育程度別にみれば，失業率の増加とともに中卒以下を除けば全学歴で失業率と失業者数はともに増加して，大卒以上が3.1万名，高卒が5.3万名増加し，中卒以下は1.6万名減少した（図表4）。

年齢階層別失業者・失業率は，60歳以上を除外して前年対比全年齢階層で増

図表2　従事上地位別就業者の推移　　　　　　（単位：千名）

	全体就業者	非賃金労働者	自営業主	無給家族従事者	賃金労働者	常用	臨時	日傭
1997	21,106	7,880	5,981	1,899	13,226	7,151	4,182	1,892
1998	19,938	7,641	5,616	2,025	12,296	6,534	4,042	1,720
1999	20,291	7,628	5,703	1,925	12,663	6,135	4,255	2,274
2000	21,156	7,795	5,864	1,931	13,360	6,395	4,608	2,357
2001	21,572	7,913	6,051	1,863	13,659	6,714	4,726	2,218
2002	22,169	7,988	6,190	1,797	14,181	6,862	4,886	2,433
2003	22,139	7,736	6,043	1,694	14,402	7,269	5,004	2,130

出所：統計庁『経済活動人口年報』，各年度。

図表3　年齢階層別失業率　　　　　　（単位：％）

	全体失業率	15-19	20-29	30-39	40-49	50-59	60歳以上
1997	2.6	9.9	5.4	1.9	1.5	1.3	0.7
1998	7.0	20.8	11.4	5.7	5.6	5.3	2.4
1999	6.3	19.5	10.1	5.3	5.2	5.1	2.3
2000	4.1	13.8	7.1	3.4	3.3	2.9	1.3
2001	3.8	13.3	7.0	3.0	2.8	2.6	1.1
2002	3.1	11.1	6.3	2.8	1.9	1.8	1.0
2003	3.4	12.0	7.4	2.9	2.1	2.0	0.9

出所：統計庁『経済活動人口年報』，各年度。

加したが，特に30歳以下の若年層の増加が著しい（図表3）。また，6ヶ月以上の長期失業者は1999年の22.4％をピークとして，2003年に12.4％まで減少した（図表5）。

以上でみたように，IMF金融危機直後の1998年度（－6.7％の経済成長）を除けば持続的な高い経済成長率によって，失業率は1998年の7.0％をピークとして低下し，2003年は3.4％にまで下がっている。就業率も失業率の低下とともにIMF金融危機直後の97.4％へ近づいた96.6％である。しかし，失業率を年

II　テーマ別分科会

図表4　学歴別失業者と失業率　(単位：千名，%)

	失業者数				失業率			
	全体	中卒以下	高卒	大卒以上	全体	中卒以下	高卒	大卒以上
1997	556	119	307	131	2.6	1.5	3.3	3.0
1998	1,490	403	790	297	7.0	5.9	8.3	5.9
1999	1,374	360	734	281	6.3	5.2	7.6	5.4
2000	913	227	471	216	4.1	3.3	4.8	4.0
2001	845	191	433	221	3.8	2.9	4.3	3.8
2002	708	138	358	212	3.1	2.1	3.5	3.5
2003	777	122	411	243	3.4	2.0	4.1	3.5

出所：統計庁『経済活動人口年報』，各年度。

図表5　失業期間別失業者数　(単位：千人，%)

	1997	1998	1999	2000	2001	2002	2003
失業者数	556	1,461	1,353	889	819	676	777
6ケ月以上	88	214	252	127	106	93	79
	(15.8)	(14.6)	(18.6)	(14.3)	(13.0)	(13.7)	(10.2)
12ケ月以上	14	23	52	20	19	16	17
	(2.6)	(1.6)	(3.8)	(2.3)	(2.3)	(2.4)	(2.2)

注：1)　( )の数値は，全体失業者に対する比率である。
　　2)　2003年1月から数値が補正されて，この表の数値は補正前の失業者数であるので現在統計庁の発表数値と差がある。
出所：統計庁『雇用動向』，各年度。

齢別にみれば，15-19歳と20-29歳の若年層の失業率が全体失業率より2-3倍高く深刻な社会問題として現われている。また，学歴別失業率では，景気回復とともに高学歴者の失業者規模は若干少なくなったが，より低学歴者の労働市場への参加が活発に行われている。

しかし，IMF以降もっとも大きい労働市場の変化は，経済環境の変化と企業の構造調整から被雇用者のうち不安定就業者である臨時工および日雇労働者の就業者比重が常用労働者（1997年に賃金労働者の53.1%から1999年の51.6%）を上回っていったことである（2003年末では49.5%）。それから就職の見通しがつ

かない労働者が失望失業者化して, 非経済活動人口 (非労働力人口) は, 1997年の1,318万名から2003年に1,442.4万名に増加し, 経済活動参加率が62.2%から61.4%に低下する結果となった。また, 6ヶ月以上の長期失業者の比重も, IMF の金融危機の克服過程で1999年の22.4%をピーク (30.4万名) として, 2003年には12.4%まで低下している。

3　IMF 以後韓国の失業対策

(1) 韓国失業対策の枠組み

韓国の失業対策の基本的な枠組みは, IMF 以降失業問題を解決するための積極的労働市場政策のなかの4つの柱で行われている。つまり, **図表6**のように, 第1は, 雇用維持支援対策で企業の雇用調整支援のための雇用促進奨励金, 雇用調整支援金, 雇用情報提供など, 第2は, 新しい仕事創出対策でインターン制の導入, 公共部門の DB 構築作業への参加および社会福祉ドウミなどがあり, 第3は, 就業能力向上対策で失業者能力開発のための職業能力開発訓練として失業者再就職訓練, 女性家長失業者訓練など, 第4は, ソーシャルセーフティネットとしての失業者のための失業給付, 失業者貸付事業などの失業対策になっている。

図表6　失業対策の基本的枠組み

失業対策			
雇用維持支援	新規仕事創出	職業訓練および就業斡旋	失業者生活安定支援
●雇用調整支援 ●雇用促進奨励金 ●建設労働者共済付金 ●職場保育施設支援 ●雇用情報提供	●政府支援インターン制 ●森作り事業 ●公共部門 DB 構築 ●社会福祉ドウミ (ヘルパー)	●失業者再就業訓練 ●女性家長失業者訓練 ●職業安定機関拡充運営 ●仕事する女性の家設置	●失業給与支給 ●失業者貸付事業 ●賃金債権保障

出所：労働部『失業対策白書』, 2001年, 6頁。

(2) 失業者属性別の失業対策

　失業者の属性別にみる失業対策には，新規学卒者などの新規失業者と企業の倒産，休・廃業などによる前職失業者，雇用保険の適用有無別および不安定就業者に関する政策などがある。まず，新規失業者には大学と訓練機関での職業訓練と大企業でのインターン社員制による職業訓練を行われるが，廃業・倒産・解雇による離転職者には再就職のための職業訓練や自営業などのための創業資金の融資の帰農支援などが行われたのである。

　社会安全網としての雇用保険制度は，雇用保険の適用範囲を拡大[2]しながら受恵者，対象企業および対象労働者を確保している。産業構造調整による離職者，長期失業者に失業給付はもちろん生活安定のための生活安定資金も貸し出し，長期失業者を雇用したときの雇用促進奨励金の支給，公共就労などを実施している。また，高齢者と女性を雇用した場合の雇用促進奨励金の支給，職業訓練などで失業者の就業能力向上および生活安定のための失業対策を打ち出している。

4　失業対策とソーシャルセーフティネットとしての雇用保険

(1) 韓国雇用保険制度の主要機能

　韓国は1979年の石油危機，1980年の政治不安で失業率が高まり，失業保険の必要性が増加して，1990年10月第7次経済社会発展5ケ年計画作成指針の中に雇用保険が含まれ，1992年5月雇用保険研究企画団が発足された。1993年5月に日本の雇用保険法を参照してこの企画団が提出した"わが国雇用保険制度の実施方案"を基礎として1993年12月27日に雇用保険法が公布され，1995年7月1日から施行されることになった。

　韓国雇用保険制度の主要内容は，日本の雇用保険制度と類似して失業給与（失業給付），職業能力開発事業，雇用安定事業の3事業になっている。失業給与は，求職給与と就職促進手当（早期再就職手当，職業能力開発手当，広域求職活動費，移住費）に区分されている。

　職業能力開発事業は，職業能力開発訓練，有給休暇訓練，受講奨励金，失業者再就職訓練，労働者学資金貸付，職業能力開発訓練施設装備資金貸付などで

ある。職業能力開発訓練は，事業主が在職労働者に職業能力開発訓練を実施する場合，諸費用の50から100％を支援する制度である。

受講奨励金は，離職予定者あるいは50歳以上の雇用保険被保険者である在職労働者が自費で訓練を受ける場合100万ウォンを上限に支援する制度である。また，失業者再就職訓練は，雇用保険被保険者であった失業者が再就職のために職業訓練を受ける場合，訓練費と訓練手当を支援する制度である。

政府委託訓練は，製造業，建設業部門の生産職関連3K（韓国では3Dという）職種[3]の労働力不足と失業解消のために非進学青少年および失業者に訓練費と訓練手当を支援する制度である。

雇用安定事業は，景気変動と産業構造調整過程で失業の最小化と雇用安定のための雇用調整支援事業（雇用維持支援金，再雇用奨励金，転職支援奨励金）と高齢者など脆弱階層のための雇用促進支援事業（高齢者等雇用促進奨励金，長期失業者雇用促進奨励金，女性雇用促進奨励金，雇用促進施設奨励金，職場保育施設支援および設置支援）と分かれている。

雇用維持支援金は，休業，労働時間短縮，人力再配置などで労働者の雇用を維持する場合，賃金の2分の1から4分の3と訓練費を保険年度の180日範囲内（人力再配置は1年）で支援する制度である。

再雇用奨励金は，雇用調整で離職して雇用安定センター（職業安定機関）に休職登録した後，失業期間が6ヶ月以上である者を，離職後2年以内に再雇用した事業主に1人当たり180-220万ウォンを支援する制度である。

転職支援奨励金は，雇用調整で離職する労働者の再就職を支援するための転職支援サービスを提供する場合諸費用の2分の1から3分の1を12ヶ月を上限に支援する制度である。

高齢者等雇用促進奨励金は，高齢者の雇用のために高齢者多数・高齢者新規，高齢者再雇用奨励金がある。高齢者多数は労働者対比6％範囲内で3ヶ月当たり15万ウォン，高齢者新規は1人当たり月28万ウォンを6ヶ月間，高齢者再雇用奨励金は再雇用1人当たり33万ウォンを6ヶ月間支援する制度である。

長期失業者雇用促進奨励金は，6ヶ月以上長期失業者を採用する事業主に1人当たり月60万ウォンを6ヶ月間支援する制度である。

女性雇用促進奨励金は，女性の育児休暇，女性再雇用，女性世帯主採用奨励金がある。その他，職場保育施設支援および設置を支援するための雇用促進施設奨励金がある。

（2）雇用保険の財政と適用

雇用保険料は，誰がどの程度支払うかは多様であるが，韓国の場合は失業給与は労使が半々で分担し，雇用安定事業と職業能力開発事業は事業主が全額負担することになっている。雇用保険料率は，賃金総額の3％の範囲内で雇用安定事業保険料率，職業能力開発事業の保険料率および失業給与の保険料率で区別して定めることになっている。失業給与と雇用安定事業の保険料率は企業規模にかかわらず一定率にし，職業能力開発事業は中小企業の負担緩和次元で企業規模別に異なる保険料率にしている。つまり，失業給与は賃金総額0.9％（労使ともに0.45％），雇用安定事業は0.15％，職業能力開発事業は0.1から0.05％を事業主が支払っている。

雇用保険の適用範囲は，雇用保険実施時期である1997年7月当時では失業給与が常時従業員30人以上，雇用安定事業および職業能力開発事業が70人以上の事業所が対象であったが，1998年7月に5人以上の事業所に，同年10月に1人以上の全事業所に拡大された。また，2004年からは日雇労働者とパートタイム労働者まで拡大適用されるようになった（図表7）。

図表7　雇用保険適用対象事業場規模の変遷

時　期	失　業　給　与	雇用安定事業・職業能力開発事業
1995. 7. 1	常時労働者30人以上事業所	常時労働者70人以上事業所
1998. 1. 1	常時労働者10人以上事業所	常時労働者50人以上事業所
1998. 3. 1	常時労働者5人以上事業所	
1998. 7. 1		常時労働者5人以上事業所
1998.10. 1	常時労働者1人以上事業所	常時労働者1人以上事業所
2000. 1. 1	国家・地方自治体が運営する事業所の労働者にも適用	
2004. 1. 1	日雇労働者と月60時間以上労働者	

出所：筆者作成。

図表8　失業給与の種類および受給水準

		受給要件	受給額
求職給与		○離職前18個月中雇用保険加入事業場で180日以上勤務者（2000.3.31以前離職者は12月中6月以上） ○労働意思と労働能力があるにもかかわらず就業されていない状態 ○求職努力を積極的にすること 　―自発的離職，重大な帰責事由で解雇された場合は除外	○離職前平均賃金の50% 　最高：35,000ウォン 　　（2000.12.31以前離職者30,000ウォン） 　最低：時間給最低賃金の90% 　　（'99.12.31以前離職者は最低賃金の70%）
	傷病給与	○失業申告以後疾病・負傷・出産で失業の認定を受けなかった日 　―出産の場合は出産日から45日間支給	○求職給与日額と同一
	訓練延長給与	○失業給与受給者で地方労働官署の職業能力開発訓練指示によって訓練を受ける者	○求職給与日額の70% 　（2000.3月以前は求職給与日額と同一） 　‐最大2年
	個別延長給与	○職業安定機関長の職業紹介に3回以上応じたが就業されなかったり，就職が困難で生活困難な受給資格者	○求職給与日額の70% 　‐60日範囲内
	特別延長給与	○失業の急増で再就業が困難であると認めた場合，労働部長官告示した期間中失業給与の受給終了者	○求職給与日額の70% 　‐60日範囲内
就職促進手当	早期再就職手当	○求職給与の所定給与日数の1/2以上残して再就業された場合	○求職給与未支給分の1/2
	職業能力開発手当	○受給資格者が職業安定機関長の指示によって職業能力開発訓練などを受けた場合	○訓練期間中の交通費，食代など 　‐1日5,000ウォン
	広域求職活動費	○職業安定機関の紹介によって求職活動を遠距離（居住地から50km以上）でする場合	○交通手段別所要費用 ○宿泊料22,000ウォン（1泊） 　（'01.12.31以前 20,000ウォン）
	移住費	○就業あるいは地方労働官署長の指示で職業能力開発訓練を受けるために住居地を移転する必要がある場合	○移住経費最低43,150ウォン 　　　　　最大348,790ウォン

出所：労働部『雇用保険白書』，2003, 229頁。

図表9　求職給与の給与日数

（単位：日）

年齢＼被保険期間	1年未満	1-3年未満	3-5年未満	5-10年未満	10年以上
30歳未満	90	90	120	150	180
30～50歳未満	90	120	150	180	210
50歳以上および障碍人	90	150	180	210	240

出所：労働部『雇用保険白書』，2003, 233頁。

雇用保険の未適用者は，雇用形態の特性から60歳以後に新規雇用された者，65歳以上である者，月所定労働時間が80時間（週18時間未満）未満である短時間労働者および1ヶ月未満雇用される日雇労働者である。そして公務員，学校の教職員，船員法による船員および別定郵逓局法による別定郵逓局職員など特定職業に従事する者は雇用保険の適用対象から排除された。

失業給付である求職給与期間は，図表11でみるように雇用保険加入期間および年齢によって90日から240日までである。また，求職給与の給与水準は，離職前の平均賃金の50％である。

雇用保険の受恵対象は，IMF直後の1998年の11.8万事業所で519万名の労働者が，2002年には120.8万ケ所の926.9万人の労働者になっている。このような雇用保険の適用対象事業所・労働者の急激な増加は，IMF金融危機による1998年からの高い失業率と社会不安要因を最小化ないし解消するための社会安全網の構築であろう。

つまり，韓国の雇用保険は，1997年度のIMF金融危機による高失業に対応するためにソーシャルセーフティネットとして雇用保険の適応範囲を拡大し，受給資格を緩和して景気変動に対応してきたのである。

（3）雇用失業対策と雇用保険

雇用保険の失業政策は，社会安全網としての失業給付，労働者の就業能力を高めるための職業能力開発支援対策および雇用安定支援対策の3つの視点から検討してみる。

(1) 失業給付と社会案全網

①失業給付の受給期間と給付水準

失業給付の支給対象は，①雇用保険加入期間（被保険単位期間）が180日以上であり，②非自発的失職者であり，③職業安定機関へ求職登録をし，求職努力をしなければならないことである。この失業給付は求職給与と就職促進手当がある。

求職給与の給付額は離職前平均賃金の50％で1日3万5,000ウォンを上限とし，支給期間は90-240日である。しかし，職業安定機関の職業紹介に3回以上

図表10　失業給与の支給現況　　(単位：名，百万ウォン)

	新規申請者	資格認定者	給与者	初給与者	支給終了者	失業認定件数	給与額 総額	給与額 求職給与	就職促進手当
1996	10,133	9,914	7,308	7,308	969	27,031	10,459	9,986	473
1997	51,017	50,312	48,677	40,426	28,931	260,665	78,732	76,155	2,577
1998	438,465	434,199	412,600	376,383	251,517	2,480,448	799,154	783,881	15,273
1999	327,954	325,220	462,635	303,332	404,517	2,440,410	936,185	913,948	22,237
2000	260,574	258,727	303,631	225,739	286,609	1,743,144	470,793	445,909	24,884
2001	349,148	347,303	374,286	315,211	263,344	2,743,568	845,109	787,960	57,149
2002	299,215	297,109	362,895	276,113	297,819	2,476,271	839,319	778,232	61,087

注：求職給与の中に傷病給与が含まれている。
出所：韓国産業人力公団中央雇用情報院『雇用保険統計年報』，各年度。

応じたが就職ができなかった者と就職が非常に困難で生活が困難な者には60日を限度に延長できることになっている。また，失業給与受給者は，職業安定機関長の指示によって職業訓練を受ける者に対して職業訓練期間（最大2年）中失業給与が継続して支給される。

図表10のように，失業給付の給付者はIMF金融危機以降1999年の46万2,635名をピークとして金融危機克服過程での失業率減少とともに給付者も減少趨勢である。しかし，失業給付率（給付者／失業者×100）は1997年の8.8％から2002年には51.3％に高くなっている。このような失業給付率の上昇は，社会安定網としての失業給付の社会的認識の向上と長期失業者の減少[4]および短期間に失業状態から脱出することであろう。

失業給付者を産業別にみれば，IMF金融危機以降類似した傾向だが2002年は製造業（35.4％），不動産賃貸業（19.8％），卸売・小売業（11.9％）の順[5]になっており，IMF金融危機の打撃が未だにこのような産業順に残っていることがわかるのである。

②失業者の職業能力開発体系

失業者の職業能力開発は**図表11**のように，対象，財源，訓練課程などによって失業者再就職訓練，雇用促進訓練，失業者就業訓練，政府委託訓練，創業訓

Ⅱ　テーマ別分科会

図表11　失業者の職業能力開発訓練の比較

	失業者再就職訓練	雇用促進訓練	失業者就業訓練	政府委託訓練	創業訓練
訓練対象	雇用保険被保険者であった65歳以下の失業者	雇用保険未適用失業者，軍転役予定者，生活保護対象者，国家有功者，母子保護対象者，零細農漁民等の低所得層	雇用保険被保険者ではなかった65歳以下の失業者	無技能・非進学青少年，失職者，優先職業能力開発訓練対象者	創業希望失業者
財源	雇用保険基金の職業能力開発事業費	政府一般会計，農漁村特別税管理特別会計	政府一般会計	政府一般会計，雇用保険基金	政府一般会計
訓練機関	職業能力開発訓練施設，学校，地方労働官署長が認定する機関（6ケ月以上の訓練経歴），学院（3年以上訓練経歴），技能大学，職業専門学校，職業訓練院	職業能力開発訓練施設，学校，地方自治団体長が認定する施設あるいは機関	大学，専門大学，労働部長官に指定する機関	大韓商工会議所および民間職業訓練機関	大韓商工会議所傘下8職業訓練機関
訓練課程	就業が容易な課程，有望成長職種および国家技術資格あるいは資格と連繋される職種の課程で1ケ月以上1年以下の課程	就業が容易な成長有望職種で，地域の人力需給状況等を考慮して選定。製造業・建設業等生産関連職種を優先	左同	製造建設業部門の生産職種関連3D職種および尖端職種に関する基準訓練	機械整備代行業等11職種
訓練費支援範囲	（標準訓練時間当単価×訓練時間×訓練機関加重値×平均訓練受講生数）＋食代＋寄宿舎費	（雇用促進訓練標準訓練費×訓練時間×訓練機関加重値×訓練生数）＋食代	左同	（標準訓練費時間当単価×訓練時間×訓練生数）＋食事代＋寄宿舎費	左同
課程別	基準訓練（100%） 基準外訓練（40-90%）	基準訓練および基準外訓練	左同	基準訓練	基準訓練

出所：労働部の失業者職業訓練体系をもとに筆者作成。

練として区分する。しかし，現実的には失業者職業能力開発の大部分は雇用保険被保険者に対する失業者再就職訓練，被保険者ではない人に対する雇用促進訓練が主になっている。

　セーフティネットとしての雇用保険による失業対策は，雇用保険被保険者であった65歳以下の失業者を対象とする失業者再就職訓練が中心で再就職が可能

図表12　失業対策訓練の実施現況　　　　　　　（単位：名）

訓練種類	1998	1999	2000	2001	2002
総計	330,644	358,351	216,317	180,327	152,301
○再就業訓練	301,244	324,623	188,864	158,270	129,813
- 失業者再就職訓練	170,096	226,356	120,296	104,559	88,372
- 就業訓練	10,715	10,022	6,666	4,276	16,288
- 雇用促進訓練	101,709	69,466	47,057	37,623	25,153
- 栄農漁希望訓練	5,126	—	—	—	—
- 創業訓練	13,598	7,725	4,699	3,164	—
- 就業有望分野訓練	—	11,054	10,146	8,656	—
○人力開発訓練	29,400	33,728	27,453	22,049	22,488
- 技能士養成訓練	14,515	16,817	13,311	12,260	11,578
- 優先職種訓練	11,000	9,122	6,885	9,789	10,910
- 有給休暇訓練	3,885	7,789	7,257	—	—

注：有給休暇訓練は，2001年から在職者訓練に含まれる。
出所：労働部『職業能力開発事業現況』，各年度。

な有望成長職種とか技能士資格を取れる訓練プログラムを提供している。その推進実績をみれば，図表12のように1999年職業訓練者35万8,351人のうち63.2％が失業者再就職訓練であったが，IMF 金融危機の克服過程で失業率の低下とともに失業者再就職訓練の対象も少なくなり，2002年には失業対策職業訓練者15万2,301名の58％である8万8,372名が失業者再就職訓練を受けたのである。

このような失業対策職業訓練の成果[6]をみれば，1998年の失業者再就職訓練者17万96名の9.2％（1万5,571名）から2002年には88,372名の17.9％（1万5,849名）が再就職に成功して比較的低い失業脱出率をみせているのである（図表13）。

失業対策職業訓練の特徴は図表14に示されるように以下の点が挙げられる。第1，性別でみればIMF直後の1998年は男子が60％だったが，2002年には女性の労働力化率の増加とともに男女が半々になっている。第2，同期間中29歳以下の年齢層が45.1％から57.7％，30-39歳が30.9％から27.5％，40-49歳が16.1％から9.7％に変化している。これは若年者層の増加が著しくて青年層失業の深刻さを現しているのである。第3，訓練分野は情報通信が29.4％，サー

Ⅱ　テーマ別分科会

図表13　失業対策職業訓練の就業現況

(単位：名, %)

		総計	失業者再就職訓練	就業訓練	雇用促進訓練	栄農漁訓練	創業訓練	就業有望分野訓練	技能士養成訓練	優先職種訓練	有給休暇訓練
1998	総実施人員	330,644	170,096	10,715	101,709	5,126	13,598	—	14,515	11,000	3,885
	修了者	134,314 (9,011)	73,320	4,788	37,465	(5,126)	4,933	—	4,786	2,904	(3,885)
	就業者(%)	26,582 (19.8)	15,571 (9.2)	474 (4.4)	7,218 (7.1)		517 (3.8)	—	1,286 (8.9)	1,486 (13.5)	—
1999	総実施人員	358,351	226,356	10,022	69,466	—	7,725	11,054	16,817	9,122	7,789
	修了者	131,638 (7,789)	93,268	3,872	21,534	—	4,933	2,519	4,576	936	(7,789)
	就業者(%)	48,864 (13.6)	36,223 (21.3)	1,608 (16.0)	7,299 (10.5)	—	517 (6.7)	607 (5.5)	1,672 (9.9)	938 (10.3)	—
2000	総実施人員	216,317	120,296	6,666	47,057	—	4,699	10,146	13,311	6,885	7,257
	修了者	103,807 (7,257)	68,502	3,835	18,516	—	2,919	5,380	4,171	484	(7,257)
	就業者(%)	43,632 (20.2)	30,789 (25.6)	1,512 (22.7)	5,681 (12.1)	—	440 (9.4)	2,626 (25.9)	1,260 (9.5)	1,315 (19.1)	—
2001	総実施人員	180,327 (100%)	104,559	4,276	37,623		3,164	8,656	12,260	9,789	
	修了者	80,879	45,330	2,550	26,490		2,245		3,132	1,132	
	就業者(%)	34,031 (18.9)	19,846 (19.0)	982 (23.0)	10,028 (26.7)		464 (14.7)		1,249 (10.2)	1,462 (14.9)	
2002	総実施人員	152,301 (100%)	88,372	16,288	25,153	—	—	—	11,578	10,910	
	修了者	61,560	32,955	5,558	18,723				3,009	1,315	
	就業者(%)	28,245 (18.5)	15,849 (17.9)	1,943 (11.9)	7,335 (29.2)				1,289 (11.1)	1,829 (16.8)	

注：就業訓練は，1998年の大学訓練，優先職種訓練は1998年の政府委託訓練であり，有給休暇訓練は在職者訓練に含まれる。
出所：労働部『職業能力開発事業現況』，各年度。

図表14　失業対策職業訓練訓練生の性別・学歴別・年齢別構成

(単位：名，％)

	実施人員	性別		学歴		年齢			
		男性	女性	高卒以下	専門大以上	29歳以下	30～39歳	40～49歳	50歳以上
1998	165,581 (100.0)	104,530 (63.1)	61,051 (36.9)	88,466 (53.4)	77,115 (46.6)	74,755 (45.1)	51,140 (30.9)	26,691 (16.1)	12,895 (7.8)
1999	226,242 (100.0)	122,203 (54.0)	104,039 (46.0)	119,182 (52.7)	107,060 (47.3)	120,951 (53.5)	64,701 (28.6)	27,168 (12.0)	13,422 (5.9)
2000	162,003 (100.0)	83,257 (51.4)	78,746 (48.6)	85,128 (52.5)	76,875 (47.5)	97,482 (60.1)	41,860 (25.9)	15,124 (9.3)	7,537 (4.7)
2001	142,704 (100.0)	75,679 (53.0)	67,025 (47.0)	76,397 (53.5)	66,307 (46.5)	86,176 (60.4)	37,075 (26.0)	13,400 (9.4)	6,043 (4.2)
2002	127,148 (100.0)	63,978 (50.3)	63,170 (49.7)	72,429 (57.0)	54,719 (43.0)	73,368 (57.7)	35,128 (27.5)	12,345 (9.7)	6,307 (5.0)

出所：労働部『職業能力開発事業現況』，各年度。

ビス分野が22.4％，機械装備が16.4％，事務管理が10.1％で，製造業関連職種よりIT・情報通信産業関連の職種が職業訓練の中心になっているのである（労働部『職業能力開発事業現況』，2003, 28頁）。

(2) 職業能力開発支援と就業能力向上

　①韓国の職業能力開発制度

　韓国の職業能力開発訓練は，基準訓練，基準外訓練および訓練教師訓練（指導員訓練）に区分され，基準・基準外訓練は養成訓練，向上訓練および転職訓練に，訓練教師訓練（指導員訓練）は養成訓練，向上訓練および教職訓練が，集体訓練，現場訓練および通信訓練の方法で行われている。

　社会安全網としての雇用保険と関連した職業能力開発への支援制度は，事業主への支援制度と在職勤労者への支援がある。前者は，①職業能力開発訓練としての集体訓練，現場訓練および通信訓練への支援であり，②総訓練期間が30日以上の120時間以上の訓練課程である有給教育訓練休暇への支援と，③建設労働者に対する職業訓練費用の支援等である。後者には，受講奨励金支援，勤労者学資金貸付がある。その他，失業者再就職訓練は雇用保険の被保険者であった離職者に対する支援と，15歳以上65歳以下の無技能の非進学青少年等への政府委託訓練などがある。

②職業能力開発支援の実態

韓国の職業能力開発事業は，職業能力開発訓練と失業者再就職訓練への支援が中核になっている。職業能力開発事業に対する参与度は，図表15のように2002年雇用保険被保険者717万名の23.5％である168万名であり，事業所単位でみれば職業能力開発適用事業所82万5,531ケ所の7.5％である6万2,035ケ所に過ぎないのである。このような低い能力開発への参加率は，複雑な職業能力開発支援条件が参加率を低めるひとつの要因になっている。それにもかかわらず，職業能力開発事業の支援事業所数と支援者および支援金は訓練需要の増加とともに増加傾向にある。

しかし，職業能力開発に対する1人当たりの支援金は，1998年の18万ウォンから2002年には10万ウォンに減少した。これを職業能力開発訓練と失業者再就職訓練に分けてみれば，前者は1988年の44万ウォンから2002年にはその半分である21万ウォンに，後者は同年間に117万ウォンから172万ウォンに増加している。このことから，韓国の職業能力開発事業がIMF金融危機の以降，失業対策としての雇用安定のために失業者再就職訓練に重点をおいていることがわかるのである。いずれにせよ，このような職業能力開発に対する非常に低い水準での支援金をめぐっては，実効性ある職業能力開発と実質的な労働者の就業能力を高めるために支援金額を拡大する必要があると思われる。

規模別の職業能力開発訓練は，1,000人以上の大企業が1999年に57.7％の45万867名，2002年に62.7％の99万3,211名でもっとも多く，150-999人が1999年に29.7％の23万2,062名，2002年に19.1％の30万1,015名，150人未満が1999年に12.6％の9万8,479名，2002年に18.2％の29万597名（韓国産業人口公団中央雇用情報院『雇用保険統計年報』，各年度）で，能力開発訓練に対する支援は1,000人以上の大規模事業場に集中している。その理由は，中小企業の労働力不足と，2000年2月の雇用保険法改正で大規模企業が小規模企業の雇用保険被保険者のための訓練も訓練費の支援が可能になっているからである。

これを産業別にみると（図表16），IMF初期である1998年には金融・保険・不動産業がもっとも多い84.6％の13万478名，運輸・倉庫・通信業・賃貸業が0.8％の1,296名，卸小売・飲食・宿泊業が5.0％の7,730名，製造業が3.2％の

図表15　職業能力開発事業の推進実績

(単位：ケ所，名，百万ウォン)

	支援事業場						支援被保険者					
	1997	1998	1999	2000	2001	2002	1997	1998	1999	2000	2001	2002
小　計	8,863 (100)	25,922 (100.0)	51,697 (100.0)	86,692 (100.0)	94,410 (100.0)	62,262 (100.0)	199,880 (100.0)	588,006 (100.0)	1,029,813 (100.0)	1,367,228 (100.0)	1,730,339 (100.0)	1,836,169 (100.0)
職業能力開発訓練	4,969 (56.1)	17,741 (65.4)	43,511 (84.2)	73,411 (84.7)	80,860 (85.6)	62,035 (99.6)	184,007 (92.1)	408,603 (69.5)	781,408 (75.9)	1,220,334 (89.3)	1,555,402 (89.9)	1,681,862 (91.6)
有給休暇訓練	144 (1.6)	339 (1.3)	333 (0.6)	309 (0.4)	271 (0.3)	223 (0.4)	5,559 (2.8)	3,940 (0.7)	8,446 (0.8)	7,756 (0.6)	8,611 (0.5)	5,963 (0.3)
職業訓練施設装備購入貸付	2 (0.02)	—	11 (0.0)	12 (0.0)	6 (0.0)	4 (0.0)	—	—	—	—	—	—
受講奨励金	—	—	—	—	—	—	—	2	51	252	40,045 (2.3)	25,528 (1.9)
労働者学資金貸付	3,748 (42.3)	7,842 (30.3)	7,842 (15.2)	12,960 (14.9)	13,273 (14.1)	—	8,365 (4.2)	12,350 (2.1)	13,552 (1.3)	18,590 (1.4)	21,722 (1.3)	24,444 (1.3)
失業者再就職訓練	—	—	—	—	—	—	1,949 (1.0)	163,111 (27.7)	226,356 (22.0)	120,296 (8.8)	104,559 (6.0)	88,372 (4.8)

	支援金						1人当平均支援金					
	1997	1998	1999	2000	2001	2002	1997	1998	1999	2000	2001	2002
小　計	63,025 (100.0)	257,670 (100.0)	421,218 (100.0)	404,238 (100.0)	386,977 (100.0)	392,239 (100.0)	0.31	0.44	0.41	0.30	0.22	0.21
職業能力開発訓練	28,362 (45.0)	40,409 (15.6)	82,764 (19.6)	140,474 (34.8)	170,414 (44.0)	170,107 (43.4)	0.29	0.18	0.11	0.12	0.11	0.10
有給休暇訓練	13,027 (20.7)	9,117 (3.5)	5,723 (1.4)	5,589 (1.4)	10,145 (2.6)	11,075 (2.8)	2.34	2.31	0.68	0.72	1.18	1.86
職業訓練施設装備購入貸付	4,152 (6.6)	—	3,035 (0.7)	7,978 (2.0)	7,349 (1.9)	3,468 (0.9)	—	—	—	—	—	—
受講奨励金	—	1	40 (0.0)	59 (0.0)	3,543 (0.9)	3,435 (0.9)	—	0.55	0.78	0.23	0.09	0.10
労働者学資金貸付	15,222 (24.2)	16,649 (6.6)	23,484 (5.6)	34,626 (8.6)	43,016 (11.1)	52,188 (13.3)	1.82	1.37	1.73	1.86	1.98	2.14
失業者再就職訓練	2,262 (3.6)	191,194 (74.2)	306,172 (72.7)	215,512 (53.3)	152,510 (39.4)	151,966 (38.7)	1.16	1.17	1.35	1.79	1.46	1.72

注：（　）は，職業能力開発事業の細部事業別の構成比である。
出所：韓国産業人力公団中央雇用情報院『雇用保険統計年報』，各年度。

図表16　産業別職業能力開発訓練支援事業所構成比

(単位：ケ所，千ウォン，名，％)

	事業所	支援金額	訓練人員 合計	農・水産・漁業・鉱業	製造業	電気・ガス・水道事業	建設業	卸売・小売・飲食・宿泊業	運輸・倉庫・通信業・賃貸業	金融・保険・不動産	社会及び個人サービス業・その他
1997	323	8,633,844	49,162 (100.0)	26 (0.03)	5,229 (6.4)	69 (0.1)	796 (1.0)	2,519 (3.1)	601 (0.7)	62,673 (77.1)	9,411 (11.6)
1998	1,034	9,904,337	81,324 (100.0)	1 (0.0)	4,873 (3.2)	411 (0.3)	1,046 (0.7)	7,730 (5.0)	1,296 (0.8)	130,478 (84.6)	8,377 (5.4)
1999	43,511	82,764,007	781,408 (100.0)	1,158 (0.2)	376,463 (48.2)	14,827 (1.9)	34,058 (4.3)	55,100 (7.1)	61,765 (7.9)	198,497 (25.4)	39,540 (5.0)
2000	73,411	140,474,492	1,220,334 (100.0)	3,746 (0.3)	619,223 (50.7)	33,289 (2.7)	66,429 (5.4)	69,948 (5.7)	95,610 (7.8)	278,767 (22.8)	53,322 (4.4)
2001	80,860	170,413,851	1,555,402 (100.0)	3,317 (0.2)	748,259 (48.1)	29,222 (1.9)	57,524 (3.7)	82,259 (5.3)	184,215 (11.8)	386,814 (24.9)	63,792 (4.1)
2002	62,035	170,107,000	1,681,862 (100.0)	1,447 (0.9)	713,044 (42.4)	119,756 (7.1)	159,040 (9.5)	78,575 (4.7)	106,854 (6.4)	448,212 (26.6)	54,934 (3.3)
2003											

出所：韓国産業人力公団中央雇用情報院『雇用保険統計年報』，各年度。

4,873名であったのが，2002年には製造業が42.4％の71万3,044名，金融・保険・不動産業が26.6％の44万8,212名，建設業が9.5％の15万9,040名，電気・ガス・水道事業が7.1％の11万9,756名，運輸・倉庫・通信業・賃貸業が6.4％の10万6,854名，卸小売・飲食・宿泊業が4.7％の7万8,575名順で総数6万2,035事業場の158万名に1,701億ウォンを支援した。

このように，大規模事業場と製造業および金融・保険業が高い比重を占めているのは，IMF以降の構造調整がこれらの産業を中心に行われ，在職勤労者の向上訓練を中心に能力開発訓練が行われたからであろう。また，中小企業労働者の職業能力開発への参加が低いという問題点を補完するために中小企業労働者の職業能力開発活性化方策を工夫しなければならないのであろう。

以上のような職業能力開発事業は，在職勤労者の向上訓練と失業者の失業者再就職訓練が主になっているので，有給休暇訓練および労働者の自己啓発のための自主的な能力開発への受講奨励金[7]はその活用度が非常に低い（**図表15**参

照)。また,失業率が高くても転職訓練が活性化されていないことは,不充分な労働市場の柔軟性,景気沈滞への対応などによる労働移動と勤労者の雇用不安が解消されていないことを示しているのであろう。

(3) 雇用安定支援対策

①雇用安定支援制度

雇用保険の雇用安定対策は,産業構造の変化と技術進歩過程で労働者の雇用安定を保障しながら企業の雇用調整を合理的に支援するもので,積極的労動市場政策手段と失業保険が連繋された政策で3つに大別される。第1は,産業構造の構造調整過程で生じる企業の雇用調整に対応して労働者の雇用安定と企業の経営負担を軽減させようとする雇用調整支援対策,第2は,労働市場で就業しにくい高齢者,長期失業者および女性などの雇用を促進するための潜在人力の雇用促進支援対策,第3は,職場での保育施設などを設置運営する場合,女性の育児負担を軽減させようとする雇用促進施設の設置・運営費の融資・支援などを中心に行われている。

つまり,雇用保険法の雇用安定対策[8]は,労働市場の柔軟化政策による失業なき労働力の労働移動の円滑化と企業の景気変動に対応するための雇用調整が円滑に行われるように支援するとともに,潜在的な労働力の積極的な活用のために雇用を促進することを支援する政策である。

まず,このような高失業など労働市場の状況が不安な状態での労働者の雇用安定の政策は,雇用維持支援金,採用奨励金,再雇用奨励金の支給などの制度が設けられているのである。この中で失業対策および職業能力開発訓練ともっとも深く関連している制度は雇用維持支援金制度であり,この雇用失業対策の支援対象になることは,労働者の教育訓練,労働力の再配置,労働時間短縮,休業,休職,社外派遣などを対象としている。

転職支援奨励金制度は,IMF金融危機の克服過程で産業の構造調整が活発に行われた2001年7月に導入された制度でこの転職支援サービスは,労使間の合意を前提にして行われているのである。しかし,韓国では企業側が労働者の転職を支援するための転職支援職業能力開発サービスを提供する場合,労働組合は労働者の解雇を前提にすると見做しており,労使間の協議が活性化されて

図表17 雇用安定事業の細部事業別支援金の推移

(単位:名, %, 百万ウォン)

		金額						人員				
		1997	1998	1999	2000	2001	2002	1998	1999	2000	2001	2002
全体		12,275	97,449	184,304	113,809	128,752	90,052	784,283	668,951	450,479	570,056	476,067
雇用調整支援	休業	44	53,442	47,483	21,837	32,234	19,904	603,359	291,609	130,097	178,441	122,189
	勤労時間短縮	―	566	717	74	185	14	3,774	6,881	655	1,262	87
	訓練	―	15,849	16,506	3,492	12,836	7,122	36,451	31,854	9,473	52,375	19,273
	社外派遣	―	824	1,118	92	15	0	840	1,490	184	25	0
	休職(有給,無給)	―	3,489	13,002	3,251	9,973	5,191	10,784	38,491	7,210	24,081	10,100
	人力再配置	―	484	394	453	547	404	493	644	627	830	578
	雇用維持支援 小計	44	74,654	79,220	29,200	55,790	32,635	655,701	370,969	148,246	257,014	152,227
	採用奨励金	―	5,877	75,132	40,780	20,226	1,373	5,185	101,359	62,661	30,272	3,488
	転職・創業教育・適応訓練支援金	4	300	―	―	766	432	564	―	―	394	7,408
	再雇用奨励金	―	―	517	1,423	43	506	―	268	746	697	270
	小計	4	6,177	75,649	42,203	21,035	2,311	5,749	101,627	63,407	31,363	11,166
	雇用調整支援小計	48 (0.4)	80,831 (82.9)	154,869 (84.0)	71,403 (62.7)	76,825 (59.7)	34,946 (38.8)	661,450 (84.3)	472,596 (70.6)	211,653 (47.0)	288,359 (50.6)	163,393 (34.3)
雇用促進支援	高齢者雇用促進奨励金	8,998	12,409	24,762	36,637	41,516	39,877	115,221	189,450	226,756	253,484	272,235
	女性雇用促進奨励金(育児休職,女性家長)	2,031	2,334	1,428	2,094	3,607	3,867	4,404	2,345	3,013	3,954	3,100
	高齢者・女性再雇用奨励金	2	184	824	377	319	336	326	830	239	339	492
	職場保育施設支援金	1,195	1,689	2,029	2,483	2,403	2,483	2,882	2,862	3,496	1,528	1,511
	長期失業者雇用促進奨励金	―	―	49	359	2,954	7,154	―	128	799	6,257	13,558
	従業員企業引水支援金	―	―	―	322	200	187	94	―	406	253	414	157
	雇用促進支援 小計	12,230 (99.6)	16,616 (17.1)	29,414 (16.0)	42,150 (37.0)	50,985 (39.6)	53,811 (59.8)	122,833 (15.7)	196,021 (29.3)	234,556 (52.1)	281,696 (49.4)	291,053 (61.1)
建設労働者退職控除金		―	―	20	256	942	1,295	―	334	4,270	15,720	

出所:韓国産業人力公団中央雇用情報院『雇用保険統計年報』,各年度。

ない状況である。

②雇用安定支援対策の実態

　雇用維持のための雇用安定対策は,1997年金融危機を契機に1998年に約974億ウォン,1999年は2倍ほどの1,843億ウォンに増加したが,景気回復とともに2002年には901億ウォンに減少した。これを項目別にみると,雇用調整支援金は1999年に全体の84%である1,549億ウォン(47万2,596名)を頂点にして減

少し，2002年が約34％の349億ウォン（16万3,393名）であり，雇用促進支援金は1999年の294億ウォン（19万6,021名）から2002年で538億ウォン（29万1,053名）になり，IMF金融危機の初期の強力な構造調整で企業の構造調整への対応から雇用促進のための対応策へ変化している（**図表17**参照）。

その理由は，IMF以降経済状況が順調に回復し，景気回復とともに失業率の低下および雇用増加など雇用調整支援金の中でも雇用維持支援金が大幅に減少したことに起因する。具体的には**図表17**でみられるように，休業支援金，休職支援金および訓練支援金が半分以下へと急激に減少して雇用安定支援金減少の決定的な役割を果たしたのである。また，労働市場の柔軟化と関連する労働力再配置はIMF以降大きな変化がみられないし，雇用調整支援で占める比重が少なくその影響力は大きくない。

この雇用安定支援対策の実施状況を産業別にみれば**図表18**のように，1999年製造業が59％（39万5,274名），不動産サービス業が25％（16万7,353名）であったが，2002年は製造業が41％（19万4,945名），不動産サービス業が35％（16万7,230名）で大部分を占めている。

また，これを企業規模別にみれば，1998年に500-999人規模が11.5％（9万399名）から2002年に12％（5万6,991名）へと，1,000人以上の規模が46.9％（36万7,635名）から2002年に15.4％（7万3,111名）へと変化している（韓国産業人口公団中央雇用情報院『雇用保険統計年度』，各年度）。これは韓国の構造調整がIMF初期の大企業からIMF金融危機を克服する過程で中小企業へと変化したことの現れである。

以上でみたように，韓国の雇用保険の雇用安定支援制度は，景気不況による操業短縮，休業および休職などへおもに活用されているが，労働市場の柔軟化による雇用維持訓練，労働力の再配置など職業転換のための事業所内の職業転換訓練や職務適応のための職業能力開発訓練には効率的に活用されていないことがわかる。その理由は，韓国の企業風土が労働力を企業内で養成して内部労働市場で活用するようになっており，スカウトや外部労働市場からの労働力の供給をこのみ，既存の労働力を活用・維持による再活用とか職業能力開発の思考が希薄だからである[9]。

図表18　産業別雇用安定事業支援現況

(単位：件, 名, 千億ウォン, %)

	人　　員				金　　額			
	1999	2000	2001	2002	1999	2000	2001	2002
計	668,951	450,479	570,056	476,067	184,304	113,809	128,752	90,052
農　林　業	595	733	481	825	137	106	129	148
漁　　　業	35	25			26	11		
鉱　　　業	1,679	1,668	1,716	1,459	584	476	546	460
製　造　業	395,274	190,874	286,083	194,945	88,202	44,530	62,095	38,775
電器ガス水道	376	817	736	592	121	322	131	109
建　設　業	26,872	14,619	10,949	5,807	16,913	8,603	6,084	2,402
卸　小　売　業	20,871	15,877	13,567	8,905	13,405	8,527	6,009	2,770
宿泊飲食業	3,527	1,963	2,010	2,720	1,072	652	607	604
運輸通信業	26,779	24,527	31,704	41,013	5,199	4,118	5,507	7,083
金融保険業	9,117	2,333	3,122	3,477	12,469	1,427	2,455	1,843
不動産サービス	167,353	168,642	176,214	167,230	39,404	37,519	36,450	27,795
教育サービス業	2,755	3,014	4,353	3,746	1,399	1,467	1,731	1,324
保健社会福祉	3,685	4,659	3,888	3,822	2,116	2,086	1,774	1,691
その他公共個人	9,446	15,659	18,321	18,550	3,168	3,556	4,048	3,473
その他産業	253	799	1,192	22,976	85	154	245	1,575
分類不能	334	4,270	15,720		1	256	942	

注：2001-2002年度の農林業は，農林水産業である。
出所：韓国産業人力公団中央雇用情報院『雇用保険統計年報』，各年度。

5　結びに代えて

　以上のように，IMF 金融危機以降，金大中政権の経済政策および失業対策は，IMF 金融危機の克服過程そのものである。IMF 金融危機で生じた失業者に対する失業対策は，IMF による労働市場の柔軟性向上要求と積極的労働市場政策として，雇用安定のための雇用維持支援，職業訓練を通じた就業能力向上と外延的経済成長を通じた新規仕事創出を中心に行われた。特に，1999年の

職業能力開発促進法の制定とともに，失業者の就業能力を高めるための失業対策職業訓練が民間職業能力開発機関で活発に行われた。もちろん，セーフティネットとしての雇用保険の適応範囲を拡大しながら，失業給付の対象と失業給付の水準も広げているのである。

しかし，これらの失業政策は，金大中政権の経済政策と関連させなくても，急変する経済環境に適応する就業能力を高めるための職業能力開発を活性化する方策ではなければならない。そのためにはまず，労働者の自発的・自主的・自己主導的な職業能力開発の強化，そして第2に，離転職者の円滑な労働移動のための職業能力開発を実施して，労働市場での摩擦的失業，熟練技能の不一致の解消，第3に，職業能力開発機会拡大のための生涯学習体制の構築が必要である。それらは，また，今後韓国の持続的な経済成長と労働市場での雇用不安を解消するための課題でもあるだろう。

1) 本稿は，2003年社会政策学会の秋季大会で報告した内容を修正補完したものである。
2) 失業給付の対象企業を1995年30人以上から2002年には1人以上まで拡大し，2004年には日雇労働者にまで適用することになった。
3) 製造業，建設業の機械組立，溶接，電気工事などの生産職関連の106職種で，技能労働者，3K職種の円滑な労働力供給と失業対策を目的に失業者および非進学青少年を対象に行われている職業訓練である。
4) 図表5によれば，6ヶ月以上の長期失業者は1997年18.4％から2003年12.4％に減少傾向にあるので，失業は6ヶ月以内で就職と失業を繰り返すかあるいは脱出するようになっていると考えられる。
5) 1998年の製造業（52.6％），建設業（10.7％），金融保険業（10.2％），不動産賃貸業（10.3％），卸売・小売業（6.8％）の順であったのが，2002年には製造業（35.4％），不動産賃貸業（19.8％），卸売・小売業（11.9％），建設業（9.1％），金融保険業（4.2％）に順に変化してIMF危機の打撃により金融保険業での強力な構造調整が行われていることを示すのである（労働部『雇用保険白書』，各年度）。
6) 失業対策職業訓練の成果は技能向上，資格取得および再就職率などを含めて総合的に検討しなければならないが，ここでは資料上の制約で再就職率だけではかることにした。また，再就職率でももっと厳密にすれば全訓練課程の修了者を対象にすればいいかもしれないが，ここでは全体の失業者再就職訓練者を対象にして全体訓練の成果をみた。
7) 受講奨励金は日本の教育訓練給付金にあたり，支援対象が非自発的な離転職予定者，50歳以上の在職勤労者および50人未満企業の雇用保険被保険者であり，しかも労働者に直接給付することではなく事業主を通じて給付されるので，活用率が非常に低いのであ

Ⅱ　テーマ別分科会

　　　る。
　8)　雇用保険法第15条では，景気変動，産業構造の変化その他経済上の理由で労働力不足と雇用機会の減少で雇用状態が不安な場合，被保険者の失業予防，再就職の促進，雇用機会の拡大など雇用安定のための雇用安定事業を行われると規定している。
　9)　李義圭「労働市場柔軟化と雇用失業対策」『韓日経商論集』第23巻，2001，57頁。

【参考文献】

労働部『2003年雇用失業及び雇用安定対策』，2003。
労働部『国民政府5年（1998-2002）失業対策白書』，2003。
労働部『失業対策白書1998-2000』，2001。
労働部『雇用保険白書』，各年度。
労働部『職業能力開発事業現況』，各年度。
李義圭「労働市場柔軟化と雇用失業政策」『韓日経商論集』第23巻，2001。
李義圭『労働市場柔軟化による職業能力開発活性化方案』，韓国職業能力開発院，2001。
統計庁『雇用動向』，各年度。
統計庁『経済活動人口年報』，各年度。
韓国産業人力公団中央雇用情報院『雇用保険統計年報』，各年度。
韓国銀行『国民計定』，各年度。

●第1分科会（最低賃金制分科会）
今日における最低賃金制の課題

座長　阿部　誠　Abe Makoto

1　はじめに

　第107回大会の共通論題は「社会政策と賃金問題」であった。この共通論題を設定するにあたって，秋季大会企画委員会では現代の賃金問題をめぐる基本的論点について議論したが，雇用形態が多様化し新たな低賃金労働の広がりが指摘されるなかで，最低賃金制について改めて議論する必要があるのではないかという指摘があった。社会政策学会では，以前は共通論題等で最低賃金制がしばしば議論されており，主要なテーマのひとつであった。しかし，最近は大会で最賃制に議論が及ぶことは少なく，また研究動向をみても，最賃制をめぐる議論がさかんという状況にはない。社会政策学会での最近の研究蓄積が豊かとはいえないなかで，共通論題の主要な論点として最賃制をとりあげることは困難であった。しかし，反面で，国内的には低賃金労働の広がりが問題となり，他方，海外では最低賃金制をめぐる新たな動きがあるなかで，最賃制について議論することの意義も大きいというのが，企画委員会の認識であった。

　そこで共通論題を補完する意味もこめて最低賃金制に関する分科会を設け，社会政策論の立場から最賃制に関する議論をよびおこそうということになった。この分科会では最低賃金制をめぐる今日的論点を探るために，英国とアメリカでの動向について横山政敏，吉村臨兵の両会員に報告をお願いするとともに，日本の最賃制をめぐる論点について神代和欣会員にご報告いただいた。各報告者のテーマは次のようなものであった。

　　横山政敏「イギリスにおける全国最低賃金制度と労働市場」
　　吉村臨兵「アメリカの最低賃金とリビング・ウェイジ」
　　神代和欣「わが国最低賃金制の現状と課題」

2　報告の要旨——最賃制をめぐる英米の新たな動向と日本の最賃制の論点

　横山政敏氏には英国の全国最賃制についてご報告いただいた。英国では，労働党の選挙公約にもとづいて1999年に全国最低賃金制がはじめて導入されたが，その主な狙いは，低賃金労働や失業が広がり，貧困線以下の層が増大しているなかで，就

労意欲を喪失した若年者やアンダーエンプロイメントをいかに労働市場に引き出し，就業を促進するかという点にあった。この点で職業能力を育成する雇用のニューディールや税制改革などとワンセットの政策ということができると報告された。

英国の全国最賃は，三者構成の Low Pay Commission が決定する審議会方式であり，最賃の水準は22歳以上と18〜21歳の二段階で定められているが，18歳未満や職業訓練生には適用が除外されている。また，最賃の水準は，賃金実態の詳細な調査にもとづき，賃金水準への影響率などを考慮しながら決められている。同審議会は，最賃制によって低賃金労働者の保護を進めるとともに，雇用や物価への負の影響を防ぐことにつとめている。このため，最賃の引き上げ率が高かった翌年は低くなるといった傾向をみせていることが指摘された。こうしたなかで，最賃制が導入されても地域や職種などによる賃金格差は基本的に変わっておらず，賃金構造を変えることになっていない。むしろ最賃額にちかい低賃金の雇用が増加しており，大きな賃金上昇効果や賃金の平準化は期待できないと指摘された。

続いて，吉村臨兵氏はアメリカのリビング・ウェイジについて報告された。米国では，1990年代に入って，「生活できる賃金の保障」を主張するリビング・ウェイジのキャンペーンがさかんになっており，1994年のボルティモア市以後，これを条例化する自治体も増えている。こうしたリビング・ウェイジの取り組みには長い歴史があるとはいえ，従来のものが必ずしも継承されてきたわけではなく，最近の動きは新たな取り組みといえると指摘された。

アメリカの最低賃金制には，連邦最低賃金と州の最低賃金があり，前者は法定の全国最賃としての機能をもっているが，適用除外も多く，また対象も限定されている。それに対し，適用範囲を拡大するかたちで独自の最賃を決めている州も多い。このほかに，大恐慌期のデービス・ベーコン法によって，連邦公共事業の受注事業者にたいしては，「相場賃金」によって決まる最低賃金が別に課せられている。これと同様の制度として，州や地方政府の行う公共事業で働く者の最低賃金を規制するリトル・デービス・ベーコン法もあることなどが報告された。

こうした法定最賃や労働市場に立脚した「相場賃金」の及ばない領域にたいして，リビング・ウェイジが新たに求められるようになった。この背景には，連邦最賃の水準が低く，とくに扶養家族がある場合には生活できないことがある。リビング・ウェイジの運動は，地方政府が条例化することで現実のものとなっているが，その多くは地方政府が受託事業者にたいし高めの最低賃金を定める制度である。そのほか，地方政府の補助金を受けている事業者に適用する制度，地域全体の最低賃金を規定する条例や特定施設に適用するケース，また，市の直接雇用する労働者に適用

するケースなどもあることが説明された。

　最後に，1996年から2003年1月まで中央最低賃金審議会の会長をつとめられた神代和欣氏に最近の中賃での議論や最賃制をめぐる基本的論点について報告していただいた。中賃では，使用者側から産業別最低賃金の廃止が提起されるとともに，賃金上昇率がマイナスとなるなかで「最低賃金額は引き下げられるか」という点が議論になっていること，また，東南アジアや中国などの低賃金との競争の下で最賃制をどう考えるかという点も新たな論点になっていることが紹介された。

　続いて，神代氏は最賃制をめぐる主要な論点を整理された。最賃制については，生計費，生活保障との関係，あるいは使用者の支払い能力，国民経済との関係がつねに議論になってきた。一方，英米などでは最賃が貧困線を下回ったために社会保障給付が増加したことをめぐる議論や，あるいは，最近の米国で最低賃金の引き上げが労働需要にたいしマイナスの影響をもつかどうかをめぐる議論などが行われていることが報告された。ただ日本の場合は，地域の賃金水準や支払い能力などを判断して毎年決めているので雇用にたいするマイナスの影響は生じにくいと指摘された。そのほか，外国の制度などと比較しつつ日本の最賃制の特徴や課題について触れられたが，同氏の論文は本誌に掲載されるので，詳しくはそちらを参照していただきたい。

3　今日の最賃制をめぐるいくつかの論点

　これらの報告をうけてさまざまな点から質疑，討論が行なわれた。ここですべての点に触れることはできないが，座長の理解にそって当日の議論を簡単にふりかえっておきたい。

　第1に最低賃金の水準が問題となった。日本の最賃の水準は一般労働者の賃金から乖離しているが，乖離している状態が当然なのかといった疑問が提起された。また，生活賃金の水準を家族単位の生計費を基準に考えるか，単身者生計費で考えるかによって，最賃の水準が異なることが議論になった。この点に関してアメリカのリビング・ウェイジでも，地域によって考え方が異なることが指摘された。

　第2の点として最低賃金制とジェンダー問題との関わりが議論された。最賃制の主なターゲットはパートタイムや若年労働者であるが，リビング・ウェイジの主要な対象も女性であり，この運動が男女間の賃金格差の解消への取り組みと結びついていることが指摘された。

　第3には，英国の最賃制で18歳未満の若年者が適用除外とされているが，それが若年者の不安定な雇用に結びついていないのかという疑問が出されたのにたいし，

実際に若年者の低賃金労働が広がっていることが報告された。

　第4には，最低賃金と団体交渉との関係が議論になった。伝統的に労使自治の考え方が強い英国で全国一律の最賃制が導入された背景には，賃金を支えてきた団体交渉のもつ規範性が弱まっていることがあるのではないかという問題提起にたいして，実際，団体交渉が弱体化し賃金が全体的に低下するなかで全国最賃が導入されており，協約賃金の意味が小さくなっているとの指摘があった。その一方で，最賃制はパートタイムの賃金にたいする規制力をもっており，英国でもそれを通じて団体協約による賃金に影響していることが指摘された。

　第5に，最賃制と貧困問題や最低生活保障との関係について，両者は別の観点から論議されるべきで，最賃制が貧困問題の解決策として位置づけられるかという議論もあった。

4　む　す　び

　今回の分科会では座長の能力不足もあって議論は拡散し，今日における最賃制の意義や課題について議論が十分深まったとはいえないが，それでもいくつかの論点は明らかになったように思われる。最低賃金制をめぐっては，従来から，生活賃金の原則を強調するか，マクロ経済や雇用への影響を重視すべきかといった点に大きな論点があり，日本の最低賃金法でも両者の考え方が並列されている。中賃などではこうした議論が中心になってきたが，とくに最近では，アジア諸国との間の大きな賃金格差が国際競争力を削ぐといった点が強調されており，最賃制の意義についてどう考えるかが問われている。

　これにたいし，アメリカでは生活賃金を求めるリビング・ウェイジが自治体レベルで制度化されていることが注目される。また，英国では welfare to work といった考え方が強まるなかで就業促進の観点から全国最賃が導入された。英国では，低賃金労働がむしろ広がったともいわれるが，いずれにしても両国では今日の経済格差や低賃金労働の広がりにたいして低賃金の規制が必要という認識が新たな動きにつながっている。しかし，日本では低賃金の規制の必要性について認識は弱いように思われる。今日の労働市場の構造変化や賃金の変化をふまえて最賃制の社会的意義を改めて議論する必要があるのではないだろうか。

　今日の最賃制をめぐっては，このほかにも労使関係の変化やジェンダー問題との関係も指摘され，社会政策論のこれまでの研究蓄積と結びつけながら論議すべき論点が数多くあることが明らかになった。今日の社会，経済の変化のもとで，最低賃金制の意義や課題についての議論がいっそう深められることを期待したい。

●第2分科会（国際交流分科会）
転機における韓国の社会的セーフティネット
―― 失業政策と生活保護の日韓比較

　　　　　　　　　　　　　　　　座長　埋橋孝文　Uzuhashi Takafumi

1　分科会設定の趣旨

本国際交流分科会では，以下の2名の報告がおこなわれた。
1　李　義圭（韓国職業能力開発院研究員）「韓国の失業政策と雇用保険――IMF金融危機を中心に」
2　裵　埈晧（韓神大学国際学部教授）「韓国における生活保護の現状と政策課題」
コメンテーターは三宅洋一氏（大阪経済大学）と埋橋が担当した。
分科会設定の趣旨を，大会プログラムから引用しておけば以下のとおりである。

> 　この分科会は春の大会につづく2回目の国際交流分科会である。前回と同じく韓国がとりあげられたのは偶然ではない。1997～98年経済危機以降，韓国の社会保障はとりわけ失業政策と公的扶助行政でドラスティックに変化した。1995年制定の雇用保険法は失業率の急上昇によって最初の試練に晒されつつも適用範囲を拡大した。生活保護は国民基礎生活保障へと改称され，労働能力あるものにも適用されるようになった。このような変化は失業者，受給者にどのような影響を及ぼしたのであろうか。また，わが国にとって何を示唆しているのであろうか。
> 　今回の分科会ではこうした改革の背景と意味，現実の政策効果，残された政策課題などについて，日本への留学経験をもつお二人の韓国人研究者に詳細に論じていただく。また，日本側の研究者はコメンテーターとして，それぞれデータにもとづいて日韓の失業政策と生活保護の比較を試み，後につづく討論の水先案内人をも務める。

2　報告要旨

(1)　李報告

　本誌に李氏の論文が掲載されており，ここで詳しく紹介する必要はないであろう。三宅氏のコメントと座長の感想を簡単に紹介しておく。
　韓国ではマイナス6.7％の経済成長率を記録した1998年に失業率は7.0％に達した

が，その後低下し，2003年7月には3.4％となっている。急速な回復であったと考えられる。ただし，「IMF危機以降のもっとも大きい労働市場の変化」は「不安定就業者である臨時工および日雇労働者の就業者比重が常用労働者を上回っていること（1997年では45.9％，2002年末で51.6％）」（配布資料より，以下も同じ）である。これは日本の数字と比較してもかなり高い。また，経済活動参加率が1997年の62.2％から2002年には61.9％に低下していることも示された。三宅氏のコメントでも，経済活動人口（＝就業者＋失業者）が1998年には35万4000人も減ったこと，しかもその多くが女性であることが示された。

　失業対策に関しては，1995年7月から施行された雇用保険制度が，その後短期間に対象企業・労働者を拡大していることが印象的であった。それは「IMF金融危機による1998年からの高い失業率と社会不安要因の最小化ないし解消するための社会安全網の構築」であったことは疑いない。ただ，三宅氏のコメントによれば，求職者給付の受給者が保険加入離職者に占める割合が18.5％，離職者全体に占める割合が13.9％と推定されるが（2003年3月），この数字は日本の数字（2001年度で離職者全体に占める受給者の割合32.6％）と比べて低い。比較ベースの厳密な確認などの問題が残されているものの，これには必要加入期間＝受給資格が関係していると思われる。こうした支出割合が低いことを考慮すれば，適用対象の拡大がもっぱら保険料収入の拡大に寄与したことが推察されるが，それら全体が果たしてあらかじめ政策的に折り込み済みであったのかどうか，という点が関心を惹いた。

　李報告では「失業者の職業能力開発」についても詳しく論じられたが，雇用保険未適用失業者，生活保護対象者などを対象とする「雇用促進訓練」が設けられており，それが再就業訓練受講者に占める割合が高いこと（1998年31％，99年19％，2000年22％，2001年21％，2002年17％）が注目された。それは，上でふれた問題を補償する応急的措置であったかもしれない。そうだとしても，生活保護対象者，母子保護対象者などの訓練に政府一般会計から支出することが，わが国との対比からして興味深かった。

(2) 裵報告

　裵報告の構成を示せば以下のとおりであった。

Ⅰ．制度の概要
　1．導入背景と経過　2．導入の意義　3．主な内容
Ⅱ．生活保護制度の問題点と改善方法
　1．受給権者の選定と給付基準の見直し：所得認定額制度導入　2．最低生計費の合理的調整　3．扶養義務者基準の合理的代案の模索　4．不正受給者管理と社

会的弱者階層への保護強化

　2000年10月1日から韓国では「国民基礎生活保障法」が施行された。これは1961年制定の旧生活保護法にとって代わるもので、「労働能力の有無に関係なく消費水準が最低生活費に至らない低所得層の基本的な生活を国家が保障する」ものである。裵氏はその導入の背景として、①旧生活保護法が「対象の包括性、給付の十分性、対象者間の衡平性、制度の効率性と生産性という側面で多くの問題点を抱えていた」こと、②IMF 管理体制下で大量の失業や貧困人口が量産されたにも拘わらず、「生活保護制度が最後の安全網として機能しなくなっていた」こと、③「国民基礎生活保障法制定推進連帯会議」などの市民運動の力、を指摘した。

　次いで、新しい国民基礎生活保障制度の意義と内容が詳しく説明されたが、座長にとって日本との比較の観点から以下の点が興味深く思われた。

　第1に、「低所得層の権利的性格」が明確にされたことにより、保護対象者→受給権者、保護機関→保障機関というように用語の変更がおこなわれた。「旧生活保護法では福祉を貧しい人に恩恵を施す保護として扱ったが、この法律では福祉が国民の権利であり、国家の義務であることを明確に謳っている。福祉哲学の大転換である」。第2に、労働能力のあるものにも生計費給付が支払われることになった。その場合、勤労能力、世帯特性、生活ニーズなどをもとに自活方向を提示し、「自活に必要なサービスを体系的に提供することになったのである」。

　とりわけ、上の2点目が注目される。日本でも表向きは労働能力のあるものにも生活保護は適用可能である。それは「無差別平等」の原則があるからだ。しかし、実際には「敷居」が高いのが現実である。

　裵氏の配布資料にある「自活支援事業推進体系」（フローチャート）によって韓国の新しい制度をもう少し詳しくみておきたい。まず、受給権者は労働無能力者と労働能力者に分かれるが後者はさらに条件付受給者と条件賦課除外者に分かれる。条件賦課除外者は、①世帯与件困難者、②現就業者、③環境適応者（軍除隊者など）からなる。①は幼い子を抱えるシングルマザーや介護に従事している者に相当し、②は就業しているにも拘わらず所得が基準より少ない者であると考えられる（③の詳細は不明）。これらについては次で述べるような「条件」を免除される。一方、条件付受給者は (a) 非就業対象者、(b) 就業対象者、(c) 条件提示猶予者の3種類に分類される。(a)の非就業対象者の詳細はわからないが、おそらくアルコール依存などで理由から労働意欲の少ない人々を指すと考えられるが、それらの人には保健福祉部の計画にもとづいて自治体が自活事業（地域奉仕やリハビリプログラムなど）を提供する。(b)の就業対象者に対しては労働部の自活事業への参加が条件となる。つまり

「労働能力や意欲がある人は優先的に労働市場に入れるように，就業斡旋，職業訓練，自活インターン支援事業，求職セールス，公共勤労などのプログラムを職業安定機関で実施する」のである。

こうした体系は，イギリスの welfare to work の考えと制度から学んだと思われるが，とくに，受給権者の明確なカテゴリー化とそれに応じたきめ細かなサービスの提供（それは一方では受給のための「条件」でもある）は，日本の今後の生活保護制度の改革にとっても示唆する点が多い。金大中政権の「生産的福祉」の理念に沿い労働行政と福祉行政の協力がみられることも注目され，先にふれた生活保護受給者を対象にした（雇用保険予算の支出による）職業訓練サービスの提供も合点がいく。

その他にも，①新しく導入された「所得認定額」概念（それまでの所得基準と財産基準を一元化し，財産を所得に換算し通常の所得に加算したもの），②扶養義務範囲は「直系血族と配偶者，一緒に暮らす兄弟姉妹」であるが，学界は「夫婦と直系一親等」への改善を要求していること等の紹介，③問題点として現行の最低生計費が地域別，世帯類型別の差を考慮していないことが挙げられた。

なお，埋橋のコメントのなかで，生活保護の生活扶助受給者が全人口に占める割合が日本では0.8％であるのに対して韓国では3.0％であり，医療扶助についてはそれぞれ0.7％，3.2％であること（2001年）などが紹介された。

3　質問と討論

今回は報告の紹介にかなりの紙数を割いたので，分科会での質問と討論について詳しくふれることができないのが残念である。要点だけを挙げれば，非正規労働者増加が意味するもの，生活保護行政における国と地方自治体の役割分担，直系家族の扶養義務関係の具体的内容などについての質疑応答があり，また，（大統領制をとる）韓国と日本の間での労働政策・社会保障政策の比較の困難性を指摘する意見が出され，それをめぐって討議がおこなわれた。最後の点は国際比較研究に付きまとう問題であり，それをどのようにクリアしていくかが問われたといえよう。

※　本国際交流分科会の開催にあたって日本経済学会連合の「平成15年度外国人学者招聘滞日補助」を受けることができた。社会政策学会としては初めての申請であったが，申請にあたって森建資代表幹事，森ます美幹事（日本経済学会連合評議員）の両氏から有益な情報提供とアドバイスをいただいた。記してお礼申し上げる。

●第3分科会（非定型労働分科会）
多様化する非定型労働

座長　永山利和 Nagayama Toshikazu

1　第107回社会政策学会・分科会（3）「非定型労働部会」に設定された課題

　長期不況，デフレ基調のなか，非定型労働者は，量の拡大だけでなく，質も変化している。この変化は，規制緩和・新自由主義的労働市場政策，労働力の価格破壊等をともなっている。非定型労働それ自体の位置の確認と必要な労働・社会政策（それ自体をどのように構想するかが大きな課題である）が追いつけない。このなかで，一方では政策対象者はどのような政策を求めているのか，他方では政策担当者が望ましい対応をどのように認識しているか，これらを多角的に検討することが本部会の課題である。今回の報告と討論もこの課題に沿い，設定されたものである。
　第107回大会における本部会では，長沼信之「鉄鋼業のリストラと社外工労働の特質」および神尾京子「在宅ワークをめぐる最近の動向と労働行政の対応」という2つの報告を受け，討論を行った。

2　報告の概要

(1)　長沼報告

　長沼報告は，銑鋼一貫工程を持つ大手鉄鋼業Y社のケースを90年代におけるリストラ進行のなかで，構内一次下請企業（社外企業）の労働者調査をもとに，リストラの進行を構内一次下請企業におけるいくつかの類型を持つY社企業から見た"社外工"の拡大過程を詳細に追跡・ヒアリングし，リストラ進行下で基幹工程に浸透する社外工の拡大を，業務移管，外注管理という企業組織間の業務提携とそれらを結ぶ管理組織の「構造的伝導装置」の解明によって後付けている。さらに構内一次下請企業（社外企業）における労働編成の変容，「能力主義管理」・「小集団自主管理活動」の進展，構内一次下請企業（社外企業）労働者の「能力主義化」とそれに必要な"能力開発"はどのように進められたか，わけてもY社本工からの出向者の特殊な位置と役割に注目しながら，"能力開発"の内実に迫っている。
　報告では，銑鋼一貫大手鉄鋼企業の合理化の基礎は，①基幹工程の化学プロセス・物理プロセスを複合したうえに進行する AI 化・ME 化等の技術革新，②1985年プラザ合意後に生まれるリストラクチュアリングという名の大規模な「合理化」

と大量の配転・出向・転籍，それらを可能にした「社外工」の潤沢な供給，③日本的能力主義というべき「職能資格制度」・「小集団活動」および企業内教育とともに進められる「能力開発」システム，④このなかで構内一次下請におけるY社から見た「社外工」が，工数のうえでも，また基幹工程等の枢要な職務領域にも進出し，鉄鋼生産の中枢に定着し，生産変動のバッファー機能だけではなく，基幹工に成り替わる。「社外工」なしに日本的経営，日本的生産システムの維持・再編は不可能である。これが「社外工」の位置と機能である，としている。

まず，鉄鋼業の大きな合理化・リストラは，①プラザ合意後に進められた設備・組織における大規模なスクラップ・アンド・ビルド，リストラクチュアリング，②本工は，製鉄所間の配転，子会社・社外企業等への大規模な出向・転籍，③さらに直接的労働過程における経験的熟練の後退・知的労働の増加をともないながら，投入される労働者数は削減され，本工職場の再編・社外工による代替がはかられ，職種の大括り化・少数精鋭化，多能工化，自主整備体制への移行等が生じ，結果として大幅な労働生産性の上昇，④熟練の変容，多能工化，フレキシビリティ化，能力主義的管理，ブルー・ホワイトの系列社員区分の廃止，一般職資格区分の増設，能力伸長・成果発揮の処遇への反映，短期業績賞与の新設，組織・役職制度の見直し等の職能資格制度の変更，⑤流動化，多能工化により，自主管理制度のマンネリ化，管理職が加わる「管理者による自主管理」制度への移行を余儀なくさせる。

第2に，スクラップ・アンド・ビルドは，製銑，製鋼，圧延という基幹工程，機械設備の整備や工事，運輸・運送等の各部門の業務請負，すなわち作業請負（主に構内常例作業），工事請負（主に非常例的な「一件工事」，「スポット整備」）を担う構内下請企業により大きく依存する体質となった。かくして，①生産量変動に対応するバッファー機能と低賃金労働者利用によるコストダウン機能として導入された外注制度が発展し（50年代），間接部門，輸送部門，さらには本工作業班にも登場し，さらに基幹3工程の前後処理作業へと拡大され（60年代），さらに工程別「全面的な責任を負う」社外工職場へと展開し，社外会社が労務供給業的性格から自立的設備運用管理会社，場内建設会社，総合エンジニアリング会社へ展開する基礎にもなった。②構内下請企業は，一次下請の地位からY社の他工場の業務を分業・分担する「分社」（「1業種1社制」）は，1985年プラザ合意以降には社外依存が拡がり，2002年には社外会社が100社に及ぶ。労働者数比率でも一次社外工比率が4分の1と事実上の「社外会社工場」化している。③この社外会社化は，業務移管と出向者とが「ペア移管」され，社外会社の設備投資のY社による肩代わり，部門毎の分社化＝社外企業化を進め，なかには「シニア雇用制度」，「出向者呼び戻し」等，リストラの進

め過ぎすら生じた。

　第3に、工場工程や部門の社外化という移管・拡大は、それ自体が合理化であるが、合理化は移管後も進む。工程社外移管後も、移管範囲の拡大、工数削減、単価等の契約見直し、そして社外会社自身による「自主管理」制度など、社外企業がY社の「代理人」的な受注コスト管理を強め、課題実現のために「外注投資」（制度）、「合理化成果配分制度」、「業績評価（報酬）制度」等、各種インセンティヴ施策・制度を設定した。社外企業の「自主管理」制度によるコスト削減管理制度化にくわえ、社外企業経営者にも「自主管理思想」の普及・定着と社外企業間のランク付け、ランク付けに基づく「報酬」「配分」の制度化が出現した。

　第4に、社外会社の労働内容の変化を見ると、①社外工労働にも監視労働化・遠隔操作化、知識・判断要素の要求、本工の「出向」領域拡大、設備・機械のME化、システム化と工程の連続化にともない、整備部門でも知識・技能の高度化・専門化要求は運輸部門にまで及び、②要員削減、職務の大括り化・多能工化、交代勤務・変則的作業体制、機動班・応援班創設、ラインマンによる「自主整備」が進み、資格取得、教育訓練費用と処遇改善費用等の増嵩、OJT指導要員の人的・時間的余裕の限界点に接近し、③労働負荷の増大、労働災害増とその危機の増大、④二次・三次下請企業労働者の増加が見られる。

　第5に、社外会社における下請階層層次構造の拡大のなかで、社外工企業労働者にも能力開発の体系化と「能力主義管理」の強化が焦眉の問題となる。だが労働者の低い定着率、高年齢化とこれらに対する中高年齢者の「多能工化」、「能力開発」や労働変容へ適応への限界が生じる。また、若年・中堅層の早期戦力化、レベル・アップが一層課題となる。これらの具体的課題は、①若年層においては業種・規模による教育訓練、能力開発のバラツキが大きく、そのため「トレーナー制度」、「コーチャー制度」というOJTの実施、②多能工化教育の限界、③多角的な多能工化とそれに向けた本工出向者の指導的役割の増大、④社外企業の階層間教育のギャップ、等の問題が生じている。

　これら事態の評価は、①受注事業、資本参加規模と出向者受け入れの比例関係、②「ペア移管」が支配的であること、ただし社外会社にも「逆指名」などの下請企業側の交渉力もついてきている、③社外企業への出向者の役割には技術・経験の活用、管理・監督機能の発揮、技術の伝承・移転効果、親子関係の円滑化等のメリットがある反面、高齢化、新技術への不適応、賃金負担の大きさ、「本工意識」が抜けない等、デメリットも指摘されている。

(2) 神尾報告

　神尾報告は，かねて在宅テレワーカーへの関心が低いなかで，ようやく2002年に初めて実施された在宅テレワーカー調査を含む厚生労働省『家内労働等実態調査報告』を手がかりに，非定型労働の多様な一角に占める在宅テレワーカー問題への政策的注意点を喚起することを目指した報告である。

　神尾報告によると，この分野で行政当局ないしはそれに近い機関の調査では，日本労働総合研究機構（JIL）調査（1997年）以外には存在しなかったという。この調査は，『情報通信機器の活用による在宅就業実態調査結果―平成13年度家内労働等実態調査報告―』（2002年11月発表）としてまとめられた。その概要は，①女性が約70％，男性が約30％，②年収では女性の約70％が150万円未満，男性の約25％が500万円以上であり，また主要職種では，製図・CAD・デザインが約40％，テープ起こしが約30％，データ入力が約25％，システム設計・プログラミングが約13％等である（複数回答）。注目されるのは，在宅労働職種が前職の継続を基本とし，発注業者も前職の継承が多く，しかも専属の固定した関係が主で，流動的で不安定な請負自営型の事業形態は少数派である。

　問題は，2000年在宅就労問題研究会報告に基づく旧労働省女性局「在宅ワークの適正な実施のためのガイドライン」が示す文書明示，契約条件の適正化，個人情報の保護，健康保持，技能向上への支援・奨励と，適切な方向を示しているが，法的強制力を持たない。

　そこで，在宅テレワーカーにも家内労働法を適応対象とし，あわせてILO在宅条約批准に沿う改定を行うことを提案している。その際問題となるのは，法定家内労働者との違いだけを強調する見解，あるいは物品の製造加工就労者（マニュホームワーカー）の高技能工論，女性内職労働者に多い低技能者内職者とも共通する面が多い女性在宅ホームワーカーとの関係，またILO条約が示す同一企業内の場内労働者との均等待遇などの要件に注目する必要があることを強調する。同時に，この問題への国際的取り組みには，獲得されている（組織）労働者の既特権堅持姿勢が生む「非定型労働」存在を否定する見解をただす課題があるという。

3　若干のコメント

　非定型部会の設定課題に照らした視点から，2つの報告が示す問題は多くの論点を含んでいる。

　長沼報告では，非定型労働に「社外工」を含めてよいのかどうか。労働市場の階層構造と非定型労働との関係をどのように整理するか。資本の階層構造を深める蓄

積行動のベクトルとの関係をどう整理するか,とくに経営組織や事業運営の流動化,柔軟化との関係を整理しなければならないだろう。

また神尾報告は,法的規制を強調するが,いま規制緩和,新自由主義的政策を優先する政策当局の政策論理を考慮すると,在宅,契約労働など国際的 ILO での「労働の範囲」論議との関係で,そもそも現代の賃労働再構築との関係を明確にしなければならないであろう。

III 書評

▶今日における就業構造の変容
『自由の代償　フリーター』（福井祐介）
『リストラと転職のメカニズム』（永山利和）
『日本型ワークシェアリング』（丹下晴喜）

▶雇用・失業政策と社会福祉
『雇用政策と公的扶助の交錯』（島崎晴哉）
『失業克服の経済学』（大須眞治）
『福祉国家の危機と地域福祉』（里見賢治）

▶格差のなかの女性労働
『日本の所得分配と格差』（色川卓男）
『女性労働　20世紀から21世紀へ』（遠藤雄二）
『戦後日本の女性政策』（居神　浩）

▶技術・労働と経済・分配構造
『現代日本の分配構造』（平地一郎）
『工作機械産業の職場史 1889-1945』（岡崎孝広）
『〈労働の人間化〉への視座』（篠原健一）

▶個別紛争処理と労使関係
『労使関係のノンユニオン化』（平木真朗）
『個別労働紛争処理システムの国際比較』（秋元　樹）

● 今日における就業構造の変容

小杉礼子編

『自由の代償 フリーター──現代若者の就業意識と行動』

日本労働研究機構，2002年12月
196頁，2200円

周知のように，近年多くの若者がフリーターと呼ばれる働き方をするようになり，官民を問わず大きな関心事となっている。平成15年国民生活白書によれば今では417万人がフリーターだという（ただしこの数字には「働く意志のある無職の人」が含まれている）。フリーターの定義自体が必ずしも定まっていないが，通常はパート・アルバイトなどの雇用形態で働いている若年層を指す。残念ながら現状ではフリーターをはじめとする多くの非正規雇用のあり方が，労働条件の低さにくわえ，将来へのリスクが大きく，実際に職業能力の蓄積にもつながりにくい。このような働き方を選ぶ，あるいは選ばされる若者が増加しているという現実をどう考えるべきだろう。

こうしたフリーター問題をテーマとして，「教育と労働の接点」という領域で手厚い実証に基づいた現状分析と提言を行っているのが本書である。データの出所となっているのは，旧日本労働研究機構（現労働政策研究・研修機構）に設けられた「若者の就業行動研究会」チームによる，1999年から2002年までの調査成果（1999年の若者たちに対する「ヒアリング調査」，2000年の首都圏高校生への質問紙による「高校三年生調査」，2001年都内の若者を標本抽出し

た「都内若者調査」，総務省データを再分析した「就業構造基本調査再分析」の4つ）である。なお上記4調査のうち「就業構造基本調査再分析」をのぞく3調査の標本が首都圏に偏在しているが，フリーター自体が大都市に集中して存在している事情にかんがみれば無理のないところか。

ではまず本書の概要の紹介から（「序」は省略）。第1章（小杉礼子・堀有喜衣「若者の労働市場の変化とフリーター」）では，フリーターの増加が非正規労働への需要に規定されていること，フリーターからの離脱は困難化しつつあること，企業から自立した「新しい働き方」としては萌芽的であること，などが示されている。第2章（小杉礼子「学校から職業への移行の現状と問題」）では，フリーターにとって正社員への移行はさまざまな困難をともなうことが明らかにされ，アルバイト・パートと正社員の均等待遇や若年者の企業外における職業能力の形成が提言されている。

第3章（上西充子「フリーターという働き方」）では，フリーターが従来型の新規学卒就職システムに「つまづき」や「夢追い」などの結果収まりきれないでいる点に焦点をあてる。フリーターが現在の仕事を継続するほど，フリーターからの離脱が困

155

難になるため，適切なガイダンスや支援などを必要とする。第4章（下村英雄「フリーターの職業意識とその形成過程――「やりたいこと」志向の虚実」）によれば，フリーターの職業意識として「やりたいこと」があるのが「良いフリーター」とされている（その逆もいえる）という。そして現実の自分（フリーター）が「良い」進路を目指せないのに積極的な進路選択を強いられているため，進路選択の自発性を過度に強調せざるをえなくなっている，との解釈が示される。そして，大人から若者たちに対し職業選択の社会的な意義・公的な側面を伝えるべきと説く。

第5章（中島史明「1990年代における高校の職業紹介機能の変容――初回就職形態に見る高校から職業への移行の多様化」）は，伝統的に新卒就職を標準型としてきた高校の職業紹介の役割変化を指摘し，学校教育から離れた後の若者の仕事への移行支援システムを提言する。第6章（堀有喜衣「高校生とフリーター」）では，高卒の若者の価値観に注目し，＜学校を通じてより高い社会的地位を達成する＞という学校的価値を受け入れない層が登場しているが，かれらを「忘れられた者」にしてはならないと指摘する。第7章（耳塚寛明「誰がフリーターになるのか」）は，昨今の社会的関心事である階層化の観点から，1990年代後半以降の高等教育拡大は進学格差の縮小でなく，階層間格差の拡大に寄与したという。高卒者の就業機会は「社会階層」との関連が強まり，低階層の人々は進学拡大の恩恵にもあずかれない。ここでは「職業社会と教育社会の狭間にさまよい出ていく者たち」という印象的な言葉が使われている。

第8章（本田由紀「ジェンダーという観点から見たフリーター」）によれば，同じくフリーターであっても，男性フリーターが本人の客観的階層条件の不利さから生み出されている一方で，女性フリーターは社会のジェンダー状況から生み出されている。また男性フリーターは主観的位置づけが自他ともに低い一方で，女性フリーターは経済的依存を前提にしている。そして結婚という選択肢を認識するゆえに，フリーター女性はフリーター男性を結婚相手として拒絶する。「その切り捨て方の冷酷さはあきれるほどである」（本書168頁）。

第9章（高梨昌「日本経済の変貌と若年者雇用政策の課題」）では，労働経済学的に戦後日本の経済システムをモデル化したうえで，現状での構造変動に対応するべく，技術教育の重視，若者の適職発見機会（インターンシップやトライアル雇用など）創出，「青少年雇用促進法」の立法化などの提言を行っている。

さて本書の読み筋はいくつかあるだろうが，ここでは評者なりの関心から2，3点についてコメントしておきたい。まず，本書の分析や提言もあずかってか，最近各地に設けられている「ヤング・ジョブ・スポット」（雇用・能力開発機構による若者向け支援の場）の設置や，2004年度から行われる「教育連結型実践訓練システム」（ドイツにならって公的職業教育と企業での就業を組み合わせたもの）など，若年者雇用問題に焦点をあてた政策がいくつか具体化している。そうした政策のもたらす成果を多面的に評価しなければならない。そ

れによって本書の知見に対してもさらなるフィードバックが期待される。そうした政策評価が今後の研究課題の一方向といえよう。

つぎに，フリーターが多く語る「やりたいこと」という論理についてであるが，昔なら「やりたいこと」をやって生きていけるのはおおむね上流階級の子弟であっただろう。現代日本では相対的に貧しい層のはずのフリーターがこうした言葉を使って自己の現状を正当化する。こうした事態は一見逆説的だ。「やりたいこと」など簡単にみつかるとはかぎらないし，みつかってもそれを生業としていくのは大変だが，あえてフリーターたちがそうした課題をみずからに求めるのは，それ以外に仕事の社会的意味づけを語る論理がみあたらないからではないか。この論理は多くのフリーターたちを実質的に出口の見えない迷路に追いこんでいる。この点で，本書でも指摘されているように大人の側の果たすべき責任はすくなくない。まず人生における職業選択の問題と自分探しの課題は一応区別される必要がある。そのうえで，人が社会の中で連帯して職業にたずさわることの意義をもって，若者の「やりたいこと」論理におきかえていくべきであろう。

最後になるが，本書の「自由の代償」というキーワードについて。この言葉は「序」のなかでつぎのような意味が与えられる（本書3頁）。「無業やアルバイトで就業している若者は，望んだ結果か否かを問わず，「自由」な時間を多く持ち，正社員に比べて「自由」だと感じている。一方で，新規学卒就職というレールを踏み外した代償は，かれらの今後に大きく陰を落としている。ただし，「代償」は個人としての若者以上に，社会の側が支払うことになる。」「だからこそ就業行動の変化を個人の問題と切り捨てることはできず，社会的な対応が必要なのである」と。つまりこの視角がとらえようとするのは，フリーターの「働き方の自由」をめぐる個人的ならびに社会的帰結である。そうした「働き方の自由の代償」は若者たち個々人に回収されない社会的側面があるゆえに，社会的な対応が必要とされる。

しかしフリーターを使用する側の責任，つまり経営者側の「働かせ方の自由の代償」についても，本書のなかでもっと明確に指摘してよい。そもそもフリーターに象徴されるような雇用の「多様化」や「流動化」を積極的に推進しているのは経営者サイドである。それら個別経営や個別産業にとってミクロ／短期的に合理的なフリーター雇用（ひいてはさまざまな非正規雇用）は，合成の誤謬による結果としてマクロ／長期での不合理な社会的帰結をもたらすことがありうる。企業競争力や産業競争力強化を念頭においた雇用の流動化がかえって意図せざる国力の衰退をまねくというメカニズムを示すことは社会科学の重要な役割である。こうした役割を果たす研究によって，本書でなされている分析や提言の意義と限界がよりいっそうはっきりするのではないだろうか。またこうした視点をもたなければ，フリーター対策に投入される税金の支出を，雇用の流動化を推進した直接の当事者である経営者サイドがフリーライディングすることになりかねない。そ

III 書評

れでは彼（彼女）らに誤ったシグナルを送ることになり，責任倫理の面でも好ましくないのである。

（西日本短期大学　福井祐介）

玄田有史・中田喜文編
『リストラと転職のメカニズム──労働移動の経済学』

東洋経済新報社，2002年10月
294頁，3000円

はじめに

まず，書評をはじめるにあたって，評者の評価の視点を若干示しておかなければならない。

まず，本書諸執筆者と私との間には共通の問題対象領域に対して，これに取り組む際，経済学方法上の違いがあることを指摘しておこう。それは，問題の立て方，解を求める方法のいずれにおいても，計量的手法，近代経済学的手法をとっており，これによって導かれた解がどのような経済主体にとって有効であると考えられているか，等に関してかなりはっきりした違いがある。というよりも，ずれがある。高島善哉氏の表現を借りれば，「方法態度」の違いといったほうが適当かもしれない。

第2に，事実認識についても違いがある。もちろん，経済現象にとどまらず，事実認識に人々の間にずれがあることは，何の不思議もない。しかし，たとえばリストラに関し，その背景，形態，抵抗等のどこに焦点があるか，何を問題と認識するかについて相違が大きいのである。たとえば，東京新聞2004年4月1日(夕)の『大波小波』とい

うコラムが，玄田有史，村上龍，藤原和博3氏の鼎談（『週刊ダイヤモンド』3月13日号）における玄田氏の「『終身雇用や年功序列が崩壊し，多様性や格差が当たり前となった』と捉えることに『欺瞞性』を感じてしまう」という感想を述べている。この事実認識に関する相違が，どこから来るかを論じるのは本稿の趣旨ではないが，そこに問題認識自体が，時代投影を踏まえた世論誘導的政策主体（たとえば政府・財界など）の役割を担った「見えざるフィルター」がかかっているように思える。それは評者の錯覚かもしれない。

第3に，したがって評者が誤解，無理解が生じているかもしれない，にもかかわらず，書評をあえて行ったことを恐れるところがある。しかし，書評を引き受けてしまったのだから，いまさら引くわけにもいかない。

第4に，さらに本書は共同作業の成果であり，各章の執筆者がリストラに対して，独自にまとめたものである。この関係もあり，本書全体が一貫するシナリオがないため，取り扱いにくい。執筆者側からいわせれば，全体評価抜きの，断片的批判と受け

止められることになる確率は高くなると思われる。そのようなことをできるだけ避けようと思うが、結果的には恐れたことが起きているかもしれない。その際は評者の無力の結果であるから、ご容赦をいただきたいものである。

1 本書の概要

本書は、「はしがき」にも触れられているとおり、2001年11月に3日間開催された「第9回労働経済学コンファレンス」において報告された論考の査読済み論文集である。コンファレンスは雇用・能力開発機構、(財)統計研究会、(財)関西社会経済研究所の支援および論文のいくつかは内閣府経済社会総合研究所労働経済ユニットの分析成果を踏まえたものである。したがって、政府の雇用・失業政策に対して積極的コミットメントを組織的かつ系統的に進めてきた結果を表現していることを示唆している(「はしがき」参照)。

本書全体は、11章、1補論から成り立っている。

序　章　「リストラ」と「転職」の新たな視点
第1章　雇用削減行動と株価
第2章　リストラ中高年の行方
第3章　中高年の転籍出向における成功要因
第4章　正規従業員の雇用削減と非正規労働の増加
第5章　希望退職の募集と回避手段
第6章　年功処遇と雇用
第7章　転職のメカニズムとその効用
第8章　失業給付によるモラルハザード
　　　　：就職先希望条件の変化からの分析
第9章　失業者の再就職行動
　　　　：失業給付制度との関係
第10章　雇用機会と労働の流出入
第11章　若年失業の再検討
　　　　：その経済的背景
補　論　図でみる雇用調整と失業

これらの諸章において何が「普通」であり、何がそうでないのかについて「正確な知識」を得ることを目指した作業を心がけている。この方向に沿い、各章は常識を疑い、改めて「常識」を「事実」に沿って吟味し、信頼されるデータを捕まえ、客観的分析によって適否を判断するという立場を貫いているという姿勢でまとめている、ということである。以下その成果をみてみよう。

第1章では雇用削減が前向きな「攻めのリストラ」が増えていたが、最近では雇用削減の中身や方法によってばらつきがみられ、リストラは株価上昇につながっていない（成果があがっていないこと、「攻めのリストラ」の不足傾向のことを指摘しているようにも解釈できる）ことを指摘する。

第2章では中高年のリストラ、再就職問題が増加している。「自己責任」による能力開発促進では転職は難しい。第3章では本人の性格、個人が備える特有な能力（「ビッグ・ファイブ：外向性、情緒安定性、開放性、誠実性、調和性）が望ましく、「無口,」「暗い」、「人嫌い」、「無愛想」、「地味」などのネガティブな性格では雇用確保戦での勝利は無理で、さらに本人の人的ネットワークを豊富にもたないと、再就

職,転職はおぼつかないという。そうかもしれない。だが,こんなことは昔からいわれていたような気もする。

第4章ではパートの増加は,正規社員の雇用の代替関係が成立しない,調整スピードの低下の影響を上回るだけの大幅売り上げ減少,正規社員の人件費高騰の結果であると指摘している。パートの増加は,正規の減少と無関係だというのだろう。本当だろうか。

第5章では配置転換,出向,賃金切り下げによっては,希望退職が回避できないことを指摘する。希望退職が不可避で,「自然現象」で「回避」できないならば,配転,出向,賃下げは「独自の効用」をもつ。ゆえにリストラ進行に不合理はない,といいたいのだろうか。

第6章では年功的処遇が雇用を不安定化するより安定している傾向があると指摘する。これは,雇用の不安定化を年功的処遇拡大により抑制するという政策的含意だとすると,それは確かにそうかもしれないと思える。

第7章では仕事と求職者のマッチング,離職理由,準備期間等により転職のベネフィットが異なるという。

第8章では失業保険給付期間の延長は,希望賃金水準を高止まりさせることを指摘し,第9章では失業保険給付延長は給付終了直前の「駆け込み」就職までの期間を延ばし,失業期間を長期化するという「弊害」「あまえ」を示唆する。

第10章では雇用の増減と雇用の創出・喪失とを区分する必要を強調し,雇用機会の再配分を含んだ大きな新陳代謝減少が存在すると結論する。

第11章では若年層の雇用・失業問題の常識,深刻度の低さ,頻繁な転職,定着意識の低さとは逆に,強い「粘着性」,失業の連続性という「世代効果」の危機の存在を指摘する。基本的に中高年との置換効果に着目している。

2 若干のコメント

上記のように本書の各章は独立したものではあるが,現在生じている雇用・失業問題をマクロ,ミクロの双方の視座を織り交ぜながら,興味ある,ユニークなレトリック,トピックを展開する。それぞれの結論への論証も,近代経済学的手法で結論を導くべく,常識への疑問,解決に向かう仮説,データ処理,「科学的検証」というパターンに関し,共通する。以下若干のコメントないしは,「ないものねだり」をすることにしよう。

①まず本書を一括すると,仮説から検証にいたる論理展開が企画された通り,共通パターンをもつ。ただし,各章の論点とそれを証明しようという課題に関し,それぞれ「因果関係」が明らかにされたのか,あるいは「相関関係」が明らかにされたのか,必ずしも明確でない。因果関係とすると,たとえば株価とリストラの相関関係が認められるとしても,この関係における検証はどうしても因果関係を論議しなければならないはずである。これらが吟味されていない。こうした記述がことのほか多い。

②データ処理により結論を導くだけに,数量的に一定の誤差をもつものに「相関関係」の存在を是認できる事項も少なくない。

慎重に論じられてはいるが、ここから示唆される政策方向には、疑問点も少なくない。特に、出向が少ないとの共通認識を示している第2章、第3章では出向問題の取り扱いにおいて出向させる要因と受け入れる要因との相互関係、たとえば企業集団の労働市場をはじめ系列、下請け企業の経営分析や雇用問題との関連を指摘しておきながら、原因と結果とが交じり合って計量的実証等が部分現象には適応できても、全体展開になると説得的でない説明に陥っているように思われる。

③さらにモデル構築方法をとるので技術的制約が生じるのはやむをえないかもしれない。労働と機械との代替関係、外注・アウトソーシング、派遣労働などにおける取引コスト、生産コストとの連関、さらに労働力の供給要因が無視される。そのためにかえって現実の企業行動の問題点や常識批判の有効性をリアルに分析できるようには思えない。もちろん数量的関連、計数的認識の重要性を無視するものではないが……。

④常識批判とモデル構築の間に「仮説構築」の有効性の吟味などを行い、事前の検討を加えることにより、数量解析の「科学性」がより増すように配慮できないものだろうか。たとえば、非定型労働と定型労働との代替関係分析においても熟練要因とともに教育・訓練コスト視点は無論必要ではあるが、さらに多様な要素を考慮し、普遍的熟練要素の比重というか、諸要素の実体的位置の確認作業が必要ではないだろうか。

⑤労働市場を経済学的に分析するのであるから、コスト要因に企業のコスト、利潤等が配慮されることは当然としても、教育・訓練、失業保険にかかわる労働者の生活・訓練・学習等のコスト問題がまったく無視されている。これはどの章にも共通している。この視点、労働者生活コストの「捨象」が貫徹している。したがって、「転職」を捉える方法が企業経営問題における人的資源論に限定された狭い枠で処理され、市場における経済主体としての労働者のコスト負担や精神的努力、市場における労働者間競争力維持のコスト問題が消えてしまう。

⑤グローバリゼイション化している今日の市場経済において、特に世界市場にかかわる大企業の製品市場、労働コスト、資本コスト等の世界経済、国際競争要因をほとんど無視している。賃金水準の運動は、資本移動、ロジスティックス戦略等に関する国際要因が現実を突き動かし、これが今日の雇用・失業構造とその変化に大きな作用を与えているように思われる。もし、こうした問題を考慮すると、常識批判の鋭さと政策的説得力がさらに増すのではないかと思われる。

む　す　び

注文だけを申し上げることになってしまったかもしれない。だが、基本的に本書のようなデータを基礎にした論議を、もっと活発に行うことにより、定性的分析領域の研究にも活力をもたらす効果があると思われる。特に第11章のように若年者の雇用改善には中高年齢者の「阻害」要因説が登場し、年金問題に近い「時代の雰囲気」を感じたが、これらを冷静に論じるためにも理論的枠組みとともに、政策論議を有効に

III 書　評

行うために計量的，計数的解析の重要性を理解する手がかりを得ることができるように思われる。もとより小生が考慮する政策方向はこれら各章とは異なるかもしれない

が，自由な論議を押し広げなければならない時期であることを感じる。

（日本大学　永山利和）

脇坂　明著

『日本型ワークシェアリング』

PHP 新書，2002年 5 月
208頁，680円

　本書は，失業率の上昇への対応としてワークシェアリングの導入議論が活発になるなか，海外の諸制度を紹介してきたこれまでの研究段階を一歩すすめ，日本の「仕事，職場に即したワークシェアリング」の検討を行い，「仕事そのもの，あるいは仕事のやり方を少しでも変えていくためのワークシェアリング」＝「日本型ワークシェアリング」を展望しようとするものである。

　以上の試みについて本書は，まずワークシェアリングが必要となる根拠（第 1 章）と雇用・失業情勢の推移（第 2 章）を説明したうえで，これまで議論されてきたワークシェアリングを 4 つの類型において把握する（第 3 章）。ひるがえって日本のワークシェアリングをめぐる議論とそれに向けた取り組み，課題を示し（第 4 章），最後に日本型ワークシェアリングの展望，それを実現する施策について明らかにしている。

　本書における「日本型ワークシェアリング」とは，一般的な雇用維持や雇用創出に限定されるものではない。それは，女性と高齢者中心に短時間勤務を可能にするような「多就業促進型」ワークシェアリングであり，雇用形態の多様化の促進による社会全体での雇用の分かち合いなのである。以下，本書の主張をより詳しくみたい。

　1990年代後半以降，労働をめぐる主要な特徴は，正規社員の減少と非正規社員の増大である。筆者は，「1990年代末からの失業増は，企業が必要以上に労働者を離職に追い込んでいるのではないか，と考えさせられる」とし，事態の深刻化に対する「処方箋」としてワークシェアリング手法の採用を提起する。

　ワークシェアリングとは，労働時間の短縮を基本的方法として，新たな仕事の増加がないもとでも雇用機会を拡大する方策である。このような定義を前提に本書は，ワークシェアリングを，目的，背景，仕事を分かち合う当事者，手法，賃金額減少の有無などを指標に，I「緊急避難型」，II「中高年対策型」（この 2 つは「雇用維持型」としてまとめられる），III「雇用創出型」，IV「多就業促進型」の 4 つに類型化

する。

現在、失業率の高騰への対応としてⅠ～Ⅲのワークシェアリング導入が検討されているが、本書が重視するのは次の点である。すなわち、失業対策として行われるワークシェアリングの導入は、職場においては正規社員と非正規社員の均等処遇問題を発生させることになる。さらには短期勤務や積極的休業など労働者の働き方に対する多様な要求を媒介に「多就業促進型」ワークシェアリングの必要性が増大する。「多就業促進型」は、企業にとっては、従来、定年や結婚、出産などによって失われていた高齢者や女性の技能を再び職場に引き戻すことができ、生産性の確保・向上につながる。さらに働き方への多様要求に対応して勤務の仕方や雇用形態の多様化を促進し、就業者と失業者さらには専業主婦や高齢者など潜在的労働者との間で仕事を分かち合い、そのことで雇用機会を拡大することにもなる。また、特に女性の側における各ライフステージに対応した働き方の多様な選択は、男性正社員の働き方の変革へもつながるものである。

このような意味で仮にⅠ～Ⅲを短期的、消極的ワークシェアリングであるとすれば、Ⅳの「多就業促進型」は、労働力不足時代に対応し、「性別や年齢に関係なく能力を発揮できる社会を構築する」長期的、戦略的なワークシェアリングであり、前者の限界を克服するという点で後者が積極的に位置づけられる。本書が「多就業促進型」を強調するのはこのような理由からである。

「日本型ワークシェアリング」という構想はおおむね以上のようなものであるが、この構想が現実化するためには、具体的にはどのような施策と手順が必要とされるのだろうか。

第1に、雇用調整助成金など現行制度を、多様就業促進の手段としても積極的に利用するということである。第2に正社員とパートの処遇格差解消のために、2つの働き方の間に「より拘束性の少ないフルタイムの働き方とそれに応じた雇用保障や処遇」を組み合わせた「中間形態」を設定することである。このような「中間形態」の設定は、「柔軟で多様な働き方の実現」のための第一条件、多元的な雇用システム実現の第一歩となる。第3に、多元的雇用システムを機能させるうえで、「仕事と処遇の関係における公平性」を確保することが必要となる。すなわち、「個人」を単位とした「働きに応じた処遇」を実現し、従業員の側での「納得」を調達しなければならない。第4に、総じて多元的雇用システムの形成と個人単位の処遇の実現によって、フルタイムとパートタイム、補助的役割と基幹的役割を「ライフステージに応じて柔軟に行き来できる連続的な仕組み」が形成されることになる。このような内部労働市場の改革、たとえば育児休業制度における短時間勤務制度の形成は、外務労働市場への影響を媒介に、働き方全体の変革にもつながるということである。

ところで本書は、日本型ワークシェアリングにむけた対応として、「ファミリーフレンドリー」の重要性を強調している。すなわち「多様就業促進型」ワークシェアリングは企業からすれば多様化の時代である21世紀のあるべき人事労務管理システムで

あり，その実際の担い手，活用されるべき有用な資源は女性なのである。したがって，このような人事労務管理システムを拡大するうえで政府，労使は環境整備を行う必要があるが，この場合のキータームとなるのが「ファミリーフレンドリー」ということになる。特に日本の場合は，「ファミリーフレンドリー」抜きの男女均等が推進された結果として男女を問わない競争が激化する事態が生じており，その限界から企業は自らの組織文化を革新すること，すなわちファミリーフレンドリー度を高めざるをえないことが主張され，「ファミリーフレンドリー」であることについて企業のイニシアチブが求められている。そしてこのようなファミリーフレンドリー施策は，少子化問題の解決にも連関する育児休業制度の定着と実質にむけ，一方でそれを阻害する要因を除去し，他方でそれを促進する施策を充実させる，という形態で進行する。

以上，本書の主張を限られた範囲で述べてきた。ワークシェアリングをめぐる議論は，本書公表後1年を経て，熊沢・久本両会員から類書が出版されており，それらを踏まえて評価すべき多様な論点があるが，ここではワークシェアリングの「日本型」ということに絞って簡単にコメントしておきたい。

本書での主張点は，この厳しい雇用情勢のもとで，「緊急避難的」ワークシェアリングの議論を通じて，新しい「日本型ワークシェアリング」の可能性が開けるという点にある。しかし読後の評者の感想として率直に感じる点は，「緊急避難的」とされるワークシェアリングの実現性さえ難しく，そのような結果として日本においてはまさに「日本型ワークシェアリング」しか問題になりえないような状況に対する焦燥感である。

熊沢会員も述べるように，欧米のワークシェアリングは，雇用機会を分け合うという連帯思想の伝統が存在し，さらに労働条件悪化に対する組合規制を背景とするものであった。このような条件のもとで，ワークシェアリングは，一方で正社員における時間短縮を行い，他方で雇用形態の多様化の過程で起こりがちな雇用の質の低下を阻止しながら，総じて雇用の確保を実現したものと思われる。

ところが日本においては，連帯思想の薄さおよび労働条件決定に対する規制力の弱さのなかで企業社会とよばれるほどの企業側主導の労働条件決定が行われており，そのなかで正社員の一律的なワークシェアリングは実現困難な状況にある。そしてその結果として，ワークシェアリングについては，「雇用の多様化」という流れにのり，企業側から人事・労務管理上も許容範囲内にある「多就業促進型」が，主として議論されるという状況にあるのではないか。

確かに働き方の多様性に対する要請を背景にもつという意味で「多就業型」は，新しい時代の広範なニーズを含むものであるが，これにしても働くものの側での連帯思想と労働条件悪化への規制がないもとでは，企業にとって必要なものにとってのみの「均等待遇」にしかなりえないのではないか。むしろ，多くのものにとっては労働条件の改善のない「細切れの労働」にしかならないのではないか，このような疑問が率

直なところである。

　厳しい不況と失業率の高騰というなかで，それへの対応としてのⅠ～Ⅲのワークシェアリングが短期的戦略と，この短期戦略をめぐる議論からⅣの長期的なワークシェアリングの必然性，その重要性が議論されるという点が本書の構成上の特徴であると思うが，問題はいわば現在の情勢のもとで一律的な労働時間短縮によるワークシェアリングが進まない，すなわち「短期」とされる戦略がそれほど効果を上げえない日本社会の構造にあるように思う。そしてこのことは，本書が主張する「日本型ワークシェアリング」の実施においても多くの働くものに影を落とさざるをえないのではないだろうか。

　以上，読後の感想の枠を出ていないのであるが，熊沢・久本両会員の研究の公表も得て，よりつっこんだ議論が行われることを期待して紹介の結びとしたい。

　　　　　　　　　　（愛媛大学　丹下晴喜）

III 書評

●雇用・失業政策と社会福祉

布川日佐史編著

『雇用政策と公的扶助の交錯
——日独比較：公的扶助における稼働能力の活用を中心に——』

御茶の水書房，2002年2月
335頁，6500円

　日本の生活保護法と対比されるドイツの公的扶助制度の根拠法は「連邦社会扶助法」であるが，本書は後者における現在の運用の一側面に焦点を集めることによって，前者への今日的な問題提起をしようとするものである。主題とされるのは失業に起因する貧困に対する社会扶助法のかかわり，具体的には稼働能力のある要扶助者への「就労扶助」についての解明である。

　本書が編まれる機縁となったのはブレーメン大学の研究集団との交流であった。交流は著者たちが現在ドイツの公的扶助制度への視点を定める上でも決定的であったと思われる。同研究集団は94年末に，「ブレーメン社会扶助サンプル時系列調査」の注目される成果を発表していた。同調査（第1次83-89年，第2次89-94年）は，社会扶助の受給者の流入と流出には強いダイナミズムがあること，1年以内の短期受給がかえって大勢で，その後は再び自助に向かうことを立証し，流布される「貧困の罠」論への反証を提起していた。ダイナミズムは稼働能力者が受給者中に高い比重を占めることを示す。本書が「就労扶助」に注目し，「雇用政策と公的扶助の交錯」をそこに見ようとしたのは，この調査研究に触発されてのことであったと思われる。

　本書は9名のメンバーによる学際的共同の成果である。編著者の序章と終章を配して本論を5部・9章で構成し，さらに巻末に「解説及び資料」を付した350頁に近い労作である。「解説」では社会扶助法（現行法は1961年以来）の概要が，1924年法以来の歴史的経過を踏まえて指摘され，さらに社会（福祉）事務所の構成と職員，とくに専門職員の養成課程の現状が紹介される。日独対比の言及もあり，主題への入り口として読むことができる。

　さて80年代以降の大量失業の持続，90年代に入っての不安定就労の加速度的増大，これに起因（失業手当，失業扶助の相次ぐ削減も加わっての）する公的扶助の対象・機能の変化（受給者増と稼動年齢層の比重の急激な高まり）。この変貌の今日像を「就労扶助」の展開に見ようとするのが本論の中心課題となる。まず就労援助の前提となる生活保障給付の現在の仕組み（「重層的セーフティネット」）が社会扶助法以外の法制も含めて明らかにされ（序章，1章，2章），続く第3章は本書の中心部分といえるが，公的扶助の一環に組み込まれた積極的雇用政策＝「就労扶助」の課題と

その実施状況が詳しく展開される。「交錯」と言われたことの実態がここに示される。

4・5章では，扶助法18条1項「稼働能力活用義務」と25条1項「給付制限」の法理が判例研究として明らかにされる。稼働能力が生活扶助の実施要件として，収入・資産と基本的に同視されるものでないこと（4章，同じ指摘は2章にも），給付制限に関わる「期待可能な労働」の位置づけも職安行政でのそれとは自ずから異なること（5章）が示される。次いで第6章は社会給付費をめぐる自治体財政の分析にあてられる。給付費の累増が他の支出項目の抑制，時に絶対減を招いている実態，その改善の動きの中での就労扶助の位置づけ，さらには労働行政（職安）と福祉行政（自治体）の連携強化の動きなどが指摘される。

生活保障と就労支援の多様性を示す事例としてホームレス（広義）および障害者・障害のおそれある者の場合が紹介される（7・8章）。前者では居住の保障から就労援助への筋道が社会扶助法によって秩序立てられていること，後者では当事者のニーズに応じて多段階のシステムが築かれていることが示される。

9章は社会扶助行政の現地調査（98年）の概要報告である。選ばれた6都市でのヒアリング調査からの例示が，行政機構の態様，専門職員の位置，生計扶助・就労扶助の運用実態などを生の声として伝える。主題の底流となったものである。

終章では日本の現行生活保護行政の「改善課題」が主題にふりかえっての編著者の「私見」として提起される。「日本版の就労扶助」を「時限立法や生活保護法外の臨時対策でなく，生活保護法内の恒常的制度に位置付ける」ことが，担い手としての自治体の在り方と合わせ改善の支柱として提案されている。

副題にもあるように，本書は日本の生活保護制度の現状を踏まえ，その改善課題の摘出を含意したドイツ研究である。彼我の落差，編著者の評言によれば「敷居」の高低を，各章・各担当者がこもごも問い直す叙述がとられている。研究交流で深められた独自の比較研究として本書の意義は大きいと思う。「就労扶助」という公的扶助の在り方が，本書のように包括的に示されるのは日本では初めてではなかったか。「はしがき」には次のようにある。「本書は就労扶助に着目することで，失業者・稼働能力ある要保護者への対応が日独間で大きく異なっていることを鮮明にする。……生活保障給付を制限し，就労援助も不充分な日本と，生活保障給付を行いながら，福祉政策として雇用の場を創出し就労援助の努力をしてきたドイツという違いである」。時機を得た問題提起といえる。

さて主題に内在しては，なお問い直したい論点が残った。ひとつは大量失業にかかわってのいわゆる東西格差についてである。保護率，貧困の出現率，あるいは防貧効果など社会扶助の次元で格差は逆の現れ方をしているように見えるが，それはなぜだろうか。いまひとつは「就労扶助」の評価に関連する。「労働市場への統合」にたいするそれのいわば「寄与率」をどのように評価すべきだろうか。「序章」では「社会扶助の機能変化」の一側面として「低賃金雇用創出機能」が挙げられ，この機能が「期

待され」ているとされたが，それはどのような意味でだろうか．本書の主題ではないとしても，大量失業を与件とせず，それに立ち返っての指摘がほしかったところである．

日本の現状に関しては，「緊急地域雇用特別交付金」制度の評価の問題があるように思われた．この制度にふれては次のように言われている（終章）．「こうした部分的な対策はとられるものの，失業者とその家族の生活を支えるという課題は，現在の労働市場政策の論理からはでてこない」．「部分的な対策」とされたものを積極・消極のいずれに位置づけるかが，やはり課題として残るように思われる．失業対策の戦後経験として，失業保険と失業対策事業の対応があったことが想起されるのである．

本書の主題の域を超える問題ではあるが，02年9月に発足した第2次シュレーダー政権（社会民主党と緑の党の連立）は，社会保障制度全体の「抜本改革」を内政の最重要課題として強行する歩みを続けている．02年8月の「ハルツ委員会報告」（労働市場・労働行政），03年3月の首相の施政方針演説「アジェンダ2010」，同じく8月の「リュールプ委員会報告」（年金・医療・介護）がその「改革」の見取図となっている．本書の主題に接合する見取図の部分としては，「重層的セーフティネット」，「三重のセーフティネット」と本書で言われた仕組みの解消が最大のポイントとなり，それは失業手当給付期間の大幅削減とともに，03年末に法制化にまで進んでいる．稼働能力者の社会扶助が失業扶助と統合されて，税を財源とする「失業手当Ⅱ」とされ，基本的には「連邦雇用機関」（連邦雇用庁を改組）の管理下に置かれることになる．社会事務所における生活扶助は「社会手当」に限って存続する．

ところで「アジェンダ2010」の路線での法制化は，「ハルツ委員会報告」の立場・約束を破るところまで進んだ．失業扶助と社会扶助の統合を給付削減に結びつけないという「報告」の立場は，成立した法律（ハルツ第4法）では貫かれなかった．従来の失業扶助が給付額を失業前の賃金額にリンクさせていたのに対して，「失業手当Ⅱ」のそれは「社会手当」の扶助基準率と同等とされ，またその基準率は年金給付の変動にリンクするものとされた．この年金給付額は，さらに「リュールプ委員会」の提案によれば，いわゆる「持続性係数」（主要には保険料納入者と年金受給者の比率）によって年ごとに調整するものとされている．一方，「失業手当Ⅱ」の受給者の就労促進については，「期待可能性」原則の適用が強化される．

雇用政策をめぐって「交錯」する労働行政と福祉行政の直近の流動的な関係については，本書でもすでに言及されていた．「序章」では「負担の押し付け合い競争から，協同へ」の「試行」（「職安と社会扶助実施主体の連携強化に関するモデル案」）が始まっていると指摘された．第6章ではさらに，この試行の意義を認めながらも，ひとつの「留保」を行なっていた．「社会事務所と職安の連携が，社会扶助と失業扶助との統合につながりかねない様相を呈してきているから」だとし，次のように述べていた．「仮にこうした動きが失業扶助制

度の廃止につながることになれば，ドイツは失業における三重のセーフティネットのひとつを失うことになる」と。今次の「ハルツ第4法」はこの「留保」の現実化へと進んだ。

「ハルツ第4法」の実施は05年1月を予定する。「失業手当Ⅱ」の受給者は当面約300万人，うち社会扶助関係は約100万人と積算されている。いまや「最後のセーフティネット」となるこの扶助制度が，失業者の雇用保障と生活保障について本書が定礎したところをどのような連続と非連続のもとで受け継ぐか。今後の動向に注目したい。

（中央大学名誉教授　島崎晴哉）

橘木俊詔著
『失業克服の経済学』

岩波書店，2002年6月
205頁，1600円

本書のテーマは，『セーフティ・ネットの経済学』（日本経済新聞社，2000年1月），『ライフサイクルとリスク』（東洋経済新社，2001年9月），『安心の経済学――ライフサイクルのリスクにどう対処するか』（岩波書店，2002年3月）など一連の著者の著作に通ずるものである。その中で本書は，失業問題についての理論を全面的に展開させたものである。平明な文章で語られ，各章に「まとめ」がつけられ，誰にもわかりやすくする工夫が施されている。全体は以下の10章で構成されている。

第1章　失業する人は誰か
第2章　失業率はなぜ高くなったか
第3章　失業の経済学
第4章　失業保険制度の充実を
（現行制度は「雇用保険」である。）
第5章　危険なインフレ・ターゲッティング―デフレ対策をめぐって
第6章　ワーク・シェアリング
第7章　豊かさを分かち合う精神を
第8章　望ましい労使関係を求めて
第9章　企業活力強化に向けて
第10章　失業を減らすための政策

各章ごとに紹介する紙数はないので，全体の主旨を紹介しながら書評させてもらうこととする。本書で追求される課題は，失業を克服すること，より具体的には失業者数を減らし，失業率を下げることである。その意義は以下のようにまとめられている。①失業者は，人的資源のロスとなる。②勤労意欲のある人に職のないのは大きな社会的損失である。③生活苦が一度に押し寄せてくることになる。④失業保険給付によって所得保障をするよりも，働くことによって所得を得る方が社会への貢献度は高く，人的資源の有効利用になる。⑤勤労意欲の低下で労働者の生産性を下げる。⑥生活不

Ⅲ 書 評

安が，人を異常な行動に走らせ，犯罪に至ることもある。⑦仕事をしない期間，労働技能を失う（第10章）。

失業率を下げる具体的な方法として，失業保険（第4章），ワーク・シェアリング（第6，7章），企業活力の強化（第9章）があげられている。

第4章の失業保険では，給付期間が短いことを問題にし，将来的には保険料負担は事業主だけにして，給付対象は非自発的な失業に限定することを提案し，当面は保険料率の引き上げを労使で認めるべきとしている。給付期間を長くすることは，失業者数を減らすことに直結しない。失業保険の充実を失業者数の減少とどう結びつけるか興味深いが，それに対する答えは本書では見出せない。第5章では，インフレ・ターゲットにふれ，危険な副次効果もあり避けるべきとし，第9章では，企業は賃金コストの削減，企業の福祉からの撤退，規制緩和，付加価値の高い産業へのシフトなどで活性化を図るべきとしている。

結論は「失業問題は解決できる」で，完全失業者・潜在失業者を失業者とし，その数を減らすことができるとし，その根幹は①ワーク・シェアリング，②時間あたり賃金率の低下策であるとしている。失業問題の対象となる失業者について，本学会第106回大会で都留民子氏は，フランスでは失業者は単なる「不就労者」ではなく「求職者」で，それは雇用庁に登録した者であるとの報告がある。登録できる人は，例えば，月78時間未満の就労者，再就職しても月137時間未満の就労者，失業以前の賃金の70％以下の就労者などである。

フランスでは不安定就労者も失業者なのである。ともかく就労すれば失業者でなくなるわけではない。不安定就労や低賃金の仕事に再就職しても，失業者を減らしたことにならないのは，次のような事情による。劣悪な労働条件での再就職が収入の低下をもたらし，収入低下に労働者世帯が耐えられなければ，減った分を補うために，より多くの世帯員を就労させ追加収入を得て対応する。その結果，労働市場は追加収入を求める求職者で満ち，労働市場は一層深刻な労働力の供給過剰に陥り，失業問題は一層深刻化することとなる。

再就職による所得低下に労働者世帯がどのように対応するかは，労働者世帯の家計状況に左右される。経済的余裕があれば，労働市場で追加就労を求める圧力は低くなるであろうが，逆の場合は逆になる。著者は「国際比較上，既に高い賃金水準」（33頁）という前提で楽観し，低賃金と失業のこのような悪循環の分析は行われていない。

ワーク・シェアリングについて，これは豊かさを分かち合う精神で行うことが望ましいとされている。ワーク・シェアリングには雇用創出型と雇用維持型があり，前者の実現は難しいとされている。雇用維持型は，1人あたりの賃金を引き下げても解雇を防止するということである。日本で行われたワーク・シェアリングはこれで，ほとんどは企業レベルで行われ，賃金率の変化なしが特徴であるが，いまだに手さぐりの状況にあるとされている。豊かさの分かち合いの精神でワーク・シェアリングが行われた場合，「ゼロ成長率の目標でよい」（125頁）というのが著者の考え方である。

豊かさの分かち合いについては，誰と誰が分かち合うのかという問題がある。本書では，インサイダーとアウトサイダーでの分かち合いが強調されているが，労・使そしてさらに政をも含めた分かち合いが強調されても良いであろう。企業に対して，著者は賃金コストの引き下げ，福祉からの撤退，規制緩和などによって企業の活力を高めることを主張している。オランダのワーク・シェアリングを「政・労・使の3者が痛みを分かち合う政策」と評価し，「政府は労働者の所得減少を補うため，減税と社会保障負担の削減を行うし，財政支出のカットを行う」(100頁)という点を積極的に評価する著者の立場からは，労働者内部でのインサイダーとアウトサイダーとの間での豊かさの分かち合いだけでなく，政・労・使の間での豊かさの分かち合いに，もう少し大胆に踏み込んでも良いであろう。というのは，賃金コストの引き下げ，福祉からの企業の撤退，規制緩和などを企業が行うことで，労働者に起こる所得減少に対して政府がどこまでその減少分を補償すべきなのかについて明確なものを出すことが必要であるように思われる。

著者が労働者の所得補償を，それほど重視しないのは，現状についての次のような認識によるものと思われる。「低賃金に甘んじざるをえない労働者であっても，……正社員である限り，……裕福ではないが，貧困とはいえない生活ができる」こと，「働くことはそこそこの生活水準の糧を得るため，と割り切る人が」(151頁)増加しているということである。そこそこの生活水準の糧を得ること自体が困難になっているという現状把握が希薄であることが，労働者に対する所得補償に熱心でない原因になっているものと思われる。

全体として，本書の特徴のひとつとして，失業問題に対する公的機関（政府・地方自治体）の役割について，あまり触れられていない。例えば，第4章の失業保険では，失業保険制度は「100%純粋な保険制度とみなせないので，現行制度である保険料の労使折半負担比を崩すには，時間がかかる」(76頁)のは事実としても，結論を労使の保険料アップに帰着させることに疑問が残る。周知の如く，失業保険料負担は，労働者，使用者，国庫からなっている。そうであるから，少なくとも国庫負担の問題に触れるべきであろう。国庫負担は現行1／4であるが，これは決して固定的なものではない。現に，1998年まで暫定措置で，国庫負担は削減されていたし，失業保険時代の1960年以前は，国庫負担は1／3であった。国庫負担の変更を，短期的な問題解決の視野に入れることは十分可能である。

また，雇用創出での公的機関の役割も視野に入れて良いであろう。失業は，労働市場での労働力の供給過剰の問題であるから，失業問題解決の手法として，労働力需要増の施策があってよい。労働力需要の増加は，今日，民間企業のそれを期待するだけでは不十分である。逆に，民間企業での労働力需要が不十分であることが深刻な失業問題の原因になったのである。

そこで，民間企業では掘り起こせなかった分野で，雇用の創出をしていくことが必要となる。これには公的機関の主導が欠かせない。なぜならそのような分野での労働

Ⅲ 書評

力需要は，利潤原理では創出できないからである。例えば，環境・福祉・教育などの分野である。このような分野で公的機関による雇用創出の誘導は，いろいろ検討しなければならない点は残るとしても，大いに期待されている。すでにいくつかの自治体や地域では具体的な動きがあるが，本書でこの点に触れられていないのは，大変残念なことである。

いずれにせよ「失業克服」という課題は，大変重い課題である。多くの知恵と能力を絞って，ようやく可能性が見えてくるようなものであろう。本書がそうした「失業克服」の道に一歩を踏み入れ，政策課題を明確に述べていることは，高く評価される。本書に続いて，失業に対する有効な施策提言が次々に出されてくることが望まれている。

(中央大学　大須眞治)

堀内隆治著

『福祉国家の危機と地域福祉——地域社会政策論の試み』

ミネルヴァ書房，2003年3月
292頁，4000円

1　本書の構成

本書は，著者が1980年代後半以降折りにふれて公表してきた論考を，「福祉国家の危機と地域福祉」という統一的なテーマに即して改めて再構成した論文集であるが，収録された業績の大半は1990年代以降の比較的新しいものである。刊行にあたって序章が新たに執筆されており，そこに本書を貫く問題意識は凝縮されている。

本書は，序章・終章を含めて2部12章からなり，取り上げている論点は多岐にわたるが，紙数の制約があるので，各章の紹介に代えて目次を示しておきたい。各章の括弧内は初出時の執筆年次である。

　序　章　福祉国家の危機と現代社会政策
　　　　　の課題（書下ろし）

第Ⅰ部　福祉国家の危機をめぐって
　第1章　福祉国家の危機と福祉社会への
　　　　　展望——現代社会政策の課題
　　　　　（1995）
　第2章　地域と福祉——日本型福祉社会
　　　　　批判（1986）
　第3章　福祉社会と地域福祉政策
　　　　　——新しい地域福祉システム
　　　　　に向けて（1997）
　第4章　社会保障理念についての覚書
　　　　　——社会保障制度審議会勧告
　　　　　の一考察（1996）
　第5章　福祉国家の危機と
　　　　　コミュニティ・ケア計画
　　　　　——レスターシャー県コミュ
　　　　　ニティ・ケア計画の検証
　　　　　（1994）

第Ⅱ部　地域社会政策論への展望
　　第6章　地域・地域生産力・地域共同体
　　　　　　——マルクスの思想と現代
　　　　　　（1992）
　　第7章　生活の論理と新しい生活論
　　　　　　——伝統的社会政策学の超克
　　　　　　（1992）
　　第8章　国家共同体と地域共同体
　　　　　　——国家を超える論理と倫理
　　　　　　（1996）
　　第9章　NPOと労働者福祉・協同組合運動——共助ネットワークの形成に向けて（1998）
　　第10章　現代社会政策学の方法と課題
　　　　　　——個人—地域—国家原理の構築（1998）
　　終　章　国家社会政策から地域社会政策へ（2000）

2　本書の問題意識と概要

　目次を一瞥してわかるように，本書は福祉国家の危機の分析に始まり，その突破の方向を地域福祉に求め，地域共同体を再生させる地域社会政策の提起に及んでおり，その過程でマルクス思想に立ち返り，また社会政策学の現代的方法と課題に言及するなど，その内容はきわめて多彩であるが，その全貌を概括するのは評者の手に余るので，評者の関心に引き寄せながら紹介することとしたい。

　本書の問題意識は，「本書は福祉国家を社会政策の現代的展開形態だと位置付けたうえで，福祉国家の危機，福祉社会に基礎付けられた地域福祉への転換，地域社会政策の可能性を社会政策学の方法論として検討している」（はしがきⅱ頁）という著者の言葉に端的に示されている。

　これをもう少し具体的にいえば，第1に福祉国家から福祉社会へという認識である。著者は，現代社会政策の課題を「経済成長—完全雇用—社会保障を中軸とした戦後福祉国家体制の体制的変革」とし，その方向を「低成長（Sustainable Economy：持続的経済）—多様な就業—福祉社会への転換である」（4頁）としている。

　第2に，その福祉社会の基盤を「地域づくりと福祉」（56頁）に求め，地域福祉の重要性を強調している。

　第3に，地域福祉を実態化する前提として「地域・地域生産力・地域共同体」（147頁）に注目し，地域社会政策の構築を提起している（266頁他）。著者は「地域社会政策を豊かにすることによって労働力商品化体制を克服する，労働力商品化体制維持の役割を果たす国家社会政策をそれに応じて縮小していく，ここに地域社会政策の眼目がある」（268頁）とし，「地域社会政策は労働力商品化体制を克服しようとする新しい経済社会システム創造の運動である」（271頁）としている。なお，この第3点が著者が最も力を入れている部分である。

3　本書の論点

　豊富な内容と問題提起を含む本書の特徴を，評者の問題関心に引き寄せて強引に概括したが，本書が現代社会政策が直面している重要な課題と切り結ぶ労作であることは明らかである。その点を踏まえたうえで，本書が提起した課題を今後具体化する過程で，より深めるべき論点を3つにしぼって

III 書　評

指摘しておきたい。

　第1に，本書が強調する「福祉国家から福祉社会へ」との指摘に関わる福祉国家の理解についてである。著者は福祉国家について「自由主義を政治的イデオロギーとし，完全雇用を経済的土台となし，社会保障を上部構造とする戦後資本主義体制であると定義することができる」（1頁）とする。この定義自体は平均的なもので，その限りで特に異論は出ないものと思われるが，著者がR.ミシュラによりつつ福祉国家を「ケインズ―ベヴァリッジ・パッケージ」（1,73,106頁）と定義するとき，それが果たして妥当であるかについては議論のあるところであろう。エスピン-アンデルセンによる再提起以来，福祉国家のタイプ論・レジーム論が近年盛んであるが，それに照らしてみても「ケインズ―ベヴァリッジ・パッケージ」は，福祉国家のあらゆるタイプ・レジームを特徴づける概念であるとはいえず，どちらかというと「産業的業績達成モデル」（ティトマス）あるいは「保守主義レジーム」（エスピン-アンデルセン）により親和性をもつと思われるからである。さらにまた著者は「労働力商品化体制を克服する」地域社会政策と，「労働力商品化体制維持の役割を果たす国家社会政策」（268頁）とを対比しているが，国家社会政策のあり方が福祉国家のタイプ・レジームのあり方とほぼ重なることを考えると，労働力商品化体制維持機能として福祉国家をとらえることになるこのような著者の理解は，エスピン-アンデルセンの「脱商品化指標」を引くまでもなく，問題をはらむと思われる。なお，著者はベヴァリッジ報告に関して「社会保障が公的扶助を中心としてではなく，保険原理による社会保険として，しかも私的保険による補充を予定してのナショナル・ミニマムであったところに，社会政策としての本質がある」（29頁）というが，社会保障のプロトタイプを社会保険中心型とするこのような理解も議論の対象となるであろう。

　このように，福祉国家を特定のタイプまたはレジームに引きつけて理解しがちな著者の傾向が，「福祉国家から福祉社会へ」との議論に一定のバイアスを生じさせているのではないかと危惧されるところである。

　第2に「福祉国家から福祉社会へ」との主張が含意するものである。端的にいえば，著者の主張は「福祉国家ではなく，福祉社会へ」なのか，それとも「福祉国家を踏まえて，福祉社会へ」なのかということである。この点について著者は，「福祉社会論の種差」として「福祉国家補充論」・「福祉国家・福祉社会調和論」・「福祉国家縮小論」（33頁）の3つをあげたうえで，「福祉社会は社会保障としての福祉国家を福祉の対象，福祉の主体の両面で外延的に拡張したものである」（33頁），あるいは「福祉国家を大きく包摂する福祉社会の可能性」（100頁）などと述べているので，この限りでは「福祉国家補充論」または「福祉国家・福祉社会調和論」に傾いているように思われるが，他方では「福祉国家の克服」（はしがきii頁）あるいは「われわれの地域福祉の根底にある理念は福祉国家の擁護ではなく，福祉社会の創造である」（88頁）とする記述も散見され，認識にぶれが見られる。より深めた検討が期待されるところ

である。

　第3に地域社会政策の構想に関してである。著者はこれについて「ローカルとリージョンを両義とする地域社会政策」(266頁)を提唱している(そのうえで本書ではローカルとしての地域社会政策に考察を限定するとしている)。ここでいうローカルとは著者によれば「国家障壁に統合されない家族の生活の場」であり、リージョンとは「人々の国家を超えた交通の場」(263頁)であるとされており、ICAの協同組合第6原則(1995年)で使われている「ローカル、ナショナル、リージョナル、インターナショナル」という概念でいうローカル、リージョナルと重なるものである。著者のこのような提唱は、ローカルもリージョンも、国家との関係でいえばそれを「分節・開放化しつつある」(263頁)という共通性をもつからである。この提起は重要な論点を含んでいる可能性があり、著者の今後の展開が待たれるところであるが、誤解を恐れずに評者の現時点での印象でいえば、「ローカル」も「リージョナル」も邦訳では「地域」と訳されるという訳語の同一性に着目して、ローカル社会政策とリージョナル社会政策をそこから同じ「地域社会政策」の両義性としてとらえることには無理があると思われる。

　なお、ローカルとしての地域社会政策の役割を労働力商品化体制の克服におくことについては評者も賛成であるが、これとの対比で国家社会政策を労働力商品化体制の維持とすることに疑問があることについてはすでに述べた。このような著者の見解のベースには、国家社会政策を古典的なドイツ型の社会政策に引きつけて理解する傾向が伏在しているのではないかとも思われる。

　さて、著者は地域社会政策提唱の主旨として、①政策主体の多元化、②ニーズの多様化と生産力自己形成の要請、③「新しい社会運動」としての地域住民運動の可能性(267〜271頁)をあげているが、その基盤としては地域生産力を重視しているものと思われる。著者がいうように「地域・地域生産力・地域共同体」と連接する場合、地域力が核となることは明らかで、多少文脈は異なるが総務省の「共生のまちづくり懇談会最終報告」でも「地域の福祉力」がキーワードとして強調されている状況もあり、その重要性に鑑みていっそうの豊富化が求められよう。

　グローバリゼーションの進行のなかで、国際競争力の名のもとで労働条件や社会保障水準の切り下げ圧力が強まり、底辺に向かっての競争として加速しかねない危険性さえある今日の状況下で、それに歯止めをかける理論と政策の構築は急務である。本書を契機に、そのための共同作業が強化されることを期待したい。

　　　　　　　　(大阪府立大学　里見賢治)

III 書評

● 格差のなかの女性労働

宮島　洋・連合総合生活開発研究所編著
『日本の所得分配と格差』

東洋経済新報社，2002年10月
242頁，2800円

　本書は近年，学界だけでなく，マスコミでも話題となっている格差について，経済学，社会学の視点から検討した研究会報告書である。先行する橘木俊詔，佐藤俊樹の議論を検討軸に据えて，最終的には両氏の仮説について研究会としての検証をしたという。

　それでは本書の内容をみていこう。全体は序章と全8章からなる。まず序章（宮島洋）では格差研究の基本的論点を整理している。まず第1に格差の記述的側面と規範的側面の概念上の分離が十分に意識されていないこと，第2に最も基本的な格差の規範的問題は基本的人権に関わる努力・機会の実際的な利用可能性に対して制限的であること，第3に格差には静態的な側面と動態的な側面があるとし，それをもとに4つの社会像を描いている。近年はそのうち格差も格差変動も大きい社会像に支持が集まっているとしている。さらに格差の記述的側面の測定問題として，何をもって分配の平等・不平等をいうのかという論点を提示している。

　1章（松浦克己）ではまず分配の評価対象と評価単位を明確にすべきであるとし，その特徴を整理している。次に全国消費実態調査と国民生活基礎調査のデータ上の特性とデータ加工の方法についてまとめている。両調査を比較すると，分布の中心に違いはあまりないこと，全消は中堅層に特化しているのに対し，基礎調査は高所得層も低所得層もまんべんなく捉えているという。実証結果として，1980年代と比べて世帯当たりグロス年収の不平等は1990年代の方が高くなっているが，1990年代に限れば大きな動きはないとし，日本の不平等度は先進国の中で普通と結論づけている。

　2章（原嶋耐治・手嶋久也）では，賃金格差の実態を厚生労働省「賃金構造基本調査」を用いて，様々な属性別の格差を時系列的に検討している。1980年代以降を全体としてみると，必ずしも近年賃金格差が拡大してきているということは難しいと述べる。

　3章（石田浩）では，国際比較と時系列比較の視点から社会移動をもとに，社会的格差について実証的に検討している。第1に全体移動率をみる限り，日本は1970年代，1980年代ともに，比較対象国のうちで並みとする。次に上層ブルーカラーでは世代間の自己再生産割合が低い。このような再生産の低さにより，労働者意識をあまりもたないことによって，中流意識へと駆り立てたのではないかという。第2に日本におけ

る相対的移動率の趨勢をみると,欧米とかなり類似している。戦後日本が経験した急速な産業化の波が,社会をより流動的,開放的にした証拠はみあたらないとする。第3に佐藤仮説に対する再試が行われている。筆者はより精緻にした方法で分析し,1980年以前と1980年以後ではほぼ同程度であり,上層ホワイトの閉鎖性が高まったという証拠はみあたらないとする。結論として出身階級間格差は顕著に縮小あるいは拡大することなく,戦後40年間存続し続けているとまとめる。

4章(太田清)では世帯間所得格差と人口高齢化との関係を考察し,また高齢者世帯の現状を国際比較も含めて検討している。まず世帯間所得格差では各年齢層内のジニ係数はほぼ横這いであり,そのため個々人の不平等感の高まりにはつながりにくいのではないかとしている。また高齢者の金融資産格差の拡大という傾向はみられないという。さらに,日本の場合には年功賃金の影響によって,年齢間格差は大きくみえる可能性が高いが,「同一世代内の格差」という点では,日本の格差は国際的にみて,小さめである可能性が高いという。次に高齢者の所得格差の国際比較をすると,日本のジニ係数が高まる原因は就業所得の有無ではないかとまとめている。

5章(大沢真知子)では非正規労働者の増加に焦点をあて,日米比較を行いながら,日本の労働市場の問題点を検討している。まず日本の非正規労働者は1980年代から,またパートタイマーは1990年代から,その割合が顕著に上昇している。一方,アメリカでは非正規労働者の傾向は日本と同様であるが,パートタイマーは減少しているという。次に日本では女性の結婚や出産といったイベントと就業選択が密接な関係にあるのに対して,アメリカではその関係はみられない。それは正社員のなかに短時間就労という選択肢があるためだという。パートタイマーが一般に問題化するのは正社員になりにくい状況があり,正社員との間に経済面,法律面での格差があるためとする。結論として,同じ仕事には同じ賃金が支払われることが必要だという。

6章(駒村康平)では,遺産・相続に関する実証分析を行い,少子高齢化社会における相続・相続税制の改革案を提示している。実証分析した結果では,遺産動機として「余ったら残す」が中心であり,一部に利他的遺産動機が存在すること,利他的遺産動機をもつ家計では多額の遺産予定額を目標にしており,実際に資産形成を行っていること,同居との交換で広い意味での戦略的遺産動機の行動をする世帯が広範に存在するという。結論として遺留分の引き下げ,相続人の累積の贈与及び相続額を担税力とする累積相続税にすること,また扶養の社会化に対応して相続税収入を社会保障財源に繰り入れることを提案している。

7章(玄田有史・篠崎武久)では 賃金格差だけでは「格差」を評価するのは難しいとし,「仕事格差」仮説を提示し,現状を分析している。仕事格差とは,賃金と仕事内容とにアンバランスが生じていることによって,不満を感じる格差である。第1に週就業時間が35時間未満の人々が25万人減少したのに対し,60時間以上働く人々は18万人増加している。このような長時間労

働をしている若者には社会の眼が集まらないという。第2にパートタイマーからみると，仕事上の責任がフルタイムと同様であったとき，仕事格差を感じるという。このように労働者の不満感を詳細に調べることが，格差意識の軽減と結果としての生産性向上につながるとまとめる。

8章（小西秀樹）では，これまでの格差研究では「記述」的側面と「規範」的側面との峻別が不鮮明であり，その理由は指数自体の規範性によるのではないかとしている。そこで代表的な指数であるジニ係数の規範的意味と限界について検討している。本来，ジニ係数とは，社会全体での平均所得差が平均所得に比べてどのくらい大きいかによって分配の不平等度を表現する指数である。しかし要因分析ができないジニ係数で不平等を測定している限り，何が原因でジニ係数が近年上昇傾向をみせているのか，はっきりしたことはほとんど何もわからないとまとめる。

以上のように，各章でトーンが多少異なっているが，90年代の格差が不変であるとまとめているのは4つの章，格差が拡がっていると分析しているのは2つの章となる。ただし，社会学的分析が1章だけと，経済学的分析に偏った検討がなされていたことが残念であった。

これら全体をまとめると，所得や資産，社会移動でみると格差状況にはあまり変化はないが，就業形態や仕事内容でみると新しい格差が拡がっているとみることができる。つまり90年代の格差拡大は，職場において集中的に現れていると述べている。

それではまず，個別にコメントさせていただくことにする。4章ではジニ係数が人口高齢化によって，全体として上昇しているが，年齢別にみると横這いになる。これ自体はすでに太田氏自身も示している妥当な認識であろう。しかし例えば舟岡(2001)は不平等化が単なる高齢者世帯の増加ではなく，同居率の低下による貧しい高齢者と低所得の若年者世帯の顕在化にあるという見方もある。このような踏み込んだ仮説に対して，筆者はどう考えるのかを示して欲しかった。

6章は世代間移転による格差問題を扱っており，それは重要な課題である。しかし今日，どの程度の格差があるのかという実証的な検討がないため，本書全体の流れからみると，少々違和感があった。

次に全体を通して，気がついたところを3点ほどあげていく。第1に生活意識が主題となっていない点についてである。本書でも玄田らによる「仕事格差」仮説などでは意識変数を規範的格差の指標に利用しているところがあるように，特に規範的側面の格差研究では意識面も重要な位置づけとなっている。その意味では記述的側面の測定問題と同様に，規範的側面の「測定問題」として，意識変数も主題として検討すべきだったのではないだろうか。

第2の問題は分析レベルについてである。橘木氏，佐藤氏の著書が売れたのも，国民の間に不平等感が募っているからだと，本書では認識している。そして格差を実証した6章のうち4つの章では計量的には格差拡大はないと結論づけている。となると，次の問題は格差拡大がないのに，国民はなぜ「不平等感」をもつのかを説明する必要

がでてくる。しかしこの点について自覚的に説明しようと試みているのは、3章と7章だけである。全体としては分析が中途で止まっている印象を拭いきれない。

第3に歴史的動向についてである。本書をみていくと、観察期間の違いはあるものの、本書で把握された経済学による所得格差の歴史的動向と社会学による社会移動のそれとはいくぶん異なるように思われる。本書では両方とも扱っているのだから、これらをまとめた検討があると、全体の統一感がもっと出たのではないだろうか。

最後に本書全体を評価すると、8章のような興味深い論考はあるものの、分析方法や結果についての独自性はあまりみられない。その意味ではいわゆる今日の格差問題研究のリーディングスとしての価値があり、格差研究に関わる動向の全体像を把握するには、有益な書籍であるとまとめられよう。

(静岡大学　色川卓男)

女性労働問題研究会編

『女性労働　20世紀から21世紀へ』

青木書店，2002年7月
461頁＋148頁，8500円

1　本書のねらいと構成

本書は女性労働問題研究会（1992年1月まで、婦人労働問題研究会）が年2回定期刊行を続けてきた会誌（会誌名は、82年1月発行の第1号から91年1月発行の第19号までは『婦人労働問題研究』、91年6月の第20号から96年1月の第29号までは『女性労働問題研究』、96年7月の第30号から2001年1月の第39号までは『女性労働研究』）所収の論稿の中から、それぞれの時代のテーマを代表するもの、ならびに21世紀に残したい論稿39編を選び、それに2000年12月に逝去した、この研究会の名誉会長嶋津千利世氏の論文（「75年国際婦人年と婦人労働者の課題」75年執筆）を冒頭に飾り、40篇を掲載している。本書のねらいは、「女性労働問題研究会での20世紀の蓄積を、断絶されたものとしてではなく、継続し発展するものとして21世紀に伝える、とくに若く働く男女に伝えること」（まえがき）にあり、そのために、本書は、論稿461頁に加え、敗戦時から1975年「国際女性年」までの「年表・戦後女性労働」とその出典一覧、ならびに会誌の総目次を含み、総600頁以上になる大部のものである。本書のこの重みに、この研究会の20年間にわたる大きな足跡と21世紀の女性労働研究への意気ごみが感じられる。

40篇の論稿は、「国際」（5本）、「労働」（8本）、「生活」（5本）、「ジェンダー」（7本）、「職場」（13本）、展望（2本）の6つのテーマに分類して掲載されている。全論稿の著者とタイトルは紙幅の関係上、

Ⅲ 書評

割愛せざるをえない。

2 本書を通読して感じたこと

40篇の論稿は書かれた時期もテーマもさまざまであり,そのすべてについて論じることは不可能であり,しかも適切ではないと思われる。評者は本書を通してとくに感じたことを,課題別にいくつかの論稿(論稿のあとに発表年)をとりあげながら述べていくことにしたい。

①国際女性年が日本の職場に与えた影響

冒頭論稿,嶋津千利世「75国際婦人年と婦人労働者の課題」(75年)は,「今日の日本において『国際婦人年』がとりあげられる意味と問題について考えてみたい」(15頁)と問題提起し,「『平等,発展,平和』は,たんに国連が提唱している世界共通の一般的テーマとしてではなく,むしろ日本における70年代後半の婦人労働者の自覚的たたかいとしてとりくむべきではないだろうか」(23頁)と指摘している。この点を自覚して闘いに取り組み,70年代,80年代に職場で大きな成果をあげたことを報告している論稿が,「職場」編にいくつか見られる。高岡日出子「民間放送局で正社員実現」(87年)は,1969年に臨時雇用者として民間放送局に入社以来,組合加入,解雇通告撤回,臨時から社員身分としての嘱託を経て,ついに87年に社員化を実現した自己の闘いを綴っている。同時に,民放労連が70年代に若年定年制撤廃,臨時の雇止めの撤廃の闘いを展開し,83年から87年にかけて全国で200名の社員化をかちとったことを報告している。下司幸子「育児休業の全職種拡大をかちとる」(89年)は,神戸市職労が87年に,当時,国公立の女性教師,看護婦,保母にだけ適用されていた育児休業法の全職種適用を政令都市ではじめてかちとったことを報告している。

②日本の女性労働は先進国で低位

このような闘いの成果は,日本全体から見るならば微々たるものであり,国際女性年以降も日本の女性労働は国際的に低位におかれている状態を,以下の論稿を通して,何度も何度も確認させられことになる。布施晶子「ナイロビNGOフォーラムへの報告」(85年)は,男女賃金格差の拡大,不安定雇用の増大,健康破壊や母性破壊の深化を指摘しながら,日本の女子労働者の状態が1973年からの「10年間に改善されるどころか,かえって悪化の方向を辿った」と総括している。桜井絹江「新たな展開をはじめた婦人労働力政策」(87年)は,均等法施行1年後の企業の均等法に対する対応状況,コース別管理制度導入による男女差別の固定化,一般職の不安定化と再雇用の増大などの問題点を指摘している。森ます美「労働市場のジェンダー・ハイアラーキー」(01年)は,雇用流動化が急速に進んだ90年代からの10年間の労働市場に焦点をあてて分析し,女性の内部労働市場からの排出と外部労働市場の肥大化,この雇用のジェンダー・ハイアラーキーが賃金のジェンダー・ハイアラーキーと一体となって進行し,また,雇用形態とジェンダーによる賃金格差が雇用形態内の性別職務分離によって拡大されていることを明確にしている。以上と重なる点は多くの「職場」編

の論稿にもみられる。

③日本の男女平等のための課題提起

以上のような日本の状況を真正面にすえて，現状打破のための課題を提起している論稿を取り上げたい。伊田広行「家族単位社会が生みだすパート労働問題」(98年)は，パート労働差別の構造を解明するためには，「家族単位／個人単位」アプローチに基づいて，日本の年功システムを批判的に分析する必要があり，パート労働は家族単位システムとしての年功制の必然的随伴物であるがゆえに，パート問題の根本的解決のためには従来の家族単位発想から個人単位発想に変革して，雇用・賃金システム総体を把握するべきだと年来の主張を力説する。そして，そのために日本の労働者の思想転換をもたらす思想的闘いの重要性を強調する。この伊田の論稿には，思想的闘いをどのように展開するのかは触れられていないが，実は，年功システムに長年ドップリと漬かってきた男性中高年労働者の思想転換，意識改革はきわめて困難である。彼らにとって，思想転換とは自己のこれまでの人生の否定にもつながりかねないからである。おそらく，伊田も主張していたと思うが，思想転換は世代ごとに世代ごとの課題を提起しながら行うしかないだろう。木下武男「労働運動フェミニズムの提起」(2000年)は，1975年から労働運動フェミニズムが必要とされるようになってきており，その背景として雇用労働の女性化，ならびに男女平等の実現のために性別役割分業体制の廃棄が国際的に明確となり，それが戦略として設定されてきたことをあげている。ここでいう労働運動フェミニズムとは，「労働の場における性差別の構造と性別役割分業構造の打破というフェミニズム戦略を，労働運動の戦略としている運動，あるいは組合戦略にさせることを追求している運動である」(283頁)。評者がこの労働運動フェミニズムに注目するのは，木下が日本においてその課題，運動，組織を具体的に提起しており，その中期的な実現性がありうると思うからである。従来の「婦人の独自要求」から両性の普遍的な課題への転換，男性主導の企業別労働組合から離脱するための「戦闘的ユニオニスト」集団の形成，未組織女性の個人加盟の労働組合と既存の労働組合のフェミニスト・ユニオニストたちとの新しいネットワークなどがそれである。

以上のような問題提起は，渡辺治「『多国籍企業時代』下の新自由主義的改革と対抗の戦略」(98年)，後藤道夫「新福祉国家戦略と女性の位置」(99年)が提起するオルタナティヴな社会構想や新福祉国家戦略の提起と連携してこそ，その実現性が増大すると思われる。渡辺は，新自由主義的改革の中で「犠牲を強いられる」各階層が大国主義，新自由主義反対の広大な戦線を構築することが必要であること，その際に，新自由改革に反対するだけでなく，「支配の側が前提にする社会に対抗するオルタナティヴな社会構想を運動の中で積極的に彫琢しなければならない」(436頁)と強調している。また，後藤は，「ジェンダー差別の解消は，現代日本における対抗構想の中心課題の一つでなければならない」(446頁)としたうえで，「日本における新たな

III 書評

福祉国家運動は，公正な横断的労働市場の形成，および，第二段階水準の社会保障の実現と一体のものとして，性別役割分業の廃棄に向けた，積極的是正策に取り組まなければなら」(447頁)ず，この三重の課題の同時追求を強調している。評者は，渡辺の強調する「運動の中でのオルタナティヴな社会構想の積極的彫琢」を重要視しており，この中でこそ，伊田や木下の問題提起もさらに具体化されると思っている。

(九州大学大学院　遠藤雄二)

横山文野著

『戦後日本の女性政策』

勁草書房，2002年5月
442頁，6000円

「この研究の意義は，戦後の公共政策を広範かつ包括的に分析し，ジェンダー視角から見た鳥瞰図を提示することにある。」(本書「あとがき」より) という著者の意気込みからも伺えるように，実に野心的であり，大変な労作である，というのが読後の率直な感想である。東京大学大学院法学政治学研究科に提出した博士学位論文を加筆修正したものというが，テーマの細分化が進む中，このようなスケールの大きいテーマに取り組まれたことは少なからず驚きであったし，さらにそれに費やされた膨大な時間と熱意に対しては大いに敬意を表したい。しかしこの短い書評の冒頭であえて超越的な疑問を述べさせて頂くと，読みながら学術的な意味でインスパイアされるところが不思議と少なかったという印象はどうしても拭い去ることができない。本書の「はじめに」で示されているように「これは行政学の研究である」。しかしいかなる意味で行政学の研究なのか。著者が最も影響を受けているという女性学でも，また法学や経済学でも，さらには社会学や社会政策学でもなく，行政学に対する本書の貢献とはいったい何なのか。この疑問が通読しているなかで絶えず去来し，読了しても結局のところ解消できなかった。むしろ行政学の研究であることを括弧に入れてしまえば，もっとすっきりと読み終えることができただろう。本書を書評したものを簡単にサーベイした限りでは女性学に関連する研究者ばかりで (篠塚英子氏，浅野富美枝氏，伊藤セツ氏など)，行政学の研究者によるものは見当たらなかった。評者は社会政策学の専攻ではあるが，学部時代には行政学の演習に「所属」だけはしていたので，以下ではあえて行政学の素人による書評を試みながら，上述の疑問を解く糸口を探っていきたい。

行政学の研究課題とは何か，評者の不真面目な学部生時代の演習担当教官が熱っぽく語っていたことを思い出すと，それは端

的に「独立変数」(説明する要素)と「従属変数」(説明されるべき要素)を明確に定式化せよということであった(いま思うと行政学のみならず社会科学一般の課題でもあるのだが)。学部演習のレジュメさながらに、まず本書における従属変数を定式化すると、第1の命題は「戦後日本の女性にかかわる公共政策は、家族単位モデルを基本として構築・展開された」という点に集約されよう(本書のタイトルである「女性政策」は定義が不明瞭なので「女性にかかわる公共政策」とする。その範囲は、①家族関連法および教育政策、②年金に代表される社会保障政策、③税制、④育児政策、⑤労働政策などの複数の領域にわたるが、必ずしも包括的ではない。重要な政策領域が欠けているという批判も可能であるが、ここでは問わない。「家族単位モデル」は伊田広行氏のシングル―カップル単位社会モデルと福祉国家研究者セインズベリーの社会政策の2つのモデルの折衷によるものである。この分析モデルとしての妥当性もここでは問わない)。ただ近年(1990年代)においては「家族単位モデルが優位さを保ちつつ、個人単位モデル的要素が混在している」(本書353頁)というように変化の兆しが見え始めている。これを本書における第2の命題として定式化することもできよう。

次には独立変数の定式化であるが、上の命題は何によって説明されるのか。すなわち日本の女性にかかわる公共政策は何故に家族単位モデルとして特性規定されるように政策決定されてきたのか。またそこに個人単位モデルへの変化の兆しが見えつつも、家族単位モデルを脱却できないのは何故なのか。きわめて興味深い問題群が設定することができる。行政学では通常これは「政策形成過程」(省庁等が政策策定のために課題を設定し、政策案を立案する過程)と「政策決定過程」(政府または与党が各省庁が作成する政策案を検討し、政策として決定する過程)とに分けて分析される。これらの過程でどのような「アクター」(政策関与主体)が登場し、どのような戦略をもって「アジェンダ」(政策課題)を設定していくのか、さらにはアクター間の力関係や取引などによって当初の政策案が最終的にどのような政策に帰結するのか、これら一連の分析が行政学の醍醐味であるのだが(評者自身は学部生時代にはまったくそれがわからなかった)、本書ではどの政策過程をとっても淡々とその過程が記述されるだけで、そこから行政学独特の分析手法が醸し出すテイストを嗅ぎ出すことはできなかった。行政学の研究書であるという思いこみで読み進んでいくと、何かしら肩すかしを食らった気分になってしまうのは、こういった独立変数の部分での突っ込みの足りなさに起因するのであろう。もっともこの点は「本書の成果と残された課題」(本書354～355頁)で「本書では各政策の展開過程の叙述を中心としたため、何が変化をもたらし、あるいは変化を阻害したのか、という検討と整理は統一的になされていない。これは今後の課題である。」と著者自身もある程度は自覚されているところではある。しかしそのような欠落が行政学の研究では決定的であるという点についてはどれだけ自覚的であったのだろうか。

III 書　評

　もう1点，行政学に対する貢献といった点でコメントしておきたいのは，この分野における他の研究業績との位置関係である。「はじめに」では行政学における先行研究の少なさ（というよりは，ほとんどないこと）が強調されていたが，刊行時点ではともかく現時点においては有力な対抗研究が存在している。例えば，堀江孝司氏の一橋大学博士論文「女性の就労をめぐる政策と政治：フレキシビリゼーション・平等・再生産」（同論文の審査要旨等はインターネットで読むことができる。また勁草書房『双書　ジェンダー分析』全10巻の第7巻として刊行される予定であるという）の研究水準は相当高いものと評者は評価している。堀江氏の書かれた論文で入手しやすいものとして「政策の複合的効果――女性の就労をめぐる体系性の欠如」（『レヴァイアサン』第28号，2001年），「少子化問題――そのアジェンダ化の軌跡」（『賃金と社会保障』第1265・66号，2000年）などがすでに公刊されている。前者は80年代半ばの日本において労働政策の領域で男女雇用機会均等法の成立とほぼ同時期に，年金改革と税制改革によって女性の就労促進という同法の狙いと矛盾する政策が実現されたことに着目し，女性の就労に関する政策間の非整合性がなぜ生じたかを明らかにしたものであり，後者は長い間にわたって社会問題として潜在化していた少子化が政策課題（アジェンダ）として浮上してくる途上における政治エリートや経済エリートの動向を追いながら，育児休業法などの政策へとそれが結実する過程を分析したものである。これら堀江氏の論考には，対象となる時代や政策領域では本書に比べて限定的ではあるが，女性にかかわる公共政策に対する行政学的アプローチの可能性という点で大いに学術的な関心を刺激された。ここではその内容について立ち入った評価を行うことは避けるが，少なくともこれが行政学におけるジェンダー視点からの分析の水準をなすものとみて間違いはないであろう。

　こういった研究水準を踏まえたうえで，最後に著者に問いかけたいことを1点指摘して本書評のまとめとしたい。評者の学部生時代の演習担当教官は行政学において「規範的命題」を打ち出すことについてはかなり禁欲的立場をとっていたが，評者はその立場はよく理解できるものの，必ずしもそれを支持しない。本書の後半部で著者は「これからの日本の女性にかかわる公共政策は，ジェンダー公正を基軸としながら，個人単位モデルへの政策転換を図るべきこと」を力強く論じている。行政学の研究者がこのような規範的命題を提示することを評者は大いに支持したい。しかしそこで重要なのは次の問いかけに答えることである。すなわち，これまでの女性にかかわる公共政策において「ジェンダー公正」という課題が，何故に優先順位の低いものであり続けたか（おそらくその帰結として家族単位モデルの公共政策が維持され続けたのであろう），さらにはいかなるアクターによってジェンダー公正を第一優先順位に置くアジェンダ・セッティングがどのように可能となるのか（つまり個人単位モデルへの政策展開の実現可能性である），以上の問いである。この問いに答える過程で「あとがき」に今後の課題として述べられていた非

常に気になる記述「日本においてジェンダー公正な社会を実現するためには，社会民主主義型の福祉国家への移行が不可欠なのかどうか，……社会民主主義のないジェンダー公正な社会がどのように可能なのか」に対する答えも見出されるのであろう。ずいぶんと厳しいトーンでの書評となってしまったかもしれないが，これだけの大著を世に出された著者であるからこそ，次なる研究段階において上の問いに対する考察をぜひとも行っていただきたい。本書の研究書としての評価は次の研究業績の公刊によって初めて確定できるように思われるのである。

（神戸国際大学　居神　浩）

Ⅲ 書　評

●技術・労働と経済・分配構造

福田泰雄著

『現代日本の分配構造——生活貧困化の経済理論』

青木書店，2002年1月
304頁，3600円

　本書は，資本と労働あるいは国民と企業との間の「分配」関係を分析している。わが国では，経済大国化の一方で国民がその豊かさを実感できないのはなぜかと問い，「国民に対する，大手企業を中心とする企業優位の所得分配の決定メカニズム」を批判的に分析することが本書の課題だとする。この決定メカニズムあるいは分配の決定構造は，重層的であって，それを経営の場・企業間取引の場・政府活動の場という3つの局面での「分配の重層的決定構造」として分析しようというのが，本書の構成である。そして，「これら三層にわたる分配の決定関係を介して，大手独占資本が，国民に対する分配上の優位を実現する現実とその根拠の解明に本書の焦点がある」とする。

　以下，順に内容を紹介したうえで，私なりの感想を述べたい。

1　本書の内容（1）

　本書の第1章「企業中心社会の分配構造」がまず確認しているのは，企業に偏った分配の事実である。つまり，労働分配率の低さ，労働時間の長さ，過労死の蔓延，そしてストック分配の歪みにあらわれる，資本と労働との成果配分のアンバランスが指摘されている。これが，経済に見合った豊かさを感じられない日本の状況を生んでいると本書は主張する。以下が，その現実に対する批判的分析である。

　第2章の「日本的経営と労務管理」は，こうした資本優位の成果配分のアンバランスをもたらしている企業中心社会の「構造分析」である。あるいは，もう少し限っていえば，「独占企業内部の資本優位の労使関係分析」であり，企業中心社会における「経営の優位」を，主として労務管理の面から論じている。その考察の対象は，「三重の管理」，すなわち，参加型チーム制管理，人事考課制度（査定管理）およびコミュニケーション・教育訓練管理（意識管理）である。

　参加型チーム制管理の下では，末端のチームあるいはグループ内が「連帯責任」を負う体制となっており，この連帯責任体制がピア・プレッシャー（社会的圧力）を生み，その下で労働者は労働負荷の増加を競い合うとする。ここで「参加型」というのは，職制と末端労働者との関係を，管理と非管理という上下の一方的な関係としてむきだしにするのではなくて，「話し合い」や「提案」など両者の協調関係が重視された管理だからである。また，意識管理というのは，いわゆる「人間関係管理」である。

186

職場の労務管理として本書がむしろ強調しているのは，査定管理にあると言ってよい。査定管理とは，それを通して，意欲の喚起を図って能力を発揮させ，「労働効率」を高めようとする管理であるが，各国における査定制度の，そういう共通性を確認したうえで，わが国の問題はその先にあると著者は見ている。「日本的経営下での人事査定は，インセンティブ管理に留まらず，経営への絶対的服従」を特徴とするというのである。その理由として，査定が昇給・昇格・昇進のすべてに関わっていること，評価基準が曖昧で上司の裁量の余地が大きいこと，また，査定結果に対する公開性がないこと，組合規制が存在しないことなどがあげられている。

本書はこう述べる。「査定管理が労働者の間に昇給，昇格格差を持ちこむ以上，よりよい処遇を求めて，程度の差はあれ労働者は互いに競い合う」。この点は諸外国でも同じだ。しかし，「経営による裁量的・主観的運用を特色とする日本の査定管理は，こうした一般的なインセンティブ管理に留まらない」。というのは，査定が労働者間で相対比較可能な客観的基準に基づいて行われており，競争ルールが明確であれば，単なるインセンティヴ管理として機能するが，日本の場合は客観的な評価基準を超えており，経営方針への服従，労働者の意思・思想にまで及んでいるからだ，と。

こうした本書の見方に私は異論があるが，それについては後述するとして，ともかくも，第2章の労使関係分析の要点は，分配における資本の優位が職場における力関係によって決まっているという主張にある。

2 本書の内容（2）

つぎに，企業間取引の場における分配構造の歪みを分析しているのが，第3章「独占的市場構造と規模別賃金格差」である。具体的には，賃金・労働条件の規模別格差すなわち二重構造が，どのように形成されるのかを俎上にのせている。二重構造は，もちろん日本固有の現象ではないものの際立っている。これを説明するために，本書は規模別格差形成のメカニズムを2つの局面に分ける。それは，①付加価値生産性の規模別格差が形成される問題と，②そうした付加価値生産性の規模別格差が規模別賃金格差に結びつく関係の問題である。

本書が拠って立つのは，独占的市場構造という視点である。わが国には，二重構造をめぐる議論が1960年前後にあったが，そのなかで著者が注目するのは，伊東光晴氏と有沢広巳氏の説である。伊東説は，競争の制限的な独占部門においては，平均利潤を上回る利潤率が成立し（①），そしてこうした付加価値格差が強力な労働組合の対抗力の下で相対的な高賃金をもたらし，非独占部門との賃金格差を生むとする（②）。また，有沢説は，巨大企業の中小企業に対する収奪を「買い手独占」と「売り手独占」から説明し（①），その圧縮されたマージンの下で，中小企業労働者の極度の低賃金がもたらされるとする（②）。

かつての「独占的市場構造仮説」を以上のように整理したうえで，著者はさらに進んで賃金の階層的格差構造を「二重の市場圧力」という考え方から説明する。一方には独占優位の社会的付加価値配分があり，

他方には，非独占・下請企業に対する合理化投資の強制という構造がある。このような二重の市場圧力の下で，「非独占資本は，自らの資本としての存立を可能とする最低利潤確保の必要上，人件費抑制を不可避とする」。そして，こうした人件費抑制の不可避性が構造として維持・再生産されるのは，企業別組合，組織率，労働市場の分断があるからだという。

「分配の重層的決定構造」の第3の場は，政府活動の領域である。これについては，第4章・第5章・第6章がその分析に当てられている。それによれば，公共投資に厚く生活保障に薄い日本の歳出構造とその下での歪みが今日の家計の消費生活のゆとりを奪う主要な原因であるとする。また，大都市を中心に日本の居住生活は貧しいが，それは土地利用決定が開発自由を原則とする市場メカニズムに委ねられているからだとする。

そして最後に，政・官・財の癒着構造が，企業中心社会の制度的枠組みを形成しているとしたうえで，日本における権力支配の強さ（政・官・財の癒着）に対して，本来はチェックすべき勢力が「崩壊・機能不全」を起こしていると批判する。そこには，組合規制の崩壊と民主主義の未熟さがあるという指摘である。

3 批　評

本書の取扱う領域の広さと私の能力の不足のゆえに後半部分は駆け足での紹介となった。さて，率直に言って，本書に対して居心地の悪さを私は感じる。そのあたりを述べようと努めることで，書評の責を果たしたい。

本書における「分配」とはいったい何なのかという，素朴な疑問が読後感として残った。資本と労働における「利潤」と「賃金」の関係は，もちろん分配（成果配分）関係ではない。それをおそらく承知で，書名に「分配構造」を用い，また，企業間取り引きの場においては，「付加価値」を手掛りに規模別賃金格差を説明されているのではあろう。しかし，そうであるならば，労働組合の分析に際して，氏が指弾してやまない労使協調あるいは一体化は，むしろ成果配分路線の不徹底として批判する方がより論理的に整合していたのではあるまいか。逆に，労使協調批判に主眼があるならば，そのスタンスは，分配という構造とはまた別に求められなければならないのではないか。居心地の悪さのひとつは，そこにある。

ふたつは，上に関連するが，分配のもう一方の当事者である労働組合が，本書ではその交渉力において限りなくゼロに近い存在として位置付けられていることである。気分としては私も共有するものであるが，とはいえ，けっして無視できないファクターであることも事実である。氏が「組合規制の崩壊」というほどに，労働は資本の領域なのであろうか。具体的には，わが国の査定制度の特徴を労働者の「資本への絶対的服従」とみなす本書のコア部分に私は居心地の悪さを感じる。たしかに従来の査定論では不十分であろう。しかしその克服は，本書のように「服従」としてではなく，資本が労働者の同意を獲得する構造として究明されなけれならないと私は思う。そう

でなければ，労使関係，したがって，それによって規定されると著者の言う分配のあり方も，部分の対立と調整としての「構造」を成しえないであろう。

(佐賀大学　平地一郎)

山下　充著
『工作機械産業の職場史 1889-1945
——「職人わざ」に挑んだ技術者たち』

早稲田大学出版部，2002年2月
260頁，4800円

　著者によると，本書の目的は明治中期から第二次大戦末までの日本の工作機械産業を対象として，技術者，役付工，熟練工の相互関係に注目し，生産現場の歴史的特長を社会学の立場から考察することにある。

　本書では資料と聞き取り調査により，戦前期における工作機械産業の生産現場の実態を描き出している。そこには単なる監督者としての技術者から，生産現場に積極的に関わり技能者との情報交換を通じて設計や管理にフィードバックするようになった技術者の姿がある。その背景には互換性生産方式による生産技術の合理化の必要性が出てきた点が挙げられている。本書の構成は以下のようになっている。

　　序　章　課題と方法
　　補論　　用語の解説
　　第1章　池貝鉄工所——池貝喜四郎の「互換性生産」と早坂力の「多量生産」
　　第2章　日立精機[合併前]——転換期の技術者と技能者
　　　1　東京瓦斯電気工業
　　　　　——栄国嘉七と「互換性生産」
　　　2　国産精機
　　　　　——W. ゴーハムと日本人技術者・技能者
　　　3　篠原機械製作所
　　　　　——町工場の「成り行き管理」
　　第3章　日立精機[合併後]
　　　　　——W. ゴーハムの設計・生産合理化
　　終　章　結論

　序章では，これまで優れた歴史研究を生み出してきた産業社会学においては生産現場に関わる歴史研究の具体的な成果は労務管理の視点に限られており，生産現場，技術者・技能者の実態や相互関係が固定的なイメージで捉えられてきたと指摘している。また本書では生産現場の歴史をそこにおいて生成する社会関係の中で捉える社会学的な方法をとり，生産管理・生産技術の具体的な展開がこのような社会関係を反映する局面に注目することで，広い意味での生産管理の歴史的考察を行うとする。さらに，

III 書評

設計部門と現場部門の情報交換，技術者の現場主義，戦前において導入されたさまざまな生産管理・生産技術の合理化手法についての考察を課題としてあげ，生産現場で働く人々の相互関係を通じてその時代的な特徴を明らかにするため，設計技術者と現場の職長との緩やかな共同作業である設計作業と職場関係と技術者像との変容に注目するとしている。研究の対象は明治中期から第二次大戦末までの工作機械メーカー，主として池貝鉄工所と合併前後の日立精機である。

第1章は池貝鉄工所を考察の対象としている。池貝鉄工所は最初の組織合理化の試みとして1906年より外国人技術者フランシスを雇い入れるが，その技術指導は財政的な問題により途中解雇というかたちで終わってしまう。しかし，フランシスの指導によるジグ・フィクスチュアやインジケーターを使ったアメリカの生産方式は，その後の池貝鉄工所の量産技術形成に大きな影響を与えることになる。創業期から昭和初年にかけての池貝鉄工所の製造技術面における中心人物は創業者池貝庄太郎の弟，池貝喜四郎である。技能工出身の喜四郎はその徹底した経験主義によりしばしば学校出の技術者たちと衝突することになる。また，生産規模の拡大にともない喜四郎ひとりの監督では限界が出てくることになる。さらに，昭和初年の不況期における合理化は従来の職長による請負制からスタッフによる工程管理を確立することになるが，このような改革がなされた背景には，同社の技術責任者が技能工出身の池貝喜四郎から学校出の技術者である早坂力に代わったこ

とが挙げられる。早坂力の下で行われることになるD型旋盤の量産体制の実現は，熟練工依存の生産体制からの転換でもあった。

第2章では合併して日立精機となる以前の東京瓦斯電気工業，国産精機，篠原機械製作所の3社を取り上げている。1番目の東京瓦斯電気工業では，造機部における請負単価切り下げ回避のための生産制限といった請負制度の実態と生産管理の模索，造機部設計課における栄国嘉七による互換性生産方式導入の試みとその妨げとなった企業内身分制の実態が描かれている。2番目の国産精機のケースではまずアメリカ人技術者ゴーハムの生い立ちや国産精機に来る以前のエピソードが紹介され，その後ゴーハムによる合理化の詳細，特に設計と試作に対する徹底した姿勢とゴーハムが日本人技術者，技能者に与えた影響を通じて生産現場の実態を描き出している。紹介された数々のエピソードからもゴーハムの徹底ぶりが窺える。3番目に取り上げられる篠原機械製作所では戦前期の町工場の生産体制と合併後の変遷，企業内身分制度の実態が描かれる。

第3章は合併後の日立精機を取り上げている。ゴーハムによる合理化は合併後の日立精機でも推進され，互換性生産方式はその検査体制の厳格さからしばしば工員と検査工との間に険悪な関係を作り出した。ゴーハムの徹底的に合理性を追及する姿勢は当時の日本の技術者にはないものであった。設計においても「生産設計」を盛り込むなどゴーハムの果たした役割は大きく，設計技術者と現場技術者との間の情報交換は非公式な対面接触によるものから，ゴーハ

ム自身による情報交換の一元化と図面による情報交換への進行で合理化が図られていった。

終章では，結論として戦前期の職場間の情報交換が，現代の職場に見られるような制度化されたものではなく，生産に関する技術の知識に乏しい技術者と現場経験を備えた技能者との知的な補完関係を示すものであり，非公式で自発的なものであった理由として技術的な問題と身分的な問題とを指摘している。また，不況期の原価低減や戦時期の量産体制の確立のためには管理機構の整備のみならず，技術者が積極的に現場に出向くことで生産技術に踏み込んだ合理化を達成してきた点が示されている。

第1章で取り上げられた池貝鉄工所においては，池貝喜四郎が技術責任者であったころからの技能工の熟練頼みの生産体制からジグ等を駆使した互換性生産方式への転換への試みや，技術者に現場での経験を積ませる試みは行われてきたが成果は上がらなかったとある。この理由として検査に合格することだけ考えている工員と技術者の現場経験の乏しさ，工員の意見を聞こうとしない態度などを挙げている。早坂力の代になると技術者は工師と呼ばれる卓越した熟練工と積極的に情報を交換し量産体制を確立することになるのだが，本書によると，当時の工員はみな自分の技能を秘匿する傾向にあり工員間でも教えあうことはなかったとある。また労働争議も頻繁であったとある。このような状況のもとでは工員が積極的に技術者に協力する理由は見出しにくい。技術者が工員の意見に耳を傾けるようになった理由として，現場で培われた卓越した技能に対する「敬意」が挙げられているが，逆に工員が技術者に協力的になった背景はなんであろうか。戦前の池貝鉄工所においては，工員も伍長以上は「社員扱い」にすることで，彼らと技術者とが情報交換するための社会的な条件を整えていたとあるが，その待遇についてより詳細な記述があればと思われる。工員にとって技術者への情報の供与は自分の首をしめるだけでなく，他の工員との関係も悪化させかねない。それを納得させるだけの条件があったのか知りたいところである。

合併前の日立精機の例では，東京瓦斯電気工業で造機部が設計主導で運営できるように組織化されていたことと技術者と技能者を隔てる企業内身分制が技術者をお高くとまらせ，結果として職場間の情報交換を阻害していた実態が描かれている。それに対し国産電機の例で登場するゴーハムは生産現場を熟知し，設計から試作，生産管理，検査などあらゆる工程に関わり，また積極的に現場と設計部の間を行き来するなど職場間の交流にも努めている。ここではこの新たな技術者像としてのゴーハムを描き出すことで日本の工作機械産業に転換期が到来したことを示しているといえる。さらに，終章において，設計と現場との乖離に関して，企業内身分制とはまた別の原因として当時の日本の技術水準が取り上げられている。そこでは当時の日本の技術水準は外国製品を忠実にコピーする段階で，「よい設計」とはより忠実なコピーであり，これが結果として現場との情報交換を抑えてきたという指摘がなされているのだが，この点

で，設計至上主義的な技術者のほうが歴史の中では新技術の導入期にのみ現れる特殊な存在ではないのかという疑問を評者は感じている。早坂力の例に見ても，技術者は新技術の導入に際し次第に現場主義的な傾向を強めていくものであり，アメリカで生産現場への新技術の導入を実践してきたゴーハムは日本においては当初から現場主義的な態度で臨んでいる。著者は企業内身分制が工員と技術者との情報交換を阻害してきた一因としているが，ゴーハムのような現場主義的な技術者は当時のアメリカにおいてどの程度見られたのか興味の湧くところである。また，このことは現在の日本的生産システムの議論の中で技術者の現場主義がその特徴とされることに疑問を投げかけるものであろう。

本書で取り上げられた池貝鉄工所は2001年10月に，日立精機は2002年8月に，また新潟鉄工所も2001年12月に破綻している。ゴーハムや早坂力の例に見られたように技術者の現場主義が日本独特のものではなく，また，現場主義を実践してきたと考えられる老舗工作機械メーカーの破綻に見られるように，日本的生産システムの優位を説明するものでもないのだとしたら，現在好調な輸出を続けている日本の工作機械産業はまた別の要因で説明されるのだろう。本書が徹底した聞き取りにより明らかにした戦前・戦時の工作機械産業の生産現場の実態は，現在の日本的生産システムの議論に一石を投じるものであると考えられる。

(九州大学大学院　岡崎孝広)

今村寛治著
『〈労働の人間化〉への視座——アメリカ・スウェーデンの QWL 検証』

ミネルヴァ書房，2002年3月
200頁，3500円

1　本書の特徴

本書は，1970年代以降から90年代にかけて注目された「労働の人間化」について，旧来からの労働疎外論による視点の限界を乗り越えるべく，労使関係や製品市場などの観点から新たに捉えなおし，新視座の提示を試みるという意欲的な作品である。

かかる観点に立ち，「労働の人間化が，現実の産業界や企業における展開過程で，どのような役割を担わされたのか，そして，そこにはどのような理由があったのか（6頁）」という分析視角が設定され，「時間的・空間的にきわめて限定されたいくつかの事例を考察することによって，現実の産業界や企業において労働の人間化に与えられた役割＝労働の人間化の所在を明らかにする（6頁）」ことが解くべき課題として設定されている。

こうして設けられた分析視角，課題から

本書全体が導かれるわけだが，本書のメリットをまず最初に整理すると，以下の4点に大きくまとめられよう。
① ややもすると多義的になりがちな「労働の人間化」論議を，労使関係や製品市場の要因から現実的に捉えようとした。
② アメリカとスウェーデンにおける労使関係，あるいは自動車産業についての主要な研究をわかりやすく紹介した。
③ アメリカにおける QWL の発展を，労使関係の視点から QWL 型と NUMMI 型を明らかにした。
④ ボルボ・カルマル，ウデバラ工場の生成と消滅を社史に基づいて，その歴史的意義を明らかにした。

2 本書の構成と概要

まず第1章「アメリカ労使関係に関する理論的アプローチと歴史的検討」では，アメリカ自動車産業における労働協約と苦情処理からなる伝統的職務規制型組合主義の今日に至るまでの史的概要と，そうしたアメリカ型労使関係システムが今日，制度的構造と外部環境変化の影響を受け，変容を迫られていることを概説している。こうした労使関係システム変容の議論は大きくコーカン・カッツ・マッカージー（以下 KKM とする）による理論的枠組みに負っている。

第2章では「伝統的な組合型労使関係システムの変容とその原因」と題し，第1章の内容を踏まえ，労使関係システム変容についてさらに敷衍し，アメリカにおける代表的諸議論を検討している。KKM の議論を大きく踏まえ，労働・製品市場変化の影響を受け，労使関係が団体交渉レベルから戦略・職場レベルに分権化したために，QWL が注目を浴びたと述べる。またオスターマンによる議論「Industrial Model から Salaried Model へ」を紹介し，「アメリカ労使関係が，これまでの硬直的な特性を改め，柔軟なシステムへの指向を見せている点に関しては両者（KKM とオスターマンのこと……評者）に共通性がある。そして，まさにこの点にこそ，アメリカ労使関係の変容の方向性が示されているのである。(38頁)」と紹介される。

続く第3章では「非組合型労使関係システム」と題し，バーマとコーカン，フォルクスによる諸説の検討を通じ，増加しつつある非組合部門における作業組織の仕組みを検討している。それによると非組合部門における労使関係の特徴として，メリットペイ，査定，先任権，ブルー／ホワイト間格差解消努力等を挙げており，「非組合型労使関係モデルは，（中略）伝統的な組合型労使関係システムが変容するにあたって目標とすべきモデル (60頁)」と位置づけている。ただし非組合部門が作業・賃金制度の柔軟性を持つものの，組合部門と皆目かけ離れた仕組みであるわけではなく，むしろ先任権に依然として大きく依存された仕組みであることにも言及している。

第4章「新しい労使関係システム」は，主として80年代以降に見られる労使関係変革の動きを，KKM による理論を中心に団体交渉レベルと職場レベルとに分けてさらにまとめている。

第5章「アメリカ自動車産業分析」では，近年の経営側による賃金/付加給付抑制と，

III 書 評

「生産性向上のための QWL プログラムの導入 (79頁)」，またそれらと同時進行した雇用保障の充実される傾向が明らかにされる。

つづく第6章「アメリカ自動車産業におけるチーム方式」では主としてパーカー・スローターに依拠しつつ，チーム方式における2つのパターン NUMMI 型 (日本型チーム方式, Management-by-stress, 単一レート) と GM/Shreveport 型 (QWL 型チーム方式，平等的参加，ペイ・フォー・スキル) に分けられることを主張する。

第7章の「スウェーデン自動車産業における作業組織改革」では，スウェーデンにおいて特徴的な職務拡大とそれに伴う諸特徴・社会的背景 (連帯賃金政策，並列のフロー組立，ドック組立，バッファーゾーンを持つライン組立など) を日本の水平的分業 (ジョブローテション，改善，工数低減，多能工化) と対比させ分析している。

最後の第8章「カルマル・ウデバラへの軌跡」においては，60年代のスウェーデン自動車産業において，慢性的労働力不足とフォード主義的トシュランダ工場への労働者の抵抗が見られたこと，その結果として，高級車の少量生産，「革新的」カルマル・ウデバラ工場へ路線変更した歴史的経緯，しかし元来はカルマル・ウデバラが小規模・分工場の位置づけであるが故に，需要減少期には真っ先に閉鎖対象となった経過を明らかにしている。

3 論 点

① 「平等的参加」型 QWL の視点から80年代アメリカ作業組織改革を捉える限界について

本書の課題設定，問題意識ともに理解できるし，本書の言いたいこと (「QWL とは，(〜) 職場レベルでの意思決定への労働者の平等的参加を促すことによって伝統的アメリカ労使関係そのものの変革をめざす体制革新的な概念であると理解されるだろう (114頁)」) も，ひとつの可能性として理解できる。また本書の端々からは，著者の「平等的参加」型 QWL を応援したい気持ちが感じられる (例えば115頁)。しかしながら，現実問題として，80年代以降今日に至るまで，アメリカ自動車産業における「平等的参加」型 QWL はすでにややマイナーなケースになりつつあるのではないだろうか？ 作業組織改革の大勢が平等的参加型 QWL に向かっているとは言いがたく，作業組織改革全体の中での QWL の相対的位置づけを意識することなしには，やや非現実的な議論になる危険はないか？ つまり著者が代表例として捉えていると思われる GM・シュリーブポート方式は今後発展するのかどうか等，もう一歩踏み込んだ検証を見てみたかった。

評者が言いたいのは (詳細は拙著『転換期のアメリカ労使関係』ミネルヴァ書房，2003)，本書が重視する「平等的参加」型 QWL よりも，むしろ日本化の方向 (NUMMI に代表される) か，あるいは (たとえチーム方式と銘打たれていたにせよ) 移動・昇進・レイオフの際の価値判断基準として，従来からの先任権の重要性は依然無視することはできない，ということである。すなわち，職場内には移動，昇進，降格，レイオフ，シフト変更，誰が楽な仕

事に就くか等々, 従業員間の利害調整規範（ルール）が必要である。それはアメリカでは先任権であったし, 戦後日本ではこれまで能力主義に表現されていた評者は考える。組織メンバーの価値観に合うように組織運営することが（産業）民主主義的といえるなら, 先任権原則はアメリカ人的価値基準原則として, 実に「産業民主主義的」であった。ならば「労働者の平等的参加」型QWLがアメリカで急速に広まるというのは疑わしい。UAWトップレベルでQWLをいくら鼓舞しても, 多くの現場レベルでは今ひとつ盛り上がらない（篠原, 2003, 第7章）。結局のところ, 先任権に目を向けない議論は, 実態にそぐわないのではあるまいか。

②作業組織改革に対する理解について

アメリカにおけるQWLを議論する以上, かの国で多く見られた日本的作業組織に対する誤解（「チームで助け合い, 満足度が高まれば, 生産性も上がる」式の楽観的な動機づけ理論）にも触れてほしかった。80年代以降アメリカ自動車産業における作業組織改革は, とりわけ生産性の観点で, 説得力ある議論が十分になされたとは言えず, 多く曖昧にされてきたと言ってよい。例えば代表的なコーカン等による研究でも結局, 従業員の満足度・自律性と生産性との統計的相関関係を証明できなかった（篠原, 2003, 第1章）。すなわち80年代以降の作業組織改革が大きく日本化が目指されてきた以上, チームワークというよりも, 改善から工数低減・要員削減, それを下支えする能力主義が生産性向上につながるという理解が必要だと思われる。

③組合規制・労働協約調査の必要性

そもそも「QWLの導入＝職務規制組合主義の解体（14頁）」というなら, 職務規制（先任権）がどのように具体的に解体されているのかを掘り下げる必要がある。そもそもこの点については, ウォマック等, KKMに代表されるアメリカの研究者にも, 組合規制観察軽視の風潮が見られる〔「労働者たちは協力して仕事をしており, 協約の細かい点は無視していた」（Womack et al., *The Machine That Changed the World*, 1990, Rawston Associates, p. 100.）〕。しかしながら, 今日でも苦情処理案件で常に上位を占める問題は常に先任権運用問題であるし, 実際の先任権運用にはまだまだ「マギレある」領域も多い。評者がかつて明らかにしたように, 持ち場の変更, 二次的な空席補充決定は, 多くの場合, 今日も依然として職長による裁量であるが, 組合は先任権の運用を主張してきており, これは依然として労使間の大きな課題であり続けている。QWLが職場労働者の平等な参加・チーム作業というなら, 先任権の運用・構造はじめ, 現場により立ち入った調査こそ必要ではないのか？

④結論の必要性

本書における課題設定は非常に適切であるものの, 最終的な全体像を提示しないことには, 事例の紹介に終わっている印象が若干拭えず, 「労働の人間化に与えられた役割＝労働の人間化の所在を明らかにする」という点でやや迫力不足である感が否めない。この本の追求するポイントが, 「様々な理解の可能なQWLというキーワードの中における, アメリカ・スウェー

III 書評

デンにおける位相を明らかにしたい」といっことならば，せめてさしあたりの結論でも提示してくれれば非常にありがたかった。

以上，書評というより，評者による「無いものねだり」的な論点提示となってしまった。しかし最初に掲げた本書の4つのメリットを鑑みれば，本書が貴重な文献であることに変わりがないことを，最後に特筆しておきたく思う。

（大阪商業大学　篠原健一）

●個別紛争処理と労使関係

都留　康著

『労使関係のノンユニオン化──ミクロ的・制度的分析』

東洋経済新報社，2002年6月
256頁，3000円

1　概　要

　本書は，組織率低下に代表される日本の労使関係・産業民主主義の低迷という現状と，活発でない研究状況に対する問題意識の下に，日本における労働組合・労使関係のもつ経済効果を未組織企業も含めて計量的に分析したものである。第1～5章は労働組合による発言機能が賃金，離職率，生産性等にどのように影響するかを検討したもので，アメリカ労使関係に関する研究方法を日本で追試したかたちになっている。続く第6，7章は上述の事項を未組織企業の実態を通じて分析したもので，日本の研究者の成果を承けたものである。

　第1章では，アメリカの研究を中心にレヴューが行われている。まず，Hirschman, Freeman and Medoff による退出／発言モデルが検討され，本書の分析視角の柱のひとつとされる。次に，Freeman and Lazear による，労使コミュニケーションがもつ情報の非対称性の緩和・生産性向上（発言効果）と，労働者によるレント・シーキング（賃金効果）分離の必要性に関する議論が紹介され，もうひとつの柱とされる。

　第2章での，日本の労使関係の一般的特質の確認に続き，第3章では，労働組合組織率の低下要因に関する先行研究が検討される。組織率低下要因として産業構造の変化，雇用形態の多様化などの構造的要因が一般的にいわれる。だが，それ以外の「組織化プロセス」要因も考慮すべきとする。

　第4，5章は，労働者調査データを分析した実証部分である。第4章では組織率低下は，企業規模・産業・職種・学歴・雇用形態・学卒後年数等の構造的要因だけではなく，歴史の新しい企業ほど低いことが明らかにされる。つまり，組合による組織化努力の度合である「組織化プロセス要因」が影響しているものと考えられる。次に労働組合が労使関係に対して与える経済効果として，賃金・福利厚生等の労働条件や離職率を下げる効果はないが経営に対する発言を促進する発言効果は確認できることが示される。未組織企業に対して組織化企業で賃金等の労働条件のプレミアムがないことは，Freeman and Medoff によるアメリカでの実証と対照をなすものである。続く，第5章では労組組合員による「組合離れ」が検証される。これには，年齢・勤続年数・職務満足度・組合の認知度・職場の社会的統合といった「参加機会に関する要因」ではなく，労働条件向上への評価等の「参加意欲に関する要因」が影響している。

つまり「組合離れ」は組合員の価値観や属性変化といった外部要因ではなく，伝統的な労働組合活動に対する低評価によるものとされる。

第6,7章は，未組織企業での労使コミュニケーション制度に関する検討が行われている。第6章での先行研究のレヴューを踏まえて，第7章では，調査データからの実証が行われる。まず，未組織企業でも様々な補完的発言機構が「重層的に」設置されている。特に発言型従業員組織は労組に対して代替的な性格をもつ。組織化企業に比べて未組織企業では労働者の発言の程度はやや弱いが賃金引き上げ・離職率引き下げについての差はない。また労組や発言型従業員組織は生産性効果をもつ。未組織企業では，春闘など外部の交渉結果を参照して賃金決定が行われるため，情報共有が密であってもパイの分配をめぐる衝突は生じないので，生産性効果への期待から経営者は従業員の発言制度を受容する。

2 評 価

本書の貢献として，まず大量観察データを対象に労使関係の現状を計量的に分析したことがあげられる。ある程度通念化している事柄についても，数値データを示すことは実証としては一定の意義をもつ。事例研究では克服できない代表性の限界を補うメリットゆえに労使関係研究においても欠かせない方法である。次に，未組織企業においても，集団的労使コミュニケーションを促進する方策がとられていることを計量的に実証したことである。昨今は人事・労務管理の個別化が喧伝され，個別的労使関係のもつ意義が重視されるようになっている。この側面が重要なのはいうまでもないが，集団的労使関係の側面で解明すべき問題は依然として残されているように思う。本書はこの領域でもひとつの重要な貢献を果たしたと言える。

次に，疑問に感じたことを4点あげたい。
第1が，調査項目の設計とデータ解釈の問題である。ここでは2点について述べる。まず「離職率」についてである。これは本書を通じて自発的なものとイメージされている。しかし調査パラメーターとしては，筆者も認めるように自発的離職なのか解雇等による非自発的離職なのかは区別されていない。今回は，組合による抑制効果がみられないという結果が出たが，その内実をどのように解釈するかは検討の余地があるようだ。次に「組織化プロセス」効果である。その根拠として設立年度が新しい企業ほど組織率が低いことがあげられている。しかし，他にも解釈があるのではないか。たとえば，労組の組織化努力と経営側の姿勢が一定であると仮定しても，歴史が新しい企業ほど組織化の働きかけを受ける頻度は少なくなり，結果として組織化の度合いが低くなる，という身も蓋もない因果関係がありうる。また，レヴューで取り上げられたFreeman and Rebickが指摘するように，日本でも経営側の労組忌避姿勢が強くなっている可能性も検討対象になるだろう。たしかに，調査実務上はパラメーターの数をある程度制限する必要がある。しかし，その点を踏まえたデータ解釈の相対化があってもよかったのではないか。これらの点に関連して，アンケート調査に使用した

調査票を添付して読者の便宜に供してもらいたかった旨加えておく。

　第2が，本書の図式である。ここには2つのストーリーがある。①労使関係システムは，賃金等労働条件の決定を外部化することで企業内での交渉コストを下げる。この役割分業構造によってマクロ的な労使関係制度は安定する。日本では，企業別の労使交渉と春闘による企業横断的な賃金決定がそれにあたる。しかし，②労組が賃上げ等の労働条件向上を充分に果たせないために，労働組合の組織化の停滞と組合員の忠誠心の喪失が生じている。①で安定性に寄与する企業内での賃金交渉の実質的不在は，②では組合組織の基盤を崩す不安定要因となる。両者を整合させると，日本の労使関係は短期的には安定するが，長期的には土台である企業別組合の限界ゆえに組織率の低下と春闘の形骸化を引き起こし崩壊するというある種の宿命論になりそうである。

　だが，果たして筆者が述べるような企業別労使関係と春闘の二重構造は短期的にも安定的な性格をもつのだろうか。たとえば，春闘相場を参照すると一口にいっても，業績のよい企業においては，相場を重視する経営者と企業業績を重視する労働者側との対立が生じるだろう。逆に，悪い企業においてはそれぞれ重視する項目が入れ替わりやはり葛藤が生じる，といった具合に。つまり，企業内のおいても「賃金効果」にあたるなんらかのフリクションが存在すると考える方が現実的である。計量分析を駆使する研究においてはある程度簡明なモデルが必要であるが，その妥当性も対象の材料となるように思われる。

　第3が，雇用保障の問題である。日本の労働組合に対する評価は様々だが，雇用保障に貢献してきただろうことはほぼ通念といってよい。外在的な批判ではあるが，日本の労働組合・労使関係をトータルに評価する上でこの点は欠かせないのではないか。もちろん，このような理論仮説をどのようにアンケート調査に置き換えるかは難しい問題である。研究者・実務家においてもこの概念の解釈は様々だからである。とはいえ，筆者なりに調査仮説・項目に具体化することはできたように思われる。先にも触れた離職率については経営都合によるものか本人都合によるものかを区別して尋ねることは，この問題を検討する第一歩になったのではないか。

　第4が，労組プレミアムの欠如をどう評価するかという問題である。本書では労働組合の効果は企業ごとのプレミアムの存在いかんで測られている。日本では報償の面では有意ではないという。企業別労使関係の現実の場面においてきわめて重要な問題である。しかしマクロ的に見た場合はどうか。本書でも，未組織企業の賃金決定に春闘の相場が参照される波及効果については指摘されている。裏返していえば，日本でも労働組合による賃金効果がマクロ的には存在するという表現もできる（もちろん，これ自体も検証課題ではあるが）。

　このような指摘はやや言葉遊びに聞こえるかもしれないが，政策論議を意識すれば現実的な意味ももつだろう。公共的観点で労組が法認され保護されているのは，マクロ的なメリットが担保されているからともいえる。もし組織率の低下が労使関係シス

Ⅲ 書 評

テムの機能不全を引き起こしマクロ経済に悪影響を及ぼすとするならば,なんらかの政策的補完を求める議論が導ける。たとえば,部下無し「管理職」など本来の管理職でない「管理職」層は現行法でも組織化可能である。それができていない理由のひとつに実務者の解釈等の慣行の問題が考えられる。この場合,明文化立法なり行政通達などによって,この層の組織化の後押しをするという提言ができるだろう。このようなアイデアはややナイーブかもしれないが,いずれにせよ,問題解決にあたっては実務当事者の主体性や努力に期待するだけでなく政策対応も検討すべき手段のひとつとなる。

(西南学院大学 平木真朗)

毛塚勝利編 山下幸司,山川隆一,毛塚勝利,浜村彰,石井保雄,大内伸哉著
『個別労働紛争処理システムの国際比較』

日本労働研究機構,2002年8月
334頁,2800円

司法制度改革論議への貢献

◎構成と貢献

本書は2つの部分から成る。

ひとつは「先進」6カ国(イギリス,アメリカ,ドイツ,フランス,カナダ,イタリア)の個別紛争処理制度の概略(組織と手続き)とその実際の運用の叙述の部分[第1章~第6章]である。国ごとに労使関係の特徴,制度成立の小史等への言及,添付資料等のバリエーションはある。もうひとつはそれらをまとめ,比較を通して日本への,特に現下の司法制度改革の流れの中で政策提言を行う部分[終章,補遺]である。著者,編者はいずれも法律の専門家である。

研究上の貢献としては長期的には恐らく第1の部分が大きいのであろう。研究史における位置づけ,重要度,データ(記述内容)の正確度については専門分野を異にする評者はこれを評する立場にない。しかし,評者が若干の理解力を持つアメリカのチャプターを見る限り,州以下の制度,実態についての一般化の困難その他アメリカ研究に常にともなう困難はともかく,その記述は充分に正確であるしかつよくこなれている。本書のような外国の研究,翻訳がいかにむずかしいものであるかを知る者としてその努力に最大限の讃辞を呈したい。

しかし,本書の当面の貢献は実践上のものである。直接的には上記第2の部分である。本書はその研究生誕の時から政治的(political;ネガティブな意味は含まれない)たることを運命づけられているようである。本書は1995年発行の日本労働研究機構の調査報告書No.65『個別労使紛争システムの現状と課題』を土台に手を加え編集されたものである。当初の研究が政府行政

政側の意図として始められたものであるのか編者達のイニシアティヴで始められたものであるのかは不明であるが，その関心は集団的労使関係から個別的労使関係への「退却」の流れの「真っ直中」にあった。ついで，都道府県労政事務所のあっせん機能強化への舵取り前夜の地方労働局構想・創設への意図せぬ貢献，そして今回の「時局の新展開」に対する貢献を自ら意図した出版，である。「はしがき」自身がこのことを述べている。

6カ国に共通するものとして次の4点を抽出する：①裁判所以外の機関（労働裁判所，労働審判所）を持つ，②労使の代表や市民参加がなされている，③判定的処理の前に調整的処理を前置する，④民事裁判とは異なる労働裁判独自の訴訟手続きを持つ。そして，今日の日本の状況に対し，次の2点を提言する：①民事調停制度の改編による雇用調停制度の創設，労働委員会改編による雇用関係部の創設，②参審制の導入。参審制については6カ国のリビューから協約紛争仲裁機関［独立参審一審完結型］，労使参審独立型［独立参審非連続型］，労使参審連結型［独立参審連結型］，内部専門部型［非参審専門部型］の4つの型を抽出し，日本には3番目の労使参審連結型［独立参審連結型］または4番目の内部専門部型［非参審専門部型］の変形としての内部参審専門部型のいずれかがいかがなものであろうかという。ここで「独立」「連結」とは一般司法裁判所とのつながりを，「専門部」とは既存司法裁判所内部の一部門という意味である。

◎社会政策学への貢献

「比較法」研究とすれば恐らくこれでよいのだろう。しからば，社会政策学への貢献は何か？ 法律関係の学会ではなく社会政策学会で取り上げる理由はここにあろう。言い換えれば，本書の成果に深い敬意と謝意を表しつつ，そしてこれに負いつつ，社会政策研究が為すべきは何かである。容易に考え得るのは次の3点の検討である。
① 各国の労使関係その他を含めた社会の現実とその下での該制度の実際の機能の実証，それらと日本の社会の現実と導入せんとする制度の異同の検証。同じもの（現実）に対し同じもの（制度）を導入するならば同じ結果を生む。これが科学である。異なる文化の社会に対する技術移転の際の適応，変容等の議論はかつてQCのアメリカ社会への移転に関し議論された。同じ制度の導入は同じまたは類似の結果を生む保証はないし，逆方向の結果さえ生むかもしれない。
② 第1章から第6章の生の材料（データ）とこれに他の材料（データ），ファクターを加えた上での異なる制度政策，対案の提言。
③ 逆に本書で提示された制度——その出自（の合理性，必然性，科学性）を問うことなく——を日本の現実（社会）に導入するとした場合の政策分析。

しかし，現在の司法制度改革論議の進み方をみれば時間的余裕はまったくない。③から始めるほかあるまい。

一般に法制度論は法律論として上から論じられてくる。社会政策論であれば法律を含んだより幅広い社会の枠の中にこれを置

く。評者のようなアメリカのソーシャル
ワークをバックグラウンドとする社会政策
研究者であればこれを下から論じ上げる。
ちなみに、スペクトの社会福祉政策分析の
古典的モデルにしたがうならば、まず、
Who, What, How and Finace の問いで始め
よう。対象（constituency と beneficiaries）
は誰か？　社会のどのような階層、サブポ
ピュレーション、グループであるか？；提
供されるものは何か？　何を目的としたど
ういう性格を持ったものか？　現金か、現
物か、サービスか、「力」（power）か、バ
ウチャか、機会か──そのいずれを付与す
るという形でその目的を達成するか？；そ
れらはどのような配給システムの下で提供
されるべきか？　サービス提供の組織、場
所、直接従事する人の資格要件、他の既存
の制度との関連はどうするか？；予算的ア
レインジメントは如何？　総額、合理性、
裏付けは？　税金によるのか、民間資金を
動員するのか、混合でいくのか？　税金で
あれば国税、地方税その他どのような形を
とるのか？　その金の流れはどこから始
まってどのようなチャネルを通ってどこに
収まるのか？　末端直接サービス提供機関
の財政的制度、経費配分はどうするのか？
等々。

◎参審制より陪審制？社会政策学の一回答

　これを今回の議論に当てはめてみただけ
でも、数多くの政策選択肢、制度デザイン
が考えられる。一例として、現在もっとも
中心的政策選択論議にのぼっている参審制、
特に労使代表を加えた参審制の日本におけ
る導入について、政策分析の一端と「異な
る……提言」（上記②）を試みてみよう。

（1）　予定される対象は、膨大な数の中小
企業非組織労働者である。実際には大企業
組織労働者も含まれようが、こちらが焦点
ではない。労組の役員、企業人事部等の管
理職、それらの OB、弁護士、裁判官では
ない。提供されるものは、彼（女）らが抱
える問題を当該労働者が「満足的にまあ耐
えうる程度に」解決すること、そのための
制度、サービスである。ここまでは問わな
いことにしよう。

　この目的を達成するために、参審制は妥
当か？　当事者の「参加／参与」は民主主
義原理から見れば常にポジティヴに評価さ
るべきもののようにも見えるが、それは必
ずやポジティヴな結果を約束するものでは
ない。しかし、この点も問わないことにし
よう。

（2）　しかし、なぜ労使代表を「参加／参
与」させるのか？　本書にはその理由は書
かれていないが、一般には、「現在の裁判
官、弁護士がわかっていないから」当事者
たる、問題のわかっている専門家たる労使
代表を入れろというのである。基本的には
間違いだろう。

（3）　選出されてくる労使代表のほとんど
は大企業出身者であろう。中小零細企業労
働者の問題の当事者ではない。しかも、集
団的労使関係の専門家であっても個別的労
使関係の専門家ではない。さらに裁判で争
われる問題は解雇その他「権利関係」にま
で昇華してきてはいるが、その裏には、現
実の生活問題が存在している。メンタルヘ
ルス、差別、人権、家族のケア・角逐、健
康、借金、薬物その他が本当の問題である

かもしれない。労使代表はこれら問題の当事者でも専門家でもない。

（4） ソーシャルワークの目を持つ社会政策分析者であれば，問題を労働相談から連なる労働者が抱える問題の一連の解決プロセスの中に置いて考える。

　問題を抱える労働者は次のようなステップを進む。①家族，友人，現在または以前の職場の労働組合の役員，職制上の上司その他への相談；②職場内外の制度化された相談プログラムまたは機関を利用，たとえば，従業員相談（EAP），組合員相談（MAP），労使事務所の労働相談，行政の各種市民相談，民間組織・団体（NPO），たとえば労働弁護団の相談等；③職場内外のより制度化された苦情処理制度・機関の利用，たとえば，協約に基づく苦情処理制度，使用者が自ら用意する苦情処理プログラム等（ADR）または労使事務所のあっせん等；④より公的権力に近い地方労働局，労働委員会のあっせん，調停制度の利用；そして最後に⑤裁判となるのだろう。

（5） 労使代表は裁判に至る前段階まで（①—④）ですでに関わっている。そのすべての段階で役立たなかったが故にここまで問題は到達してしまったのである。（裁判という）サービス提供に直接従事する人は労使代表よりも，一般事件と合わせた陪審制の方がはるかに良い。これらエリート労働組合元役員，管理者よりも，同じように自ら，あるいは自らの同僚，家族が解雇され，いじめに遭い，不当な差別に遭い，あるいはこれらを近く見聞している市井の市民，労働者＝「素人」の方がはるかに「当事者」であり「専門家」であるからである。訴訟上の知識，技術は弁護士，専門家に任せれば良い。

（6） 人的，金銭的資源まで考慮すれば，最後の裁判の段階にこれらを投入するより，その手前の段階における解決により多くの努力を費やすべきであるとの議論も成り立つ。よく言われる「日本の文化的土壌」からいうならば，その方が日本の現実には向いているかもしれない。「労働ソーシャルワーカー」のようなプロフェショナルを社会として用意する，あるいはこれら問題に関心を持つ社会福祉労務士，労組役員，企業人事担当者，行政経験者等の一部に一定の研修と試験を課しこのライセンスを与える。厚生労働省所管のまたは民間または第3セクターの資格を創設する。彼（女）らはかなり早い段階（上記（4）②）から，最後の調停の段階（同④）あたりまで多様な介入と貢献が考えられる。一定のプロフェッションとしての倫理と価値（秘密保持，人権その他）を持ち職場と家庭のそれぞれの問題およびその双方の関連について理解と解決能力を持った者である。

　本書の貢献はその編著者の意図を超えて現在の社会政策研究者の本問題への無関心への批判とも読める。日本の悲劇は法制度の問題は法律家とその周辺の関係者にその検討を委ねて良しとしているその「文化的土壌」にある。（2003.10.4）

（日本女子大学　秋元　樹）

Ⅳ 投稿論文

新医療福祉体制と看護労働力移動　　　　　　　　　　山田亮一

日本におけるケアマネジメントの特徴
　―看護師の進出―　　　　　　　　　　　　　　　　伊藤淑子

障害者の就労と公的責任
　―共同作業所と運営助成金を中心に―　　　　　　　荻原康一

新医療福祉体制と看護労働力移動

山田亮一 Yamada Ryoichi

はじめに

　21世紀の初め，増大する高齢者人口を抱えた先進各国では医療福祉制度の変革を進めている。その動きは従来の急性期の病気を中心とする医療体制から日々の暮らしと結びついた生活習慣病や長寿化に重点を移した医療への転換である。この変化はヘルスケアに深く関わっている看護師への需要となって現われている。不足する看護労働力を補う政策として，国内での看護教育・訓練の増大はもとより，看護現場を離れた人材の再教育，再開発により職場復帰を促進すること，さらには国内外での積極的な求人活動を展開している。しかし，専門職としての看護労働者を育成するには時間を要し，また，予測した供給量と需要量にはタイムラグが発生しやすく，需要調整が困難である。現場では看護労働力不足に対する短期的調整が大切であり，その対応に苦慮している。また，看護労働力不足が原因で医療福祉サービス供給に制約が発生しており，医療福祉制度にとっても弊害となってきた。その結果，国内で不足する看護労働力を短期的にも国外に求める動きとなっている。

　先進各国は今までに経験してきた移民問題の対応の困難さを踏まえ，看護労働力移動についても制約条件を設けているが，国際的にも需給関係の逼迫しがちな看護労働力においては労働力の余剰があると見込まれる相手国との2国間協定を結ぶ一方で国内では雇用契約等の条件整備も進めている。先進各国は今後とも看護労働力不足が予測されている。さらに，注目すべきは看護労働力が大量に不足し，国際的看護労働力市場への介入を進めているアメリカ合衆国の動向を前にして，国際的な看護労働力移動が勢いを増していることである。ま

た、これはヒト・モノ・カネ・情報が統合されつつある世界市場でのグローバリゼーションの動きと連動している。

　先進各国は発展途上国の医療制度を支える貴重な資源となる看護師に対しても活発な求人活動を展開している。昨日まで各地域で医療活動に従事していたはずの看護師が国際労働力市場の需要の高まりの中で翌日には容易に国境を超え、南から北へと大量に移動を開始している。これらの動きは発展途上国から先進国への専門職である看護師の移動が提起するグローバリゼーションの下での新たな「移民問題」とも言えるものである。

　この論文は移民の流入国であるイギリス（イングランドを中心に議論する）と世界第2の労働力輸出国であるフィリピンとの間における看護労働力移動に焦点を当て、国際的な看護労働力移動の現状と影響について報告するものである。さらに、グローバリゼーション下でイギリスが推進する福祉国家の一連の近代化（modernising）において重要な位置を占める医療福祉に関する戦略を考察する。

1　イギリスの医療制度と看護需要

（1）イギリスの医療を取り巻く状況

　1990年代初頭から始まるNHS（国民保健サービス）およびコミュニティ・ケア改革は、イギリスにおける1948年労働党ベヴァン保健相の下で国営事業として開始されたNHSの幾度となく繰り返された改革の中でも最大の改革であった。それは保健当局の財政赤字、病院の閉鎖、待機者の増加など、危機的状態を回避するためでもあった。NHS改革は計画経済的な管理経営から保健医療サービスを購入者と供給者に分離し、内部市場（internal market）を導入し、市場原理を機能させ、医療サービス供給に3E（経済性・効率性・有効性）を求める新公共経営（ニュー・パブリック・マネジメント）への転換であった。しかし、NHSへの改革での内部市場の導入はそれを取り巻く条件整備の不足により必ずしも予測された効果を生まなかった。医療制度の財源や資源が不足する中で、価格競争や費用対効果をもとめる経営は医療サービス供給量の増加へと転化さ

れず，医療サービスの制限や利用者間格差が生まれるなど，国民からの批判も多かった。これらの原因は社会保障費の抑制によるものであり，医療施設・設備の老朽化，医師・看護師や病床の不足，看護師不足による病室の削減や閉鎖などNHS自体の抱える課題でもあった。これらは社会問題化しており，1998年にはNHS病院の待機者が100万人を上回る異常な状況になった。

1997年政権の座についたブレア労働党は政権政策集であるマニフェストの中で内部市場の廃止，保健医療サービスの充実を挙げた。NHS制度創設者としての労働党自体でもNHSへの思い入れが強く，同年12月には白書（The New NHS）を発表し，再び重大な改革を行っている。白書では効率性，説明責任，透明性，選択などNHS改革の長所を挙げているが，関係機関の協力関係の欠如，不公平性，地域格差などの問題点を指摘し，新たなNHS改革の基礎としてNHSを真の国民保健サービスに刷新すること，パートナーシップの下でのサービス提供，厳格な実績評価と包括的なサービスによる効率性の促進，ケアの質の重視による患者への高い質のケアの保証など6つの原則を打ち出した。プライマリーケアを重視した改革であるが，前政権である保守党の医療政策の修正でもあった。

政策転換に繋がるものとしては1997年から1999年にわたり5回の委員会が開催された王立委員会（Royal Commission）の高齢者のケア（Long term Care）に関する提言，さらに労働党・社会正義委員会の近代化を核とした一連の近代化政策により新たな戦略を展開させていく。保健医療サービスではHealth Act 1999の成立，NHS Plan 2000の策定などが矢継ぎ早に提出された。その方向性としては従来の救急や治療中心の医療から慢性病や高齢者に対応できる医療制度への転換を図るものであり，また，50年以上にわたり保健医療サービスとソーシャルサービスに分断してきた壁を破壊し，効率性と包括性を高めるために2つのサービスの統合し供給する方法としての中間ケア（intermediate care）の導入であった。また，サービス供給をひとつに統括する新たな組織としてのケアトラスト（care trust）などへの進化過程を意図した。ここでは看護と予防やリハビリテーションを含めたプライマリーケアとソーシャルサービスの提供が継ぎ目なくひとつの部門から統合的・包括的なサービスとしてワンストップ

サービスの形で効率的に提供されることになる。

　NHSプラン2000では保健医療サービスの供給能力の拡大が計画されている。

(1)　施設・設備の拡充
- 病院，中間施設のベッド7,000床（うち中間施設は5,000床）の増加
- 100ヶ所を超える病院を2010年までに新設
- 3,000ヶ所を超える一般医（GP）の診療所を2004年までに改造，移転により近代化
- ワンストッププライマリーケアセンター500ヶ所を2004年までに整備

(2)　マンパワーの充実

　2004年までの目標値として
- 専門医7,500人，GP2,000人，看護師2万人，他の医療専門職6,500人増加
- 看護師，助産師，訪問看護師の研修費として5,500人増加
- 医師養成過程の定員1,000人の増加，院内保育所100ヶ所の増設
- 看護師等の研修に3年間で2億8,000万ポンドを投じ，2004年までに半数以上が医薬品の処方等を行えるようにする。

　2001年のイギリス総選挙の労働党マニフェストの5つの公約の中で医療・福祉とも各々充実が叫ばれている。しかし，財政制約のために医療・福祉の両部門は他の西欧諸国よりも低く抑えられてきたが，医療では従来の1.5倍にも及ぶ大幅な投資と5年以内に西欧諸国並みにするという目標を立てた。不足する財源を確保するための新たな増税の実施，さらに，医療施設の老朽化や医療サービスの供給力不足を打開する医療施設建設においても，地方の財源制約を受けずに建設を推進するために，民間資金を活用した社会資本整備としてPFI（Private Finance Initiative）方式（PPP：Public Private Partnershipに呼称が変更されている）を積極的に活用している。このように医療サービス供給力の増強が図られるようになった。

（2）イギリスの看護師を取り巻く状況

　イギリスは看護の広範な部門で先駆的な取り組みがあった。病院看護婦（hospital nurse）の職業的起源は12～13世紀の医療看護活動に従事していた修

道士・修道女まで遡ることができる。また，地域の看護活動として地区看護婦（district nurse），訪問保健婦（health visitor），助産婦（midwifery）などが地域の医療・保健・福祉の担い手として活動していた。地域の看護師は19世紀からのボランタリー団体の発展に負うところが大きく，ボランタリー団体の援助を受けて独立性を保持しつつ，地域社会で活動を行うものもあった。さらに，看護教育の基礎を築いたナイチンゲール，彼女の助言を受けリバプールにウィリアム・ラスボーンが看護師養成校を設立させるなど公的要素の強い看護活動の先駆的実践があった。しかしながら，看護師はボランタリーな先駆的要素が評価されがちで，看護と女性労働の関係，看護師育成機関である病院と看護学校の支配関係，医師と看護師との上下関係が残存し，制度的にも古い体質を残したままであった。また，看護師には自己犠牲や従属関係が強調され，劣悪な労働環境の中で若年の退職が目立つ消耗度の高いものとなっていた。

制度的な改変が望まれても，アメリカの看護教育に代表される独自性，専門性が高く，制度的にも自立した看護師としての方向を目指すにはアメリカに大きく遅れることとなった。それぞれ分立して発展してきた看護職は1978年の看護師・助産師・訪問保健師法により体系が整備され，その職制として看護師，助産師，訪問保健師に区分されることとなった。看護が社会の新たなニーズとなった社会の変化，病気，薬剤，医療機器に対応するため，1989年には看護教育改革プロジェクト2000が開始され，看護教育の体系化と専門職育成を目指した改革が推進された。改革の要点は准看護師養成を停止し，看護専門職教育施設を大学に位置づけ，基礎過程と分野別専門課程を36ヶ月の短期間で修了するもので，その後看護学士号の習得も可能で，看護教育者への大学院教育も制度化した。准看護師から看護師への移行教育としてフルタイムやパートタイムの各コースと通信教育を開設した。また，看護学生の病院における臨床面での位置づけを労働者から学習者とし，労働と学習を区分するものであった。

イギリスの看護師の供給体制は常にその時代の政策や財政状況に左右され，看護師育成も十分なものとは言えない。働く環境や労働条件が悪く，看護師としての職業に魅力がなかった。さらに，政策的にも看護労働を軽視する傾向が強く，医療部門への市場原理の導入，競争や効率の追求は看護師削減を促進し

た。現場での看護師不足は病室・病院の閉鎖，サービス供給不足につながっていった。

　人々の経験の中からも20年前の病院では良いケアを提供できたので看護師はすばらしかったが，現在の病院では看護師不足で患者に対し十分なケアもできず，質の悪いスタッフで構成されていると考えている。一般の人々の意識の中でも看護師への関心は高く，信頼や支援ということでは医師を上回る結果がでてはいるが，一方で「私は看護師になりたくない。子どももそうなってほしくない」「家族や友人から看護師になることを思いとどまるように言われる」「看護に進むことは評価するが，自分自身が看護師になることは希望しない」との声が聞こえるようである[1]。

　このような現状を生んだ要因として①安い賃金，②悪い労働条件，③ステータスの欠如，④NHSに潜む白人優位の差別意識（黒人やマイノリティーへの人種差別）などが挙げられる。さらには看護師養成に対する政府の意識が低くて一貫した対策が実施されてこなかった。事実，看護師の仕事はストレスが多く，仕事中に言葉の暴力，身体的な暴力に出会う機会も多いこと，NHSや医師が一般的に評価される中で，医療専門職としてのステータスがなく，制服を着用していても安心できず，注射器を持っていることで身の危険を感じるときもあると指摘されている。また，NHSは人種差別等の差別意識を解消しておらず，黒人やエスニック・マイノリティーの子どもたちが看護師になろうとしても，その親たちの体験した苦い人種差別を追体験することを嫌い，看護師を仕事として避ける傾向にもある[2]。

　看護の近代化の戦力として1980年代に導入されたヘルスケア補助員（HCAs）や看護補助員（HAs）の導入は看護師の立場をより不安定にしている。医療職制の専門分化の過程においてヘルスケア補助員の役割や価値は評価されており，また，医師はその専門性ゆえにアイデンティティーを明らかにできるが，看護師は病院業務の大半を占めるものの，その仕事の多くは雑用であるという看護師の業務内容自体がその原因である。さらに，看護師自身もその特性を明らかにする姿勢を示してこなかったこともある。

(3) 看護師不足とその対策

1999年 UKCC（United Kingdom Central Council for Nursing, Midwifery and Health Visiting）に登録された看護師は47万5,000人であり，内訳は NHS 病院（30万人），GP のアシスタント（1万8,000人），民間病院・ホーム・診療所（6万6,000人）等となっている。また，看護師は高齢化傾向にあり，看護師の半数は40歳以上であり，5分の1は50歳以上であることから，今後退職率が高まる。退職者数は1990年代には年間5,500人であったが，2000年代前半には年間1万人になると予測されている。また，2年以内の退職者は2％程度である。NHS トラストの78％は看護師の求人が困難であり，転職率も高い。これに対し民間病院で働く看護師の全体に占める割合は上昇傾向で1990年（11.5％），1996年（17％）となっているが，民間ナーシングホームの4分の3では看護師の求人が困難であり，著しい不足が予測される[3]。

イギリスの看護師の登録は国家試験の合格によるのでなく課程終了を根拠にしているが，学校からドロップアウトする者が多く，また，看護学校を修了しても看護師として登録しないものが3分の1を上回る状況である。*Nursing Times* の2002年9月10日号では King's Fund の調査をもとに，1997年から2000年にかけて看護師の登録状況がまとめられている。1997年には2万4,686人の修了生に対して1万6,392人がイギリスで看護師登録（登録率66％）をしたが，8,294人はそれをしていない。その後の3年間も同様な傾向である。登録をしない理由として労働条件の良いアメリカ，オーストラリアでの就職のため，看護師になることが目的でなく高等教育を受ける資格とするため，さらにソーシャルワーカーになるため等である[4]。看護師になり，すぐに NHS に就職したものの比率も99％（1991年）から90％（1996年）へと9％も低下している。また，1998年には登録した看護師数が2％減となり最大の減少率を経験した。最悪の看護師危機を招いたのは社会変化の様々な要因の相乗効果であると1999年 RCN（Royal college of Nursing）は報告している。よってジェンダー，教育・訓練や開発上の課題，組織上の課題を考慮した対策が必要だとしている。1999年でも政府の認める看護師不足数は8,000人（RCN では1万3,000人）である。

NHS では看護師不足の対策として大規模な求人活動，退職防止策，退職者

の再雇用，高齢看護師の活用策，さらに民間部門を活用し，NHS病院内でのサービス委託，看護師バンクからの看護師派遣も実施している。また労働環境や労働条件の整備や改善，パートタイム看護師に対するキャリアアップのための支援，親しみのもてる職場環境作りも行っている。しかしながら，国民は看護師の仕事を敬遠していることもあり，これらの対策は必ずしも効果を上げていない。現場では看護師の求人によっても補充がままならず，結果として，コストが安く，看護労働力を安定して大量に補充可能な国際的な求人活動に頼らざるをえず，海外からの看護師で不足分を補っているのが現状である。

（4）制度改革と看護労働力確保

看護師の業務は保健・医療・福祉と多岐にわたっており，医師やソーシャルワーカー等の専門職と比べても広範な活動領域である。病院経営でもその業務の大半を看護師の労働に依存している。看護労働力不足が原因で病院内のサービス提供ができず，病棟の閉鎖・ベッド数の削減等に見舞われてきた。高齢者人口が増え，より大きな社会的なニーズが生まれる中で看護労働力の確保や供給能力拡大が重要となる。このことは医療福祉の現場の課題となるだけでなく，社会保障制度を支え，福祉国家形成の一翼を担うことにつながる。看護労働は対人サービスであり，個人を対象にサービスを提供するため生産性が低い。さらに専門職としての教育訓練に時間を要することもあり，予測した需要とそれに対する供給量にタイムラグが生じやすく調整が困難という難点も抱えている。

医療の近代化，マンパワーの充実を政策として掲げる労働党政権においては，医療福祉部門の最前線に位置している看護労働力の確保は緊急な課題であり，積極的な制度改革も実行されている。まず，労働条件面でも第1の課題は賃金である。政府はボランタリー性や公的な性格の強かった看護労働に対して賃金面でも冷遇し，公的なサービスの中でも安い給与体系のまま放置されてきた。組合運動の中でも労働条件の改善の中心は賃金の引き上げであった。この闘争のためにストライキが頻発した。

新たな給与制度としての 'Agenda for Change' に従い賃金の引き上げが実施される。これに従い，最高度専門職として新たな資格をもつ看護師では1997年

の給与が2万5,655ポンドであったものが，2003年には4万6,000ポンド，さらには6万5,000ポンドへと改定される。これにより，看護師は利用者に対して，より融通性があり，高い質のサービスを提供する責任が生まれる。それに伴い看護師は患者各人に対応し，規格化されたサービスを提供することになる。これらは患者の利益につながると政府は考えている。

　看護師の役割を高度化する動きとして，医師や薬剤師の業務であった一部を看護師が担うことにより，統合したサービスにつなげようとする試みも進行している。その戦略として2003年RCNの講演で保健相のジョン・ヒュットン（John Hutton）は次の点を挙げている。

〈対人医療サービス（PMS）の変更〉GP不足の一環として医師に代わり，簡単なケガや病気に対して診療所などで働く看護婦のネットワークにより看護師がその治療をするものである。

〈ナースコンサルタント〉救急看護，ガンの治療，危篤時の治療，糖尿病，高齢者の看護，助産師の仕事など，医療機器の操作から精神科治療などきわめて高度なサービスを提供する役割を果たす。

〈モダンメイトレン（Modern Matron）〉積極的に病院の管理・運営に参加を求めるもので，サービスの質やその水準を向上させようとしている。プライマリーケアの初診，慢性病の管理，公衆衛生をも含む。さらに薬剤の処方が医師の許可を得ずにできる看護師を養成している[5]。

　このように従来の看護師の職域に限定せず，効率的に資源を利用する総合的・包括的職制と高度専門化した看護サービスの提供を進めることによって看護師に新たな役割や高度な専門性をもたせることになる。さらに，看護師が医師から直接指示を受けるという従来の従属的な関係を破壊し，新たな管理職として他の専門職との中渡し役を果たすとともに，看護師が病院経営へ参加するパートナーシップの関係に転換しようとしている。このような看護の近代化路線に対してRCNは賛同の意を表している。しかし看護師の抱える課題を解決したわけではない。ヘルスケアとの関係で言えば看護師の専門性として，他のケアワーカーのアドバイザーとしての二次的技術者，また心理的アシスタントとしての専門家の役割を果たせるか。患者との関係ではケアプランやヘルスケ

アの支援サービスが提供できるか。さらに他の医療スタッフの提供してきた拡大したケア要素にうまく適用できるかなどの不安要因も残されたままである。

たとえば，1988年プリンスウォーターハウスでの看護師の意識調査でも看護師の不満の大きなものとして①人材不足（7/10），②看護する十分な時間がない（2/3），③精神的に疲れた（3/4），④自宅での仕事ができない（1/2），⑤ストレスを感じる（1/2）などが指摘された（括弧内は意識調査の比率を示す）[6]。このような従来からの課題への真摯な対応が必要となってくる。

看護師の労働環境整備として増員が計画されている。政府が公表する看護師の増員としてNHSプラン2000では看護師2万人増であり，1997年から2002年までには5万人の増員が達成された。2008年までには2001年のイングランドの看護専門職（看護師・助産師・訪問保健師）よりも3万5,000人多い増員目標を定めている。その結果，2008年には1997年に比べ8万人を上回るものと予測されている。

（5）看護師の海外求人活動の波及

イギリスは必ずしも移民が流入するだけの国ではなく，各種技術者・専門家・労働者などとしてアメリカ合衆国や旧植民地，英連邦諸国（Commonwealth Countries）に人材が流出した。1960年代には国内の景気低迷により多くの移民が発生し，各種技術者や専門家の海外流失により「頭脳流出」が叫ばれたことがあった。近年では，西欧諸国へのグローバルな規模での大量の移民の流入により，他の諸国と同様に移民政策の管理規制強化を進めているが，他の国と比べ移民が流入しやすい素地がある。

深刻な看護師不足への対応策として国際的な求人活動に頼っているのが昨今の状況である。イギリスが海外への求人活動を積極的に実施するのは国内需要が高まった時である。従来は旧植民地から組織される英連邦諸国から流入しており，NHSでは主にアイルランドや西インド諸島各国から看護師が入っていた。また，ニュージーランドやオーストラリアからはワーキングホリデー制度を利用して流入していた。近年では欧州連合（EU）や欧州経済地域（EEA）の経済圏の中で看護師が自由に移動している。これらがイギリス国内の看護師需

要を調整する役割を果たしてきた。1970年代にも看護師への需要が高まりを見せ，海外へ求人活動を活発化させたが，短期的に収束した。今回は状況が異なる。

　イギリスの医療政策の中の看護師養成については積極的姿勢を示してきたとは言えない。国内の看護師育成はその時々の政権や政策の下で影響を受け，一貫した方針も示されてこなかった。とくに，費用対効果を追求した1990年代のNHS改革では看護の教育訓練施設や一部の看護師を効率的でなく不採算なものとして削減を行ったこともあり，看護労働力の供給不足に陥った。今回，積極的な国際的求人活動を実施する理由は増え続ける看護労働力の需要への対応だけでなく，さらに医療福祉政策の転換によるマンパワーの計画的増員にある。看護労働力の絶対量が不足しており，その解決のため世界中から看護師を集めている。この動きは急速に拡大している。

　2002年までにイギリスには4万2,000人を上回る外国籍看護師が登録されており，1999年から2001年の3年間で外国人看護師は2倍以上に増加した。イングランド南東部のNHSトラストは看護師総数の50％程度，民間病院では65％，さらに地方の病院でも慢性的な看護師不足により外国籍の看護師に頼らざるをえなくなっている。これは短期的な解決策でなく，中期的労働力計画戦略を核に据えたもので，看護労働力を輸入することで2008年には35％を補完しようとするいくつかのトラストもある。外国籍の看護師の出身国はロンドンNHSトラストでは68ヶ国以上に及んでいる[7]。近年，その主要な供給国としてフィリピン・インド・南アフリカが登場してきた。さらに，より安定的な看護労働力の供給先として中国や東欧諸国にも関心が注がれている。

　政府は国内での看護養成能力を再建する計画を立てている。看護師として年間8,000人以上養成する資金を提供するとしている。この計画でも4年以上の期間が必要となり，各自治体は解決困難な短期実施目標に直面しており，この課題解決の方法として海外に看護師を求める動きを加速させている。国際的な求人活動はトラスト等の管理者には看護サービスを確保するのに，魅力的な方法であり，迅速，安価，着実に確保できる。また，サービス提供をしても比較的問題の少ない方法である。しかし，相手国の国内事情を考慮することなく，

たやすく貴重な熟練労働者を引き抜くため，看護師の出身国の保健医療に深刻な影響を与えることになる。

　南アフリカのマンデラ大統領はこうしたイギリスの対応に厳しい批判を行っている。これを受け，イギリス政府は1999年の保健省からの特別表明として「南アフリカや西インド諸島諸国ではNHS職員を求人しない」ことを言及しており，「海外からの看護師求人実施規約」を作成し，保健省とその相手国政府の同意なしには発展途上国での看護師等への求人活動を認めないとしている。2002年にはフィリピンとインドの2ヶ国のみが保健省の求人解除リストに登場した。2003年1月の改定でも，求人活動を積極的にできない発展途上国リストが示されている。このようにNHSに対しては保健医療に影響を及ぼす発展途上国の求人活動を何度も禁止している。しかし，民間医療機関等にはその規制が及ばず，実質的には規制の対象とならなかった。政府としては看護師の供給力に余裕のあるフィリピン，インド，インドネシア，さらにスペインなどと2国間協定を結び，秩序ある求人活動を推進している。フィリピンとは2国間協定を結び，1999年より看護師の移民を積極的に進めており，ここ数年で大量の看護師を受け入れることとなった。

　政府は1997年から2002年までに看護師を5万人増員したと報告しているが，その数値のみで効果を期待することはできない。ここでの問題は英語に対する言語能力もあるが，ケアに対する文化観の相違があり，看護でもイギリスで必要とする教育が看護師に施されていないものもある。また，旧植民地であった国々では伝統的なイギリス流の看護教育が実施されているが，植民地時代のカリキュラムを受け継ぎそれを現在でも実施しているため，時代遅れの看護教育となっている国もあり，ケアの評価やそのサービスの質について現在のイギリスの基準を達成しているかは不明な点がある。また，外国人看護師がその所属する部門で機能的，効率的に働いているかについても疑問の残るところである。

　近年，看護師数は増加傾向にある。それは政府の各種対策の成果ともいえるが，その大半が外国人看護師によるものである。政府はNHSサービスに多くの資金を提供している。この制度は「跡形もなく金を吸収する」と批判されているようにその成果が見えにくい部分でもある。また，BBCニュース（2003年

9月18日）によると，イングランドでは海外から求人した看護師でも人員の補充は不十分で，地域間格差，看護職間の格差が生まれている。また，看護スタッフには賃金の良い所に移動する者がいると現状を報告している。

このように，外国人看護師の導入によっても十分な成果を上げるところまで至っておらず，今後の政策的調整が必要となってくる。

（6）グローバリゼーションと看護労働力移動

グローバリゼーションの下での看護師やケア労働者の国際的な移動において，移民労働者たちの国境通過は容易になってきた。先進国では高齢化の進行で高齢者人口が増加しており，国内での看護師やケア労働者が不足することが予測されている。自国内でこうした労働者を養成できない国としてイギリスの外にも，アイルランド，アメリカ，オーストラリア，ノルウェーなどが国際的な求人活動を始めており，他のヨーロッパ諸国の中でも看護師やケア労働者の移民に対して寛容になってきた。他方，看護労働力等の過剰な供給能力をもつ南アフリカ，西インド諸島諸国，フィリピン，インド，インドネシアなどの国々からの豊かな生活を求めた移民が強まっている。今後の注目点はアメリカが看護市場への求人活動を開始する動きを見せており，国際的な看護労働力移動が一層加速するものと見込まれる。

アメリカでは第2次世界大戦後誕生したベビーブーマー世代が高齢者になるに伴い看護師の需要が高まりつつある。2002年のアメリカ病院協会（American hospital Association）の報告によれば，現在でも12万6,000人の看護師不足を抱えている。さらに WHO によると2010年までに100万人以上の看護師に対する需要が生まれることへの警告を発している[8]。当面は著しい求人活動にはならないもの，求人代理業者は世界中に触手を伸ばしている。旧植民地であり，世界最大の看護師供給国であるフィリピンに対してもアメリカは移民制限を実施し慎重な態度を示していたが，2000年に21世紀法（21st Century Act）が通過し，移民ビザの入手が容易になり，病院でのフィリピン人看護師の雇用が再開されている。求人活動の際立った動きとしてグローバルケア社（アメリカの民間斡旋業者）などが2002年よりフィリピンでの活動を開始している。同社は2003年に

フィリピンに直接投資し，アメリカへ看護師を派遣するための訓練・研修，ビザの発行，現地での宿泊などパッケージ化したサービスを開始している[9]。世界的な規模での看護労働力のグローバルな移動は世界中の看護師の国境なき移動を促すことにもなる。このような状況の中で，限られた看護労働力を巡るグローバルな争奪戦が開始されようとしている。

2　フィリピンの移民労働政策と看護

（1）フィリピンの移民労働政策

　フィリピンではマルコス大統領の指示で1974年には海外雇用プログラムが作られた。この政策は国内の失業率を最小限にすること，外貨獲得，世界の労働市場のすきま産業を確立し，フィリピン人の能力を高めることなどを目的としたものである。また，これは第1次石油危機後，中東諸国からオイルマネーを獲得する一時的な措置であったが，年々増加し続け，送り出し先の国・地域としても世界各地に広がっている。1975年にはフィリピン雇用契約労働者が3万6,035人派遣され，1億300万ドルの外貨を獲得していたものが，2002年には89万1,908人の雇用契約労働者，69億3,000万ドル（輸出総額の30％，GNPの11％）もの外貨獲得となっており，労働力輸出が国のひとつの産業として発展している。2000年にはアジア・中東・アメリカ・ヨーロッパ諸国など182ヶ国，約750万人（人口の10％）にも及ぶ大量の海外への移動となっている[10]（フィリピン海外雇用庁：POEA調査による）。主な移動先として，香港やシンガポールには家事労働者，日本にはエンターティナー，サウジアラビアには医療・看護労働者や建設労働者など各国のニーズや各種用途に対応している。近年ではIT関連の労働者や看護師，ケア労働者が増加する傾向にある。

（2）海外フィリピン労働者と政府の対策

　厳しい労働環境であっても海外フィリピン労働者は年平均70億ドル以上の貴重な外貨を獲得し，フィリピン経済を支えてくれる国の大事なヒーローである。しかし，海外でのフィリピン人労働者への搾取，虐待や人権の侵害に関わる問

題が後を絶たず，雇用前，就労後の支援が必要となってくる。これに関する法整備として1974年の労働法典，1982年POEA (Philippine Overseas Employment Administration) の発足，1985年には労働法典に関連する規則の法制化により，POEAと海外労働者福祉庁 (OWWA) の目的，役割，機能が明確になった。1995年には海外フィリピン労働者のマグナカルタとしての「フィリピン移住労働者送り出し法（共和国法8042号）」が成立した。ラモス大統領は「福祉増進と権利保護」を推進したが，その後の積極的労働力輸出政策との関係の中で曖昧，反故にされてしまった。

　海外雇用に関する求人活動をする場合，2国間・地域間・多国間で労働協定を結び，共和国法8042号に基づき公的セクターと私的活動との役割を分離し，資格制度や規則などを定め，民間の斡旋業者に求人活動を委ねているが，しかし不法リクルートが後を絶たない。1984年から1995年でも平均1,000件以上の不法リクルート訴訟がある。不法料金の強要（職業斡旋料が1ヶ月分の給与を越えること），最低労働基準（ホスト国の最低労働基準・各種福祉サービス）の不提示，契約の変更・取り消しなどがある。しかし，ホスト国での不法労働，低賃金，過酷な労働条件を是認の上での不法就労等もある。

　政府は特に国内の斡旋業者の不法リクルートに対して罰金・資格の取り消し処分の強化，情報の開示，新規参入業者への資本金の倍増（200万ペソ）を実施し，厳しい管理体制にある。POEAによると2003年5月の発表では598業者の処分（一時活動休止），549業者の罰金処分があった[11]。しかし，ホスト国の雇用者の不法行為に対しては訴訟費用の関係もあり，相手国頼みで，十分な対応はできていない。

　フィリピン政府は移民労働者がホスト国の中で様々な事件，病気・ケガに見舞われることが非常に多いため，いくつかの取り組みを実施している。社会保障制度による移民労働者死亡の際の家族への補償金制度，女性労働者の保護（共和国法第6949法），さらに国連で採択された移住労働者権利条約の先進国における批准に向けた取り組みがある。

(3) フィリピン看護師の現状と課題

　フィリピンは世界最大の保健医療サービスの供給国であり，アメリカや中東に大量の医師・看護師・医療技術者・理学療法士などを供給してきた。看護師に対しては「患者に対し微笑を絶やさず，魅力的で，しとやかで，患者の苦しみを和らげるために，時間にとらわれず看病し，仕事の延長もいとわない」という評価を得てきた。POEAによるとフィリピン看護師は推定30万人が国外で働いており，1995年から2000年までで海外で雇用された看護師登録累計が3万3,964人であるが，2001年度では1万3,536人と急増しており，その移民先が131ヶ国にも及んでいる。一方，フィリピン国内では看護師登録総数の15％である約2万7,000人しか就労しておらず，公立病院1万7,500人，民間病院7,500人，教育分野2,000人で活動しているに過ぎない[12]。

　フィリピンの看護師は1970年代から海外へ流出しており，各国の需要や労働市場のすき間に合わせ，とりわけ1970年代の中東地域での介護労働者の需要の高まりに応じて保健医療スタッフとして進出した。それらの国々においても医療保健部門が国営化される傾向にあるが，依然として大量のフィリピン看護師が医療保健部門をささえているのは変わりない。しかしながら，西欧先進国の高齢者人口の増加など社会的な変化による看護師の需要の高まり，さらにアメリカでは今後100万人以上にも及ぶ看護師の需要が見込まれる中で，フィリピンでは看護師の海外への流出や看護学校の新設が急増している。

　フィリピンの看護教育は旧植民地であるアメリカの看護教育を手本に英語教育によって行われてきた。根源となるフィリピン看護法（共和国第877条）は1991年フィリピン看護法（共和国第7146条）により更新された。この法は看護の実践範囲や専門職となる看護師を規定するもので，看護の学位となる4年間の教育カリキュラム（病院などの施設看護，公衆保健，看護教育など9分野）を含むものである。看護学校は1907年から1950年においては17校，卒業生は累計で7,289人であったのに対して，1996年までは看護学校170校で毎年数千人を送り出してきた。1998年までに登録した看護師総数は32万3,490人に対して需要は17万8,045人，その84.75％は国際労働市場からのもので，圧倒的に供給が需要を上回るものであった[13]。常に各国の看護労働市場の動向に左右されるだけで

図表1　POEA：フィリピン看護専門職の海外での雇用状況 (単位：人)

	1998年	1999年	2000年	2001年	2002年4月	合計
サウジアラビア	3,473	3,567	3,888	5,045	1,651	17,624
イギリス	63	934	2,615	5,383	1,131	10,126
シンガポール	224	154	292	413	216	1,299
アイルランド			126	1,529	384	2039
アメリカ合衆国	5	53	89	304	82	533

出所：上記数値はPOEAが毎年発表するPOEAに登録された数値を主要国別にまとめた。

図表2　POEA：フィリピン海外移住労働者雇用状況（海上職の雇用を除く）
(単位：人)

	1998年	1999年	2000年	2001年	2002年8月	合計
サウジアラビア	193,698	198,556	184,724	190,732	142,314	910,024
イギリス	502	1,918	4,867	10,720	10,569	28,576
シンガポール	23,175	21,812	22,873	26,305	20,995	115,160
アイルランド	18	126	793	3,734	3,260	7,931
アメリカ合衆国	3,173	3,405	3,529	4,689	3,111	17,907
日本	38,930	46,851	63,041	74,093	51,394	274,309

出所：上記数値はPOEAが2002年9月に発表したPOEAに登録された数値を主要国別にまとめた。

なく，供給力の過剰に悩んできた。

　看護師の需要が上回るのは中東への移動が開始され，看護師の需要が高まった1970年代，1980年後半，さらに今回で3度目となる。ところで，1999年初めは看護労働市場が閉鎖され，国内の現場で過剰労働力の滞留が発生していた。そこで政府は看護師不足に悩んでいたイギリスに対して看護師の大量移動を図ることに成功した。図表1，図表2はPOEAが登録集計した看護専門職と地上ベース（海上ベースを除く）海外移住労働者の国別雇用状況をまとめたものであるが，イギリスに著しい看護師供給が発生したことがわかる。POEAでも本来の登録をせず移民ビザなど他の方法による不法入国や第三国を迂回して入国するなど，その実数の把握は困難である。看護師の流失は新たに資格を取る看護師の総数（6,500~7,000人）の3倍を上回るとも予測される。

(4) フィリピン看護教育の課題

　フィリピンの看護師の動向を考える場合，まずフィリピンの看護学校の現状について調べる必要があろう。2001年12月に PASCN (Philippine APEC Study Center Network) から発行された「フィリピン船員と看護教育：APEC の実践教育の水準」において看護学校の入学者数，卒業者数の状況を示したものがある。図表3では，1987年から1996年における学生数の変動に関しては1980年代後半における看護師需要の高まりにより看護学校の入学生は1987年の3万5,687人から1991年の6万2,106人（174.03％増）にまで増加したが，1992年以降減少に転じ，1995年には8年前の1987年に近い数字まで戻っている。さらに1987年度看護学校入学生の卒業者数は4年後の1990年の2万1,046人（卒業割合：58.97％）であり，1992年の卒業総数2万8,832人（同：57.64％）を記録したが，1997年には8,904人（同：17.16％）まで低下している。また，中途退学も多く，1997年は75％，1998年は50％であった[14]。フィリピン看護学生にとっては私立看護学校の比率が公立看護学校よりも高く（1999年，私立：公立が9：1），奨学金制度の不備（学生総数3％程度の給付）や学費等（授業料年間288～300ドル）の負担は大きな課題となっており，経済的変動に脆いことである。看護学生は世界的な看護労働市場の需要動向やアジア通貨危機などの経済状況に敏感に反応していると言えよう。

　フィリピンの看護学校の教育制度やカリキュラムに関しては比較対象とするアジア，アメリカ，オーストラリアの看護学校と大差がないものの，クラスの定員が40～50人と多く，研究・実習施設が不備で，4階・5階のビル一棟がキャンパスの場合もある。実習機器が不足しており，それを使った教育を受ける機会も少ない。教員は地方学校では22～37名程度で専任教員が少なく，非常勤講師に頼っているのが現状である。教員の中にも修士・博士課程修了者は少なく，その専門領域も保健・看護課程の修了者であり，特定の保健看護に偏っているため教育領域が限定されやすい。また，予算の大半が教員の給与であるなど，大きな財政的な課題も抱えている[15]。

　ここ数年，世界的に看護師不足が予測される中で国際的看護労働力市場が活況を呈している。フィリピンの看護学校もこの動きを敏感に察知し，看護学校

図表3　フィリピンの看護学校入学および卒業状況（1987-96）

年　度	入学者数	増加／減少率	卒業者数	卒業する割合
1987-88	35,687			
1988-89	45,027	26.17%		
1989-90	50,016	11.08%		
1990-91	56,215	12.39%	21,046	58.97%
1991-92	62,106	10.48%	23,889	59.32%
1992-93	55,524	－10.60%	28,832	57.64%
1993-94	51,874	－ 6.57%	27,719	49.30%
1994-95	46,265	－10.81%	26,606	42.84%
1995-96	35,866	－ 2.25	17,928	32.29%
1996-97			8,904	17.16%

出所：Veronica Esposo Ramirez, "Philippine Maritime and Nursing Education: Benchmarking with APEC Best Practices", PASCN, Discussion Paper No. 2001-13.
＊Source： T. Corcega, M. Lorenzo, J. Yabes, B. Dela Merced, K. Vales. Nurse Supply and Demmand in the Philippines. *UP Manila Journal*, Vol. 5, No. 1, 2000, Jan-June, p. 1.

ブームが生まれている。2003年4月現在では，看護学校が233校あり，同年度中に56校の新設申請がある。看護学校の急増で問題になるのは看護師の質である。新たに新設する学校では教員が足らず学部長の席が埋められないもの，十分施設が整備されていないものもある。教職員の数も増加できず，看護学校や看護学生の増加に対応しきれていない状況である。一部地方の看護学校でも授業を担当する教員が外国の高い賃金に魅せられ海外に流失してしまうなど深刻な状況である。その結果として，低い教育水準のままで教育・訓練が十分行き届いていない看護師が生まれている。さらに，外国での看護師資格試験の合格率低下が心配されるだけでなく，フィリピン看護師の世界的な信用の低下にもつながるとフィリピン看護協会（Philippine Nurses Association）は危惧している。

　国内での看護師試験の合格率でも1994〜1998年では平均58％であったものが，2001年52.58％，2002年43.6％と低下しており，233校のうち136校は50％を下回る状況である[16]。看護師の質の低下は致命的な問題である。

　政府は看護教育の近代化戦略として2002年フィリピン看護法を制定し，看護

学校の水準を向上しようと看護学校に大学院修士課程を創設し，教員の資質を高める方針を採っている。さらに，看護学校内に医師や公務員等の看護師資格を希望する人への1年制看護コース，6ヶ月で終了する介護専門学校の設立，さらに2年制看護学校を設立する計画など，養成課程の多元化を図り，急増する各国の多様な求人に対応しようとしている。

（5）グローバリゼーションと看護師の動向

　フィリピンは国際的な労働市場において積極的にグローバリゼーションを活用してきたが，近年では看護労働力移動によって引き起こされる様々な問題を抱えるようになった。フィリピンの労働力輸出政策は各国の看護労働力市場のすきまに食い込み，スポット需要に応じて労働力を輸出する短期的な戦略が中心であり，各国の労働市場に対応するだけで，国際的な看護労働力市場を前にして有効な政策が欠如しており，長期的な戦略を描くことも容易ではなかった。グローバルな看護労働力の需要の急迫を前にフィリピン看護労働者は海外への移動に沸き立っており，政府もこれを制御するだけの機能をもちえてはいない。さらに，フィリピンからの看護労働力の流出が国内の医療保健制度に大きな障害となってきた。1999年から開始されたイギリスへの看護師の大量流出はフィリピンの医療保健制度を飲み込み，数年内にフィリピンの医療保健制度を崩壊させる勢いでもある。

　地方ではフィリピン国内で看護師不足が表面化しており，人の生命と向き合う救急部門にも多くの経験の浅い看護師が配備されている。多くの病院ではスタッフ不足であり，労働条件も悪化している。看護師と患者の比率は1：30〜1：60と高く，看護師の勤務体制も16時間シフトを引くところもでてきた。看護師の技能やサービス提供における質の低下で，安心して看護を任せることもできない。

　若い看護師は移動しやすく，恵まれた選択枝がいくつかある。都会での仕事を見つけて，より高い給与，現場での数年の経験を経て海外に出て行ってしまう傾向が強い。海外流出の要因としては①賃金が安い，②専門的教育・研修がない，③冒険心，④経済的な理由，⑤外国で市民権を取得するなどとなってい

る[17]。若い看護労働力を定着させることは困難である。

　看護学校の急増に見られるような看護学生のパワーによって医療保健制度が補填でき，海外への移動を嫌う高齢の看護師と研修期間の若い看護師によって制度運営が可能との予測もあるが，国内の看護学校がフィリピンの資源を使いながら先進国等に看護師を派遣するための養成機関になってしまうことへの強い危惧がある。

　このような状況を前にしてマニラ・タイムズのパトリシア・L・アドバーサリオはガルベーズ・タン（Galvez-Tan）の「国の看護の危機」という論文中の言葉を借用して，従来でも労働力輸出政策は国家の資源を利用して育ててきた貴重な労働者を国外に流出させてきたため「頭脳流出（brain drain）」と揶揄されてきたが，看護師の国外流出の危機的状況を「頭脳出血（brain hemorrhage）」と呼び，フィリピンの医療保健制度の崩壊を危惧している。アドバーサリオは，先進国が自国内で看護師を養成する努力を怠り，大幅に不足した看護労働力を国際的な労働市場の中で吸引しようとしているのであり，先進諸国にとってはより短期に経済的，効率的に確保するのに有利な手段となるが，開発途上国にとって貴重な労働力の流出は国家損失に留まらず，医療保健制度の危機をもたらすと批判している。

　フィリピン国内において看護労働力需要の予測に基づき，過剰な看護師の養成を行った場合，最悪のケースとして国際的な看護労働力市場の需要が環境の変化で減少したり，また，労働市場が事件や事故で閉鎖されることが起こりうる。その結果，看護労働力市場の需要量と供給量が不均衡となり，過剰労働力を発生させる。このような状況はフィリピンでは今まで何度も経験したことであり，国内に大量に滞留する看護労働力を抱えることになる。このことは労働者の労働機会の喪失だけでなく，多くの国家資源を利用して育成した人材の浪費であり，大きな損失となる。増大が予測される看護労働力市場の中で正にフィリピン自身がグローバリゼーションの虜となっていると言えよう。

　国際的労働力移動の誘引は国際的な賃金格差だが，グローバリゼーションによる国際的な看護労働力市場の形成は地域で医療保健業務に従事していた看護師を国際的な看護労働市場と結び付け，労働者が国境を容易に移動通過するこ

図表4 世界の海外フィリピン看護師の給与比較（1ヶ月単位）

	フィリピン	シンガポール	イギリス	アメリカ合衆国
基本給与	P 8,500	P 42,000 S$ 1,400	P 119,000 £ 1,408	P 216,000 $ 4,376
増加率		390%	1300%	2900%
税率	10%	15%	23%	30%
純益	P 7,650	P 35,700	P 91,630	P 151,200

注：フィリピンペソと円の外貨レートは約 P22≒¥100（2003年9月現在）。
出所：Patricia L. Adversario, Special Report : Philippines suffers from hemorrhage of nurses, The Manila Times, 2003.4.21.
　＊Source : "Benchmarking Compensation And Benefits Package Worldwide", by ANKABELLER. BORROMEO.

とを可能にした。これは豊かな生活を求めて賃金の安い国から高い国へと労働者の流れを形成し，富める国と貧しい国へと労働者を選別する。モノの生産は比較生産費に基づいてより賃金コストが安い国，地域にシフトするが，再生産の困難な看護サービス等の労働者の流れは賃金の高い国へ流入することになる。

　図表4は国別の海外フィリピン看護師の1ヶ月給与の比較を示したものである。フィリピンでは地方の看護師の給与が月75～95ドルであり，都市では116ドルであるのに対し，イギリスでは13倍，アメリカでは29倍の4,000ドルを手にできるわけである。国外の流出は避けられない。

　フィリピンは2002年看護法（New Nursing Law：共和国法第9173条）を成立させ，医師や看護師等の給与を引き上げる取り組みをしている。公立病院の看護師では給与を9,000～15,000ペソに引き上げる予定になっている。しかし，都市の平均は9,000ペソであるが，地方では4,000～5,500ペソが現状であり，民間のメトロマニラの病院でも2,500～3,000ペソにすぎず，このような給与の支払は困難だという声も上がっている[18]。

　看護師を確保する解決策として，ホスト国に対して看護師の数に応じた負担を請求しようとする需要と供給を割り当てる戦略や国民保健サービス法（National Health Services Act）により看護学校卒業後1年以上にわたり国内で研修する制度に加え，卒業した医師や看護師に対して一定期間の間，国内の医療機関等で強制的に働く義務（研修）を負わせるといった提案がなされている。

フィリピン看護師のホスト国となる国が求める看護師とは4年制大学を卒業し，看護師資格をもち，知識や経験の豊かな熟練労働者である。国家間で締結された契約に基づいてPOEAが求人情報を提供することになるが，海外での就労には民間求職斡旋業者を介在させることになり，不法入国や不当契約，契約違反の被害も発生する可能性が存在する。また，看護師にとっての選択の基準としては給与，資格試験の有無，登録，無料の航空券，社会保障・保険，休暇，採用時のボーナスなど様々であるが，これらが必ずしも保証されるとは限らない。国や就労する場所によって異なるにしても熟練した看護師が介護労働者など低いカテゴリーで働くなど，ホスト国の医療福祉の下層労働者として安い賃金，過酷な条件で働いているのが実態であり，南と北の経済格差による二重構造の中に組み込まれることになる。

3 イギリスにおけるフィリピン看護師の現状

看護労働力に対して国内に超過需要を抱えたイギリスと看護労働力の過剰供給力をもつ世界最大の保健医療サービス供給国のフィリピンがグローバルな国際社会で出会うのは当然であろう。イギリスとフィリピンとの出会いは，南アフリカのマンデラ大統領からの看護労働力輸入政策への批判に対応し，イギリスが新たな供給先を模索していた1999年から始まり，門戸がフィリピン看護師に開放された。労働市場の閉鎖等により国内に過剰な看護労働力を抱えたフィリピンでは新たな市場としてのイギリスへ怒涛のごとく大量の看護師が押しかける。図表5からも，いかに大量の看護師がイギリスに流入しているかがわかる。NMC（Nursing and Midwifery Council）が公表した図表6によると，2001年に新しく登録した看護師総数は3万693人で，うちイギリス国内の看護学校を終了した登録者（1万4,538人）は全体の47％であるのに対し，EU出身の登録者は1,091人であり，さらに，アジア・アフリカ諸国出身の登録者（1万5,064人）はイギリス国内の登録者を上回っている。2002年には新規登録者総数3万1,677人——イギリス国内（1万8,048人），EU出身者（804人），アジア・アフリカ諸国（1万2,825人）——と増加しているが，海外からの看護師に大きく依

図表5　イギリスの外国人看護労働者の登録状況　(単位:人)

	1998-1999	1999-2000	2000-2001	2001-2002	2002-2003
フィリピン	52	1,052	3,396	7,325	5,594
南アフリカ	599	1,460	1,086	2,114	1,480
インド	30	96	289	994	1,833

注:合計数はEU諸国や他の国からの出身者数を含む。
出所:資料はUKCC, NMCに基づく。

図表6　イギリスの看護師新登録者数　(単位:人)

	2001-2002	2002-2003
イギリスの新登録者数	14,538	18,048
EU出身の新登録者数	1,091	804
EU以外の新登録者数	15,064	12,825
総登録者数	30,693	31,677
登録を抹消した人数	18,719	19,847

注:EU以外とは主にアジア,アフリカ諸国の出身者を示す。
出所:NMCの看護師登録統計資料による (2003.4.16)。

存している。ただ,公表される数字はイギリス国内で研修を終え,正式に看護師として登録されたものであり,不法な流入者や第三国を経由してイギリスに流入したもの,さらに研修中のものは含まれておらず,実数を把握するのは困難である。

外国人看護師への依存はイングランドとスコットランドでは異なり,またイングランド内においても差異があるものの,とくにロンドン市内やケント州などのNHS病院では看護師の半数以上は外国人看護師に頼らざるを得ず,地方でも外国人看護師の求人を活発なものとしている。

保健省は海外から来る看護師に対するガイダンスや実施規則として1999年に'Guidance on international recruitment of nurses and midwives',2001年には'Code of Practice on International Recruitment'を作り,求人活動や採用の条件,国内の研修制度についてまとめている。これは,国により制度や教育内容が異なっているため,さらにイギリスの文化や看護制度に対応した一定水準の看護

サービスを提供するためである。原則的に欧州連合（EU）以外から来る看護師にコミュニケーション能力を測る英語テストを，また海外から来る看護師の研修期間を3～6ヶ月間設け，スーパーバイザーの下で指導を受け，研修が修了した後，登録される。この研修も2年以内とされる。研修を受けた者は4分の3程度は病院でなくナーシングホームを経験している。登録によってイギリス人と同等の待遇を受け，その階級に応じた給与が支給されるが，登録されるまでは最低クラスの給与しか支給されない。また契約は3年を区切りとし，契約の更新も可能となる。この研修登録制度は質の低い看護師を排除し，一定水準のサービスを提供するのに有効に機能するが，熟練した看護師にとっては障壁であり，給与が不等に低い水準に固定される危険性が高い。

　フィリピン看護師の採用に先立ち，保健省は1999年調査を行った。病院での医療機器の導入が遅れているフィリピンの看護師は専門職として低く評価されることもあり，UKCCは研修期間中専門職としてではなく臨床場面での看護補助クラスでのサービス提供者（Dクラス）に相当するものとしてフィリピン看護師を扱っている。これは西インド諸島諸国からの看護師と同等の扱いである。このことはフィリピン看護師をイギリス看護制度を支える看護補助やケア労働者に準じた位置づけをしているとも言える。

　イギリスは2000年5月8日にフィリピンとの2国間協定を締結し，NHS内の求人に関する規約を取り交わしている。求人方法，雇用条件（地位，基本賃金，旅費，その他），斡旋業者の規制等である。2002年1月8日にはフィリピンとNHSトラストとの間で公平で平等な雇用のための新協定を締結している。NHSでは斡旋料をとる業者からの採用は原則禁止になっているが，民間病院やナーシングホームでは規約の強制力はなく，NHSに準じた行動をとっているものは少なく，違法契約や不法行為など契約違反があった。さらにフィリピン人の間では血縁者や友人を頼って入国する鎖状移動であるクハシステム（kuha system）のネットワークを利用した入国もあり，多様なかたちで入国している。

　イギリスでのフィリピン看護師の境遇についてはマスコミに取り上げられたニュースから垣間見ることもできる。2国間協定に違反する低賃金労働，労働

条件の違反行為，不法行為，さらに文化的な摩擦も報告されている。

　ニュースの中には次のような記事もあった。フィリピン看護師は「登録が済む6ヶ月間介護支援員として低賃金で働いた。この間，患者や介護支援員から差別を受けた。彼らはわれわれを外国人として扱い，あれしろ，これしろと命じた。私たちを看護師として尊重してくれない」と述べている。彼女たちの多くはイギリスに留まるのではなく，次の契約ではアメリカでの契約を望むものが多いとしている（BBCニュース2003年7月22日）。

　契約違反や不法行為に対してフィリピン政府はイギリス国内での違反行為等に対して大使館などに連絡するように呼びかけているが，訴訟費用等の対策費やスタッフ数の少なさからしても対応可能な数字は限定される。イギリス国内の労働組合であるUNISONが外国人看護師に対する不法行為などにも積極的に関与するようになり，両者間のパートナーシップを築くようになってきた。イギリスとしては不法な労働条件の改善に取り組む必要があるとともに，搾取的求人活動の是正の指導が望まれる。

　グローバリゼーションの下での専門職である看護師の国際的な移動は，従来型の貧しい国の国内問題によって海外に流出するプッシュ型から先進国の需要の増大に誘引されたプル型に変わってきた。看護労働力の脱国家化は，発展途上国では国内での医療保健制度の根幹を支える経験を積んだ看護師の大量流出を政府が統制することもできず，医療保健制度の運営を困難なものとしている。他方，先進国は看護師の教育・訓練に必要な時間や経費を負担することなく，国際労働市場において容易に，また安価な労働力として浪費している。このように国内の医療保健制度を支える貴重な労働力としての看護労働力の集中と偏在をグローバリゼーションは促進したと言えよう。しかしながらこのことは短期的に見ると効率的であるかもしれないが，長期的な視点で見れば，看護制度に混乱をもたらす要因ともなる。また先進国側からの発展途上国への新たな指導・援助を必要とする状況をつくり出すことにもなる。先進国は長期的にも海外労働力に依存する傾向を強めているが，このことは国内の看護労働力養成にとどまらず，利用者の看護ニーズへの対応を困難なものともなる。結果としても看護労働が融通性がなく高価な労働力となってしまう可能性が高い。

イギリスでは長期的にも看護労働力を海外に頼らざるをえないものの，国内労働力の活用，さらには看護師養成や労働環境整備について積極的な政策を打ち出すようになり，国内の看護師登録者数が増加しつつある。イギリス政府としても移民を積極的に受け入れ，国内経済の活力とする動きもあるものの，新移民の流入がもたらす新たな課題が生まれつつある。看護労働力移動についてもグローバリゼーション時代に対応した新たな国際的な協調体制が求められるようになってきたと言えよう。

おわりに

イギリスはグローバリゼーションの下での医療福祉制度の改革を進めている。この戦略は経済的，効率的に海外から看護労働者を受け入れることによって国内で不足する労働力を補う新たな福祉国家を目指そうとするものである。賃金格差を前提に海外から求人するのだが，公平な取引として，看護師の移民においては相互に利益があるとしている。海外から求人する看護師に対してイギリスで看護技術の専門的社会的経験を広め，専門的な実践を積み重ね，患者のケアの質を高めることができるとして歓迎しているが，看護教育・訓練への負担をせずに，高い専門的な技術・経験を踏まえずに自国の文化や新たに作った登録研修制度に照らして採用し，NHSやナーシングホームを支えるグレードの低いD級クラスの安価な看護補助労働者を医療福祉政策の1つとして活用しようとしている。看護師不足に悩むアメリカの求人活動の拡大は看護労働力の世界的な不足を招くだけでなく，グローバリゼーションの波が世界各地により強い形で及ぶことにもなる。注目しなければならないのは，「同じ池で魚を釣ること」により，密漁をはびこらせることを心配する先進国の悩みだけでなく，看護師の富める国への集中と，貧しい国でのその欠乏や医療保険制度の崩壊という南北間の二極化の進行である。さらに言えば看護や介護労働力のグローバルな形での脱国家化の進行とも言える。今後，これらを回避する国際的な協調戦略やルール作りが必要ともなろう。さらに看護労働力を海外に求めることは必ずしも経済的，効率的ではなく，かえって制度運用が困難になり，サービス

Ⅳ 投稿論文

の質や費用対効果の低下の恐れもあり，国内で看護師育成の取り組みが強化される こともと予測される。

　超高齢社会に突入する日本においても，外国人の看護労働力に頼らざるをえなくなると予測されている。フィリピンでは新たな労働力の供給先として日本に盛んにアプローチしている。今後，WTO（世界貿易機関）や FTA（自由貿易協定）を通じて看護労働力の門戸を開放することにもなろう。イギリスとフィリピンでの看護労働力移動によって生まれた経験は今後の日本が歩む上での指針ともなろう。

1) Sandra Meadows et al, "The Last Straw , Explaining the NHS nursing shortage," King's Fund, 2002, pp. 6-8.
2) Ibid., pp. 39-41.
3) Ibid., pp. 1-3.
4) Craig Kenny, "One-third of new qualifiers opt out before registration", *Nursing Times*, 2002.9.10, Volume 98, No. 37.
5) "Full text of John Hutton's speech", *Guardian Unlimited*, 2003.4.30.
6) Sandra Meadows et al, op. cit., pp. 33-35.
7) Patrick Butler, *"Image of future"*, *Guardian Unlimited*, 2003.2.19.
8) Helen Mulholland, "US poaching threat prompts RCN action", *Nursing Times*, 2002.7.23, Volume 98, No. 30.
9) Honey Madrilejos-Reyes, "Global Care allots P26.5 million for nurse programs", *The Manila Times*, 2003.1.22.
10) The Ministry of Foreign Affairs of Japan, "Remarks of H. E. Domingo L. Siazon, Jr. Philippine Ambassador to Japan", 2003.3.19.
11) *DOLE NEWS 2003*, "overseas employment robust in 2002-POEA", 2003.3.7.
12) Joceleyn Santos, "DOH also exports Filipino nurses abroad", *The Manila Times*, 2002.9.3.
13) Jeremaiah M. Opiniano, "Global congress to tackle nursing crisis in RP", *The Manila Times*, 2003.3.26.
14) Veronica Esposo Ramrez, " Philippine Maritime and nursing Education: Benchmarking with APEC Best Practices", PASCN, Discussion Paper No. 2001-13, 2001, p. 9.
15) *Ibid.*, pp. 26-29.
16) Patricia L. Adversario, "Quality of nursing education deteriorating", *The Manila Times*, 2003.4.22.

17) Patricia L. Adversario, "Philippines suffers from hemorrhage of nurses", *The Manila Times*, 2003.4.21.
18) Patricia L. Adversario. "Confusing Policies worsen outflow of nurses", *The Manila Times*, 2003.4.23.

【参考文献】

川野宇宏, 「英国の国民保健サービスの現状と課題 (1) 〜 (終)」, 『週刊社会保障』 2001.4.2-4.23。

高田谷久美子, 他, 「イギリスにおけるコミュニティケアと看護教育」, 『山梨医大紀要』第16巻20-22, 1999年。

村下博, 『外国人労働者問題の政策と法』, 大阪経済法科大学出版部, 1999年。

山田亮一, 「英国コミュニティ・ケア改革――サッチャーからブレアへ：対人社会サービスの効率と質を視点として」, 『生活科学研究誌』, 大阪市立大学大学院生活科学研究科, 2002年。

サスキア・サッセン, 伊豫谷登士翁訳, 『グローバリゼーションの時代・国家主権のゆくえ』, 平凡社, 1999年。

ラセル・S・パレーニャス, 小ヶ谷千穂訳, 「グローバリゼーションの使用人・ケア労働の国際的移動」, 『現代思想』, 2002年6月号。

ASEAN, *Philippines Country Report, Fifth Asian and Pacific Population Conference*, 2002.

DoH, *Agenda for change, Proposed Agreement on Modern Pay and Conditions for NHS Staff*, 2003.

DoH, *Code of Practice for NHS employers*, 2001.

DoH, *Guidance on International Nursing Recruitment*, 1999.

Letty G. Kuan *et al*, *Assessing Psychosocial Factors of Overseas Filipino Women Workers*, 1999.2.

NHS, *The NHS Plan, A plan for investment, A plan for reform*, 2000.

RCN, *Internationally recruited nurses , Good practice guidance for health care employers and RCN negotiations*, 2003.

Royal College of Nursing, *Agenda for Change Webchats in the RCN Discussion Zone*, 2003.4.7.

日本におけるケアマネジメントの特徴
――看護師の進出――

伊藤淑子 Ito Yoshiko

はじめに

　児童，障がい者，高齢者などを対象とするサービスの諸領域において，サービスのマネジメントにあたるケアマネージャーという職種が誕生したのは，1970年代のアメリカである[1]。背景となった状況は，①サービス費用の増大に対する危機感，②入所型ケアの限界の認識と地域ケアの重視，③地域ケアにおけるサービスの多様化，④個々の利用者に対するマネジメント機能の重要性の認識，と要約しうる。多様なサービスを，個々の利用者の必要性に応じて適切にマネジメントすることにより，利用者の生活の質は，高められると考えられた。同時に，マネジメントによって不要なサービス利用，特に早期の施設入所が防止されるために，サービスの費用も抑制されるという効果が期待された。

　ケアマネジメントは，その後同様の課題に直面していた多くの国々に導入されていった。日本においては，2000年の介護保険制度のスタートとともに，「高齢者の状態を適切に把握し，自立支援に資するサービスを総合的，計画的に提供するための仕組み」として，介護支援専門員（以下ケアマネージャー）制度が開始されている。1999年から2003年までに合計6回の実務研修受講試験が行われ，約30万人のケアマネージャーが誕生した。ケアマネージャーは，新たな制度を担うキーパーソンとして定着しつつある。

　新たに導入された職種は，主に2つの側面から検討される必要がある。いかなる職種であっても，定着し発展するためには，知識と技術の範囲を明確にした，実践理論の形成が不可欠である。ケアマネジメントが，日本のサービス場

面に定着しつつある現在，その実践理論のあり方を問うことは，従来も，今後も，主要な課題であり続けるだろう。2点目に，ケアマネジメントの制度的側面の検討があげられる。法に定められた役割，配置基準，報酬などの条件は，その職種が機能する可能性を大きく規定する。これらのいずれも重要な論点であるが，紙幅の制限上，本稿においては，主に1点目に焦点をあてながら，この後の検討をすすめたいと考える。

本稿ではまず，対人サービスに関わる新たな職種として誕生したケアマネジメントの実践理論について，従来から課題となってきた論点を明らかにする作業を行う。次に，日本のモデルとなったアメリカにおけるケアマネジメントの発展および日本への導入過程をたどりながら，日本のケアマネジメントの固有性を明確にする[2]。日本のケアマネジメントの最大の固有性として，ここでは看護職の進出に注目する。さらに，この状況がなぜ生じたのか，この状況を今後の日本のケアマネジメントの発展に向けて，どのように理解し，かつ活用していくべきかについて，続けて論じる。

1 ケアマネジメントとは何か

(1) ケアマネージャーの役割

ケアマネジメントは，1970年代のアメリカで誕生した。ケアマネージャーには，個々の利用者とサービスを結びつけること (linking) に加え，利用者の権利を擁護すること (advocacy)，および必要なサービスが不足している場合にはそれを作り出すこと (resource development) などの役割が期待された[3]。これらの概念は日本においても，共感をもって受け入れられた。とりわけ，分断されがちな地域内のサービスを統合する役割への期待は，導入前から大きく高まった。

(2) 業務の流れ

ケアマネジメントに関するあらゆる文献の共通点は，援助の時系列にそった形のある種の手順論として展開されているという点であろう。この手順は，詳

細なものから簡略化されたものまであるが，いずれにも共通しているのは「ニーズの発見」→「アセスメント」→「プランニング」→「実施」→「モニタリング」という項目である。これらの手順論を除いては，ケアマネジメントの説明はなりたたないといってよい。

しかし，この手順そのものは，あらゆる対人サービスに共通した手順の一般化であり，特にケアマネジメントに固有のものではない。看護やソーシャルワークは，多少の表現の相違はあるものの，同様の枠組みを使用している。また医療においてこの過程は「スクリーニング」→「診断」→「治療計画」→「治療」→「再診」という用語で説明される。

これらの中で特に重要なのは，アセスメントからプランニングに至るまでの過程であろう。特にアセスメントは，対人サービスに関わるあらゆる職種が，最も精力的に概念化を試みている部分である。アセスメントとは，「その職種が出会った問題状況について，自らの専門性を根拠にして示す判断の記述」を意味している。問題状況について一定の判断を示すためには，その状況の要因となりうる，複数の仮説を想定する能力が要求される。医学的診断のように，特定の個体の身体機能が判断の対象である場合には，個々の仮説を検証した上で，ひとつの診断名に絞られていくことが多い。一方で在宅介護のように，対象者だけではなく，その家族も含めた生活状況への判断が要される場合には，複数の要因が，相互依存的に関わりながら問題状況を作り出している構造を，明確化する作業が必要とされる。いずれにしても，この過程を適切に行うためには，一定の知識と技術の蓄積が不可欠なことはいうまでもない。換言すると，これらの知識と技術を構成する体系そのものが，その職種の実践理論の核であり，体系の成熟度は，職種の専門性のレベルをはかる指標でもある。

（3）固有の知識と技術

前述の一連の記述は，ケアマネージャーにとっても不可欠である。利用者のために適切なサービスをコーディネイトするばかりでなく，利用者の擁護者ともなり，また地域におけるサービスの発展にも役割を果たすのがケアマネージャーである。そのためには，利用者およびその家族の統合的アセスメント，

つまり身体的側面にとどまらず，生活状況全般についての専門的判断を言語化したうえで，それをチームメンバーに示す能力が必要とされる。その意味でケアマネジメントとは，明らかに一定の専門性を必要とする職業である。

専門性を裏付ける固有の知識と技術とは何か。それらは，すでに存在する職種のいずれかの一部を構成するものであろうか。あるいは，複数の職種に共有されうるものであろうか。この点については，ケアマネジメントを誕生させたアメリカにおいても，議論が継続されてきた。

2　アメリカのケアマネジメント

ケアマネジメントが誕生した1970年代のアメリカでは，すでに，保健・福祉の領域に多くの専門職制度が存在していた。アメリカの対人サービスにかかわる専門職制度の多くは19世紀に誕生しており，その後も高い水準の整備を遂げてきた。そのアメリカで，20世紀後半になってケアマネジメントが誕生した経過とは，どのようなものであったろうか。

（1）導入の契機

ケアマネジメントは，在宅ケアの重要性が認識され，地域における長期ケアのサービスが実施に移される過程で，誕生した[4]。その要因として，ナーシングホーム入居者に対するメディケイドの支出が増大し，連邦および州政府の予算を大きく圧迫したことがあげられている[5]。1972年の社会保障法改正時に，メディケイド，メディケアの特例実験プログラムが予算化され，コネティカット州のトリエイジなど，高齢者長期ケアの実験プロジェクトがスタートした。これらの実験プロジェクト下では，高齢者は自宅でケアマネジメントを伴う諸サービスを受け，その費用とナーシングホームの入居費用とが比較された。

実験的プロジェクトの成果を受けて，1975年には社会保障法第20章が成立し，児童，障がい者，高齢者に対してサービスプログラムを選択，実施するより大きな権限が，州政府に与えられている。実験的プロジェクトは1985年まで続けられ，その結果ケアマネジメントは，アメリカの各州が実施する対人サービス

の重要な機能として，定着していった。　初期の実験プロジェクトの対象は，主に高齢者であったが，1980年代になるとケアマネジメントの対象は拡大した。特に，精神障がい者に対するケアマネジメントへの関心は高く，1980年のウィスコンシン州における実験的プロジェクトにおいては，ケアマネジメントの実施により，再入院率が低下したことが報告された。精神障がい者への援助はその後も高齢者と並びアメリカのケアマネジメントの主要な関心領域であり，多くの研究報告がなされている。その後アメリカのケアマネジメントの対象は，さらに児童，ホームレスなど，社会福祉サービスの対象者たち全般におよんでいった。

（2）職種と専門性

　アメリカでは，社会福祉サービスに関わる専門職であるソーシャルワークが，19世紀後半に誕生し，定着を遂げている。であるにもかかわらず，なぜ彼らは，新たなサービスにソーシャルワーカーとして関与しなかったのであろうか。その理由はアメリカのソーシャルワークの「高度な専門職化」にあった。

　アメリカのソーシャルワークの養成課程が整備されたのは20世紀初頭であったが，その時点ですでに，教育水準は修士レベルにおかれていた。1950年以降になると，ソーシャルワークは社会福祉領域の生活相談にとどまることなく，その範囲を精神療法にまで拡大していった。さらに1970年代には，精神療法家として開業したソーシャルワーカーに対する州単位の資格制度が整備されるとともに，医療保険からの支払いを受けることが可能にもなった。このように高度な専門性を獲得したソーシャルワーク集団にとって，個々の利用者にサービスを紹介したり，関連する機関の調整を行ったりという平易な業務は，著しく魅力を欠くものであった。逆に，サービス提供機関側からみると，ソーシャルワーカーを雇用することは，高すぎるコストを意味した。

　結果として雇用されたケアマネージャーの教育的背景は多様である。1993年に，アメリカ国内10州の高齢者在宅サービス機関に所属するケアマネージャーを対象にした調査報告[6]によると，回答者251名（平均年齢40歳，女性87％）の学歴は，高校卒6名，ソーシャルワークの学士号保持者20名，その他の学士号保

持者51名，ソーシャルワーク修士号保持者5名，その他の修士号保持者10名，看護師資格保持者2名，その他6名であった。

　多くが大学教育を修めているこの集団は，日本であれば十分な学歴の保持者として，認められるところであろう。しかし，厳しい資格社会のアメリカでは，専門職教育の最低レベルは修士課程におかれている。学士レベルの，なおかつバックグラウンドがあいまいなこの集団は，アメリカでは準専門職に分類されるのであり，専門職としての認知を受けていないことを，十分に理解する必要がある。学歴を反映して，回答者の平均年俸は2万1,398ドルであり，1991年の全米ソーシャルワーカー協会会員の平均報酬2万8,686ドルと比較すると，低い数値に止まっていた[7]。回答者の在職期間は，2年未満が33％，2年以上5年未満が31％，5年以上が36％であり，定着率の低さを示していた。

　ケアマネージャーの出現は，アメリカのソーシャルワーカーを困惑させた。ソーシャルワークとは社会福祉領域の相談業務として発展した職種であり，ケアマネジメントと深く関連していることは明らかである。ケアマネジメントの業務手順であるアセスメント，ケアプランの作成，モニタリングの経過は，ソーシャルワーク理論とも共通するものであった。「ケアマネジメントとは，ほとんどのソーシャルワーカーが，ほとんどの領域で，ほとんどの時間行っていることにほかならない」という表現は，ソーシャルワーカーの困惑を率直に表現しているといえよう[8]。ケアマネジメントはソーシャルワークの一領域なのか，共通性と固有性をもつ並列的な職務なのか，あるいは，ケアマネジメントにより伝統的なソーシャルワークは置き換えられるのかといった議論がしばらく続いたが，明らかな結論には至らなかった。

　こうした状況を反映して，アメリカのケアマネージャーは，ソーシャルワーカーと一部重複しながらも，分離された枠組みの準専門職として，現在に至っている。準専門職であるケアマネージャーには，専門職としてのオートノミーの発揮は期待されず，したがって固有の知識・技術が特定されることもなく，チェックリスト型のアセスメント様式とマニュアルに従って，機械的に業務を行うという形態が，ここで定着した。ケアマネージャーを対象にしたテキストには，ソーシャルワーク理論の基礎が，ソーシャルワーカーにより，平易に解

説されていることが一般的である。

（3）ケアマネージャーに関する問題点

　アメリカのケアマネジメントは，当初の特例実験プログラムにおいて，有効性が立証されたとされている。しかし，ケアマネジメントが普遍化し，当初の先駆性が失われるにつれて，問題点も指摘されるようになった。ソーシャルワーク研究者である R. A. Cnaan は，「ケアマネジメントにおける，幾多の弱点は，議論されることは少ないものの，アメリカあるいは他の国々でのこの方法の有効性について深刻な疑問を提示している」という認識に基づき，ケアマネジメントの限界を18項目にわたり提起した[9]。いずれの論点についても，多くの検討材料が駆使され，緻密な理論展開がなされている。この論文は慢性精神疾患領域のケアマネジメントを例にとっているが，叙述されている内容は，筆者が1989年にマサチューセッツ州の在宅高齢者サービス機関を観察して得た印象と一致している[10]。指摘されている18項目の中で，ここでは特に日本のケアマネジメントとの関連が深い10番から16番目の7項目をとりあげる。

　1点目はケアマネージャーの専門性である。ケアマネージャーの多くは4年生大学卒，あるいは高卒者の場合もある。こうした学歴の人々を雇用する最大の理由は，人件費の削減である。このことはケアマネージャーに機械的なサービス紹介以上の高い機能を求めることと矛盾している。

　2点目には，準専門職をケアマネージャーとして雇用することが，結果としてサービスの分断をもたらし，ケアマネジメントの本来の目的と矛盾する結果を招くという点である。従来は，心理やソーシャルワークの専門職が治療者，カウンセラーであると同時に，サービスの紹介も行っていた。しかしケアマネージャーの誕生後，専門職と準専門職であるケアマネージャーとの間で役割が分けられてしまっているという指摘である。

　3点目は，クライエントを擁護するために家族や地域のチームと協業するということになっているケアマネージャーの地位が，実は専門職のヒエラルキーの最下層におかれているという矛盾である。

　4点目に，ケアマネージャーはクライエントの社会的弁護者としての役割を

負わされているが，同時に自身は機関に雇用されていることからくる限界である。クライエントのニーズが機関の方針とぶつかった場合に，ケアマネージャーは機関に対してクライエントを擁護することが不可能であることは容易に推察される。

5点目にあげられているのは，ケアマネジメントの費用効果である。一般的に報酬が安いケアマネージャーが援助にあたった場合には，費用効果が高いといわれているが，むしろそれは専門性の低いケアマネージャーがサービスのゲイトキーパーの役割を果たしているからではないかという疑問が提出されている。

6点目に，ケアマネージャーの業務の性質上，援助の継続性が重要であると思われるが，実際には多くのケアマネージャーは「燃えつき症候群」のために短期で離職しているという点である。将来性のないキャリアの上に，業務上のストレスが主な理由であるという。この指摘は前述した調査にみられる継続期間の短さとも一致している。

7点目として，チーム実践は，個人の実践よりもより効果的であることが証明されているにもかかわらず，ケアマネージャーは個々で実践をしていて，チームメンバーに出会うことは少ないという点が指摘されている。

以上の指摘は，一方ではケアマネージャーに一定の専門性を期待しながら，期待とは必ずしも一致しない準専門職を雇用しているというアメリカの矛盾を示している。さらに，こうした矛盾を抱えたアメリカのケアマネージャーが，職務の明確な定義を欠いたまま業務を継続している状況をも，浮かびあがらせている。このギャップを埋めるために開発されたのが，マニュアルとアセスメント様式であった。ケアマネージャーが訪問して機械的に質問した結果を記入し，その結果をコンピューターで処理することにより，より客観的かつ科学的な業務遂行がなされるという説明とともに，ケアマネジメントとマニュアル，アセスメント様式は，ひとつのセットとして定着していった。しかし，こうしたツールを必要とするに至ったケアマネジメント雇用をめぐる諸矛盾について，日本に紹介されることは少なかった。

3　日本へのケアマネジメント導入

（1）導入の契機

　アメリカでケアマネジメントが誕生した頃，日本においても予想される急激な高齢化への対応が，深刻な議論となっていた。当時の日本においても，施設ケアから地域ケアへの転換は大きな課題となっていた。地域ケアのサービスは多様化し続ける一方，それらが相互に関連なく供給されることも多く，サービス統合の必要性は，多くの関係者の共通認識であった。また，サービスの絶対量は，ニーズに対して大きく不足していた。

　ケアマネジメントは，これらの問題をすべて解決する理想的な機能として，日本に紹介された。そして，介護保険制度の開始とともに，ケアマネージャーが主に在宅サービス機関に配置された。

　しかし，導入の時点ですでに，アメリカと日本のケアマネジメントには，相違点が存在していた。前述したように，アメリカのケアマネジメントの対象は，児童，障がい者，ホームレスなど，社会福祉サービスの対象者全般にわたっている。また高齢者を対象としたケアマネジメントも，家事援助などの生活場面での援助が中心となっている。これに対して，日本のケアマネジメントは，高齢者の中でも介護を必要とする人々のみを対象としてスタートした。

（2）職種と専門性

　日本のケアマネージャーがアメリカと異なる第2の点は，基礎資格の保持と実務経験，および実務研修受講試験に合格したうえに，所定時間の研修を受講するという条件を課していることである。日本でケアマネージャー制度の新設が検討され始めた時に，最も関心を集めた論点のひとつは「誰がケアマネージャーになるのか」ということであった。この時点で，保健・医療・福祉に関わる多くの職種が，多大な関心を示している。結果として，20に及ぶ保健・医療・福祉に関わる資格保持者，および相談援助・介護等の実務経験者に受験資格が与えられた。要介護高齢者とその家族の相談業務に従事するには基礎資格

の範囲が広すぎること，各基礎資格の教育レベルに大きな差があることなどの限界はあるものの，基礎資格を全く求めていないアメリカと比較すると，一定の質の担保がなされたという評価は可能であろう。

導入前の情報が多くアメリカからよせられたこととも関連して，アセスメント様式は，ケアマネジメントに不可欠のツールとして，日本に取り入れられた。ケアマネジメントと同様に，これらのツールも理想的なツールとして大きな期待を集めた。

検討を重ねた結果，介護保険導入時には，「MDS-HC方式」「三団体ケアプラン策定研究会方式」「日本介護福祉士会方式」「日本社会福祉士会方式」「日本訪問看護振興財団方式」の5様式のいずれかの使用がすすめられ，これらの様式に記入することがアセスメントであるという説明がなされた。「様式の記入＝アセスメント」とする考え方については介護保険開始以前から高齢者の地域ケアに意欲的に関わってきた人々から，強い批判が提出されたが，議論が十分深まらないままに，制度がスタートした[11]。この点において，日本のケアマネジメントはアメリカと同じく，専門職としてのオートノミーを期待しない，準専門職型でスタートしたといえよう。

1998年から2004年まで，計6回の介護支援専門員実務研修受講試験の合格者のうち，上位7職種について，合格者数と構成比をみたのが，図表1である。6回にわたり，看護師（准看護師も含む）が，最も高い比率を占めている。第1回試験では，合格者の11.2％であった介護福祉士の比率はその後増加を続け，2002年の第5回試験以降，看護師に近づくまでになった。しかし，回が重なるごとに合格者数が減少しているために，6回目の試験終了時に，全合格者に占める看護師の比率は37.5％であるのに対し，介護福祉士は20.9％と，大きな差を示している。

他方で，社会福祉領域の相談を担当するソーシャルワーカーの構成率には，大きな変化はみられない。図表1に示されている職種のうち，ソーシャルワーカーは，国家資格を保持している社会福祉士，精神保健福祉士，資格を保持しない相談援助従事者であると考えられるが，相談援助従事者は，ホームヘルパーなど介護等業務従事者とあわせても約10％を前後している。社会福祉士は

Ⅳ 投稿論文

図表1　職種別合格者数　(単位：人、カッコ内は%)

	第1回	第2回	第3回	第4回	第5回	第6回	合計
看護師・准看護師	30701 (33.5)	28150 (41.1)	18895 (42.8)	13271 (40.5)	10322 (34.8)	12089 (33.7)	113428 (37.5)
介護福祉士	10288 (11.2)	11430 (16.7)	10276 (23.3)	9384 (28.6)	9757 (32.9)	11964 (33.3)	63099 (20.9)
相談援助・介護等業務従事者	9763 (10.6)	6699 (9.8)	5102 (11.6)	3308 (10.1)	3003 (10.1)	3788 (10.5)	31663 (10.5)
保健師	9452 (10.3)	5100 (7.4)	2192 (5.0)	1269 (3.9)	978 (3.3)	1026 (2.9)	20017 (6.6)
薬剤師	8437 (9.2)	4090 (6.0)	1326 (3.0)	775 (2.4)	733 (2.5)	796 (2.2)	16157 (5.3)
医師	8889 (9.7)	3588 (5.2)	797 (1.8)	311 (0.9)	278 (0.9)	335 (0.9)	14198 (4.7)
社会福祉士	2619 (2.9)	1277 (1.9)	1186 (2.7)	1089 (3.3)	1368 (4.6)	1628 (4.5)	9167 (3.0)
その他	11541 (12.6)	8130 (11.9)	4344 (9.8)	3350 (10.2)	3250 (10.9)	4283 (11.9)	34898 (11.5)
合計	91690 (100.0)	68464 (100.0)	44118 (100.0)	32757 (100.0)	29689 (100.0)	35909 (100.0)	302627 (100.0)

出所：厚生労働省発表資料より筆者作成。

最も多かった第5回でも4.6%であった。

　資格取得者にみられる職種の分布と、実務者の分布は、一致しているのだろうか。2001年に長寿社会開発センターが全国2000の指定居宅介護支援事業者を対象に行った調査（有効回答数851、有効回答率42.6%）によると、就業しているケアマネージャーの中で、最も多数を占めていた職種は、看護師・準看護師の44.1%であった。保健師6.8%、助産師0.8%を加えると、看護系職種が、全体の51.7%を構成していたことになる。一方、福祉系職種をみると、介護福祉士28.7%、ホームヘルパー（1～3級）11.8%、社会福祉士5.7%となっている[12]。

　これらの数字から、資格取得者、実務者のいずれにおいても、日本のケアマネージャーを構成する最多の職種は看護師であり、ついでケアワーカーである介護福祉士であることが理解される。

(3) ケアマネージャーに関する問題点

　ケアマネジメントが十分機能しているかどうかについては，制度発足後から，疑問があいついで提出された。最も期待が高かった地域の組織化についても，ケアマネジメント導入の効果には，疑問が提示された。前述の長寿社会開発センター2001年調査においては，サービス担当者会議の開催状況について質問がされている。851の事業所の回答をみると，「あり」が71.1％，「なし」が23.4％という結果であった。しかし「あり」の内訳をみると，「月1回以上の定例開催」が21.2％，「月1回未満の定例開催」が6.1％，「随時」が52.4％という結果であり，頻度は限られていることがわかる。

　2002年に厚生労働省で開催された全国介護保険担当課長会議においては，ケアマネジメントについて，①総合的な援助の方針等，居宅サービス計画書（第1表）が適切に作成されておらず，給付管理（第7表など）に偏った計画の作成，②ほとんどの要介護者について自らの法人事業内の介護サービス利用に偏った介護サービス計画の作成，③福祉用具貸与，住宅改修など利用者への十分な情報提供や助言がなく，適切な価格でないサービス利用の放置などが，問題点として指摘された。

　このような日本のケアマネジメントの問題点を，Cnaanが指摘したアメリカの7項目と比較してみよう。Cnaanの指摘の1点目から3点目は，アメリカのケアマネージャーが準専門職であるという状況に大きく影響されている。この点，幸いなことに日本の状況はアメリカほど深刻ではない。日本のケアマネージャーがアメリカと比較して厳しい条件を課せられていることもひとつの理由であるが，アメリカの場合，職種間だけにではなく学歴間のヒエラルキーが，厳然と存在している点も，理由としてあげられよう。

　4点目の雇用される機関からの拘束という面の限界は，日本のケアマネージャーも全面的に共有している。5点目の費用効果については，介護保険制度の一部の機能として位置づけられている日本とアメリカの状況には大きな相違があり，一概に比較は困難である。しかし，この点はケアマネジメントの導入の理由となった重要な論点であり，両国の制度的背景を考慮したうえで，別の機会に，慎重に検討される必要があろう。6点目の「燃えつき」による離職に

Ⅳ 投稿論文

ついては，日本においても，同様の指摘がなされており，日米のケアマネージャーに共通した問題と理解されよう。7点目の指摘についても，日米の状況は一致している。基礎資格の保持と全国統一試験の合格および研修の受講という，より高い条件を課したにもかかわらず，日本のケアマネジメントはアメリカと同様に，コーディネーターとしての機能を十分に発揮していない。

以上を総括すると，日本のケアマネージャーは，アメリカのケアマネージャーよりも厳しい条件を課せられているにもかかわらず，そのメリットを十分に発揮し切れていない現状が指摘される。

4　日本における保健・福祉関連職種の教育制度

高齢者介護サービスの充実を考えると，前述したような問題点を解決し，日本のケアマネジメントのより一層の発展をはかることが急務となってくる。発展を考える一助として，アメリカと異なる日本の特徴を，もう一度考えてみたい。日本のケアマネージャーは，基礎資格を要求しているという意味で，アメリカのケアマネージャーよりも，より厳しい条件を課せられている。基礎資格の保持とは，実際にはどのような知識と技術の保持を意味しているのであろうか。ここでは，日本のケアマネージャーの中で特に大きな割合を占めている看護師，介護福祉士の2職種，さらにケアマネジメントと理論的な共通点が多いと思われるソーシャルワークの養成課程について，教育体系の志向，実習教育の完成度，学部レベル，大学院レベルの教育の体系化，継続教育の体系化などに着目しながら，比較を試みる。

教育体系の志向とは，実践家養成が志向されているかどうかを意味している。実践家養成を志向している場合，カリキュラムの中心は実習教育におかれ，知識と技術の両面の習得が目的とされる。習得するべき知識と技術は，対象集団の特徴に応じて多様であるために，総論から領域別各論へとすすむ体系的な学習が構成される。さらに，資格取得後においては，学部レベルと大学院レベルにおける実習教育プログラムの構造化，および資格取得後に職能団体などによりもたれる継続教育などを通して，より高い知識と技術をえるべく，継続教育

の体系化がはかられる。

　一方で，必ずしも実践家養成を明確に志向しない課程においては，教育の重点は知識の習得におかれるため，実習教育はその一部を構成するにとどまり，総論から領域別各論へとすすむ体系も構成しにくい。また，資格取得後の継続教育の形成も十分にはかられない。

　これらの志向の相違は，教育課程としての優劣を意味するものではないが，結果として課程終了時およびそれ以降の実践能力に差が生じることは，否定できない。特定の実践に関わる資格を複数の職種に課す場合，各々の基礎教育が何を志向し，どのような構造化をはかっているかという点の検討は重要である。

（1）養成課程の年限

　3職種の養成課程の概要を，図表2に示した。養成課程とその年限をみると，3職種に一定の違いがあることがわかる。社会福祉士は，法律上はいくつかの措置があるとはいえ，実質的には4年生大学におかれた社会福祉士養成課程を修了したうえで，国家試験に合格したものが，多数を占めており，その意味では単線的な養成課程をとっている。

　社会福祉士と比較すると，看護師の養成課程は，複線コースをたどっており，専門学校，短期大学のいずれも3年間の養成課程，あるいは大学における4年の養成課程のいずれも選択可能である。

　介護福祉士も複線であるが，その状況は看護師とはまた異なっている。介護福祉士の場合は，3年間の実務経験をもって国家試験の受験資格をえることができる。また専門学校，短期大学等の2年間の課程を修了した場合は，国家試験を受験することなく，資格が付与される。

（2）実習教育

　専門職教育においては，学内における講義，演習とともに，実習教育が重視される。看護師，介護福祉士，ソーシャルワーカーの各教育課程で行われている実習教育をみると，職種間に大きな相違があることが理解される。

　実習教育が最も充実しているのは，看護師である。看護師の場合は，1035時

図表2　看護師，介護福祉士，社会福祉士の養成・教育

	根拠法規	養成課程	年限	国家資格の付与	実習教育			継続教育	
					時間数	実習領域	教員配置	職能団体	大学院
看護師	保健師助産師看護師法	専門学校 短期大学 大学	3年 3年 4年	養成課程修了後国家試験合格	1035	基礎 在宅 成人 老年 小児 母性 精神	常時配置	構造的	学部教育との継続性あり
介護福祉士	社会福祉士および介護福祉士法	専門学校 短期大学 大学	2年 2年 4年	養成課程修了あるいは実務経験3年の後国家試験合格	450	高齢 障がい	週2回訪問	非構造的	研究科は設置されていない
社会福祉士		大学	4年	養成課程修了後国家試験合格	180	児童 障がい 高齢 公的 扶助など から1領域	全期間1回訪問	非構造的	学部教育との継続性は希薄

出所：筆者作成。

間の実習を修めることが，国家試験受験資格の条件となっている。実習は，基礎実習に加えて，在宅，成人，老年，小児，母性，精神の6分野にわたり，総合的に行われる。

　実習は，各年次に分けて行われるが，1年目の見学実習に始まり，次第に長期化かつ専門分化した実習を年次が進むごとに積み重ねる構造化がなされている。実践教育においては，学内における講義，演習といった科目と学外の実習との整合性が保たれることにより，知識，技術の両面においてバランスがとれた統合的な学習機会が提供されることが不可欠といえる。この面でも看護教育においては，配慮がなされている。さらに，実習機関には，養成校の教員が期間中配置されるために，教員と実習機関の指導者とのコミュニケーションは保たれている。

　学内での演習の時点から，実践的技術の核となるのはアセスメントである。実習時においても，学生は患者を受け持ち，アセスメントを作成する。ここでいうアセスメントとは，あくまでも自らの思考を深める過程であり，アセスメントツールに頼ることなく，叙述することが求められる。

介護福祉士の実習教育は，看護師の4割強である450時間となっている。実習は，高齢者福祉，障がい者福祉の2分野において，施設実習を中心に，在宅介護も含めた実習がなされている。実習機関には，養成校の教員が週2回訪問し，実習機関とのコミュニケーションをはかっている。

　社会福祉士の実習は，さらに限定されており，4年間の教育課程の180時間を占めているにすぎない。関連する各分野を横断的に経験する看護実習とは異なり，社会福祉士の実習は，高齢者，障がい者，児童福祉のいずれか1分野を選択し，施設あるいは相談機関の1カ所で4週間程度過ごすという内容にとどまっている。大学の教員は全実習期間中に挨拶程度の訪問を一度だけ行うことが一般的であり，養成校の教員と実習機関の指導者とのコミュニケーションは十分に保たれているとはいいがたい。

（3）継続教育

　資格を取得した後の継続教育について，看護師は，勤務する機関における院内教育と，看護協会などで行われる院外教育の2つの形態で準備している。看護協会の研修制度は，全国いずれにおいても，ファースト，セカンドのレベル別教育を含めて，ひとつのコースを修了すると次に進むという形態がとられており，構造化がはかられている。さらに，修士レベルの教育では，専門看護師制度が整備され，学部教育と大学院教育の継続性がはかられている。

　介護福祉士・社会福祉士の継続教育は，同じく勤務施設内および職能団体などで行われているが，独自に企画する短期のアドホックな研修が中心であり，看護師のような構造化ははかられていない。社会福祉学の大学院は，多く設置されているが，学部教育と大学院教育の関連性は，十分にはかられているとはいいがたい。また独立した介護福祉学研究科は，設置されていない。

（4）各職種の発展パターン

　以上の結果から読み取れることは，看護師と福祉系職種の専門職養成課程としての完成度に，大きな相違が存在することであろう。看護師は，養成課程が多様であるにもかかわらず，実習教育を核とした教育の実践性，アセスメント

能力の形成,学内教育と実習教育の統合性,継続教育の構造化のいずれにおいても,相対的に高い完成度を示している。アセスメントは,身体的側面に限定されることなく,全人的に対象を把握することが求められる。

介護福祉士も,実践教育の充実をはかる努力を行っている。しかし,介護福祉士の中核となる実践理論は,ソーシャルワークが用いている社会福祉援助技術の簡易版であり,固有の実践理論の不在を克服できる状況には至っていない。介護アセスメントとは何か,および,それに要する知識・技術をどう特定するかという面の理論化には,多くの課題が残されている。

社会福祉士は,早くから4年制大学における養成課程を形成してきたが,それは必ずしも実践家養成を意図するものではなかった。その結果,実践家養成のための技術教育という面から評価すると,完成度の低さは否定しがたい。社会福祉援助技術に関連する科目群においては,「ソーシャルワークについて」教わるが,ソーシャルワークアセスメントを書く経験を一度も経ることなく課程を修了することが一般的である。

このような教育の限界をもちつつも,介護福祉士,社会福祉士のいずれにおいても,教育によってはえられない能力を,経験により,あるいは個人的な資質により自己形成してきた有意な人材が少なくないことも事実である。しかし,その技術を集団全体の技術として共有する制度は,現在のところ形成されていない。

5　日本のケアマネジメントの課題

(1) アメリカの課題と日本の課題

このように日本のケアマネージャーが受けている基礎教育をみると,アメリカと日本のケアマネージャーが置かれている状況には,明らかな相違があることが理解される。

アメリカのケアマネージャーの本質的な矛盾は,一定の専門性を要する業務内容を要求されながら,実際には準専門職をあてているという点にあった。この矛盾があるために,ケアマネジメントの実践理論はソーシャルワーク理論の

簡易版ともいえる，きわめて平易な手順論にとどめられてきた。また，固有の知識・技術が明確にされないままに，実際の援助にあたっては，アセスメント様式とコンピューターに思考を依存してきた。

一方，さきに検討したように，日本のケアマネージャーの最多数をしめている看護教育においては，様式に依存することなくアセスメントを叙述する訓練が，複数回にわたりなされている。こうした養成課程を経たうえで，さらに5年間の実務経験をもつ専門職集団に，このようなツールが必要であるかというきわめて基本的な問いはなされないまま，日本のケアマネジメントはスタートし，現在に至っている。

このような状況が生じた理由は，アメリカのケアマネジメントを導入する際に，日本との相違を十分に念頭におかなかった点があると考えられる。前述したように，アメリカのケアマネジメントは，児童，障がい者，ホームレス，在宅高齢者などを対象とする，幅広い社会福祉サービスの中のひとつの機能であった。アメリカのケアマネジメントがソーシャルワークを基本理論としているのは，このような背景があるためである。

一方で，日本のケアマネジメントは，要介護高齢者のみを対象としている。要介護高齢者に対するケアマネジメントは，生活一般のみならず，身体的な側面についての高度知識を要求する。要介護高齢者に対するケアマネジメントは，保健，看護，福祉とほぼ等距離におかれ，いずれの領域からも，各論として取り扱うことが可能である。こうした状況の中で，当初の予想に反して，社会福祉士がケアマネジメントを中心となって担うという現象は，生じなかった。日本において看護師および介護福祉士がケアマネージャーの主力を占めたのは，必然的な事象であり，この傾向は今後も大きく変わらないであろうことが予想される[13]。

（2）各職種に課せられた課題

新たな職種を導入する際には起こりがちなことだが，日本のケアマネジメントは，どのような職種が何を行うのか，予測できないままに出発した。6回目の試験が終了した現在，そこにみられた日本的特徴を理解し，その理解のもと

に今後の方向性を考える時期にきているといえよう。

　試験に合格した後に，一定期間の実務研修を義務づけることも，アメリカとは異なる日本の特徴である。しかし，現状においては，合格した全職種を対象として，各種のアセスメント様式の記入を中心とした研修を実施している。

　この方法には，2つの問題がある。1点目は，受講生が基礎資格を取得する課程で，すでに何を学んできたのかという点に，注意が払われていないことである。2点目に，貴重な実務研修の機会の多くをツールの使用方法の説明で費やすことの妥当性である。ツールの使用方法について，求める人々に対する説明会はあってよいが，それは，いかなる意味でも実務研修ではない。実務研修においては，試験により確認された知識を実際の援助場面で統合しながら，ツールに頼ることなくアセスメントを行い，さらに地域のチームと共有するための技術が伝達される必要がある。

　アメリカのみならず，他の国々においても，ケアマネジメントは特定の職種に限定されていない。このことは，職種間の競争をうながすものであり，その意味においては，肯定的に受け取られるべきであろう。しかし，職種間の競争をうながすのであれば，各職種の到達点を損なわず，その延長上にそれぞれの努力がなされる形態が望まれる。各職種が，それぞれの到達点を確認し，さらに付加するべき知識と技術，その習得方法を特定することにより，ケアマネージャーの資質はより高まることが期待されよう。

　どのような知識と技術を付加するべきかについては，職種の自己決定にまかされるべきであるが，主に，以下のような点が課題になると考えられる。

　看護師には，従来培ってきた総論と各論の枠組みの中に，ケアマネジメントを位置づける作業が課せられることになろう。現在の看護教育においては，医学モデルにとどまらず全人的に把握する視点が導入されているが，従来の病棟看護の中では，身体的側面に焦点をあてる機会が多かった。家族とともに自宅で暮らす高齢者を対象とするケアマネジメントにおいては，利用者の身体，心理，生活面に均等の関心を払うことが必要とされる。また社会福祉諸制度にとどまらず，家族力動への理解など，ケアマネジメントに特に必要とされる一連の知識と技術の特定も必要となろう。看護学にはすでに地域看護，老年看護な

どの各論が組み込まれているので，この作業は特に困難なく行われる可能性が大きい。さらに，多職種から構成されているケアマネジメント全体の質の向上に寄与することも，看護師の今後の役割として期待される。

介護福祉士・社会福祉士は，実践理論の総論，各論の枠組み形成という課題に，今後取り組むことになる。とりわけ社会福祉士にとっては，実習教育の量的質的充実，職能団体，大学院の役割分担を明確にした上で継続教育を構成することなどの課題が山積している。

一方で介護福祉士には，実践の積み重ねの中から，経験知を重ねていく可能性が期待しうる。ケアマネジメントの開始に際して，各職能団体がアセスメント様式を開発した中で，最も「思考」を要求した様式は，筆者の理解では，日本介護福祉士協会によるものであった。何が有効であり，何が求められるのか，実践の中で形成された感覚は，時には最も確実でありうる。しかしその確実さを理論として体系化するためには，多大な努力が要求されることも否定できない事実であろう。

このように課題が異なる以上，実務研修のプログラムは，それぞれの課題に応じてくみたてられることが望ましい。職能団体が研修を実施する条件をもっている場合は，委託することも方法として考えられよう。そして，その過程で優れた実践能力を示した職種が，リーダーとなることにより，職種全体のさらなる発展が期待できるのではないだろうか。

ケアマネジメントは先進各国が持つ共通の必要性から発生した。しかし，その対象，主体，方法は，それぞれの国が歴史的に培ってきたサービスの特徴を反映している。新たな制度の開始に伴う課題も異なるのみでなく，解決の方向性もまた同一ではない。日本のケアマネジメントも，日本なりの特殊な状況の中で出発したが，そろそろ日本的な固有性を確認できる時期に到達している。その固有性を理解し，状況を十分活用した展開を遂げた時に，日本のケアマネジメントは，アメリカとは異なるポジティブな発展をとげることが可能となろう。

1) アメリカにおいてはケースマネジメント，イギリス，日本においては，ケアマネジメ

ントという用語が用いられている。用語による意味の差はないので，本稿では日本の現状に従い，ケアマネジメントに統一する。
2) イギリスにおいては，1990年の「国民保健サービス及びコミュニティ・ケア法」の制定を機にして，ケアマネジメントが導入され，多くの興味深い研究が報告されている。しかし，イギリスのケアマネジメントは，「供給者―購入者分離」の原則を忠実に守り，すでに形成されているコミュニティ・ケアの1機能として，主に自治体社会サービス部のソーシャルワーカーにより行われている。この意味でイギリスのケアマネジメントは，アメリカ，日本とは大きく異なっている。アメリカと日本のケアマネージャーは，主にサービス供給組織に雇用されることが多く，本稿で指摘したような相違はあるものの，具体的な方法は類似している。このような背景の相違のために，今回の検討の対象からは，イギリスのケアマネジメントは除外した。
3) Ramb, H. R., "Therapist-case managers: More than Brokers of Services" *Hospital & Community Psychiatry*, Vol. 31, No. 11, 1980, pp. 762-764.
4) Austin, C. D., and McGlelland, R. W., "Case Management" in Ekerdt, D. J., *et al* (eds.) *Encyclopedia of Aging*, Macmillan Reference, 2002, pp. 190-195.
5) ケースマネージメント研究委員会編『ケースマネージメント―ニーズとサービスを結ぶ新しい支援システム』，全国社会福祉協議会，1991年，58頁。
6) Kane, R. A., Penroad, J. D., and Kivnick, H. Q., "Case Managers Discuss Ethics-Dilemmas of an Emerging Occupation in Long-Term Care in the United States" *Journal of Case Management*, Vol. 3, No. 1, 1994, p. 5.
7) ソーシャルワーカーの平均年収は，Gibelman, M., & Shervish, P. H.: *Who we are—The Social Work Labor Force as Reflected in the NASW Membership*, NASW, 1993, p. 106による。
8) Moor, S. T., "A Social Work Practice Model opf Case Management: The Case Management Grid" *Social Work*, Vol. 35, No. 5, 1990, pp. 444-448.
9) Cnaan, R. A., "The New American Social Work Gospel: Case Management of the Chronically Mentally Ill" *British Journal of Social Work*, 24 (5), 1994, pp. 533-577.
10) マサチューセッツ州のケアマネジメントについては，伊藤淑子「ケースマネジメントを問い直す」『社会福祉研究』第52号，1991年，96-101頁に報告した。
11) アセスメント様式に対する批判は，とりわけケアプランへの指針がえられることを目的に開発されたMDS-HCに集中した。MDS-HC方式を批判し，独自のアセスメントの枠組みを提示した書として，竹内孝仁『ケアマネジメント』医歯薬出版，1996年；三好春樹，高口光子，松下明美『現場がつくるケアプラン』雲母書房，1997年などがあげられる。
12) (財)長寿科学開発センター『居宅介護支援事業所及び介護支援専門員業務の実態に関する調査（抜粋）報告書』長寿社会開発センター，2002年。
13) 2003年度より障がい者を対象にして支援費制度が導入されたが，その時点ではケアマネジメントは制度に含められなかった。しかし障がい者についてもケアマネジメントが

必要だとする認識は高まっており，今後，障がい者への介護保険の適用も含めて，議論されている状況にある。しかし，その場合にも，一定の医療あるいは身体的な知識が要求される精神障がい者，身体障がい者については看護師が進出し，知的障がい者については社会福祉系職種が担当するという「すみ分け」現象が予想される。

障害者の就労と公的責任
―― 共同作業所と運営助成金を中心に ――

荻原康一　Ogihara Koichi

はじめに

　在宅の障害者にとっては厳しい雇用状況[1]や法定通所型授産施設の量的不足という就労状況から，障害者の「勤労の権利」や働くことを通じた「発達権」の保障[2]を目指して，多くの共同作業所がその運営を行ってきたという事実は間違いない[3]。しかし，共同作業所の運営は，障害者本人やその家族，職員，ボランティアなどの人々によって自主的，平等的運営がなされてきたというメリット[4]を有するが，運営のための経済的基盤は法定外という立場から脆弱であったと考えられる。
　そこで，まず本稿では横浜市のある共同作業所を事例として，運営の実態および助成金の意義，そして就労者の報酬（分配金）問題を考察し，次に運営助成金の地域間格差を概観する。最後に，共同作業所に対する助成金政策を通して，障害者の就労保障（それは前述した「勤労の権利」や「発達権」の保障と同意義であると解する）に対する公的責任について考察する。特に，共同作業所の場合には法定通所型授産施設と異なり，歴史的に国と地方という政府間関係が大きな意味をもつと考えられる。そしてそれらを考慮しながら，運営上の自主性や平等性などの共同作業所のメリットを活かした助成金政策についても考えてみたい。

1　共同作業所の運営と運営助成金

　ここでは，横浜市にある共同作業所（以下，Ａ共同作業所）を事例として，Ａ共同作業所の運営の実態を分析し，運営助成金のもつ役割について検証する。
　Ａ共同作業所は，横浜市Ｂ区を所在地とするが，その概要を簡単に示すと以下の通りである。
　Ａ共同作業所は1998年4月に設立され，主に知的障害者を対象とした作業所である。そしてある程度の事業規模を有しているため，第1作業所と第2作業所とに分かれている。2002年度の利用者数は第1作業所17名，第2作業所10名であり，利用者には重度・重複の障害者が多く，各作業所にはそれぞれ9名，8名が含まれている。職員数は第1作業所常勤職員が2名，非常勤職員1名（月～金曜日，9～16時勤務），第2作業所常勤職員2名，ほかに給食調理（昼食のみ）のパート労働者2名（1日おき，昼食をはさみ4～5時間勤務）となっている。
　図表1，図表2は，Ａ共同作業所の収支決算書（2002年度）である。まず収入の部（図表1）をみると，横浜市在宅障害者援護協会[5]からの助成金総額「在援協助成金」の運営費総額に占める割合が91.1％にも達している。その内訳をみると，利用者数に応じて支払われる「運営費助成金」が最も多く，運営費総額の70.9％である。つぎに，月額5万円までは全額，5万円を超えた部分は3/4が助成される「借地借家費助成金」が12.5％と続き，身体障害者手帳の1・2級またはIQ 35以下の障害者（第1作業所8名，第2作業所8名，計16名）利用者数に応じて支払われる「介助加算」が5.5％，家族等の介護者が送迎に要する交通費および対象者に応じ移送経費の一部を補助する移送費から構成される「送迎費」が1.4％，重度の肢体不自由と重度の知的障害が重複する障害者（第1作業所1名）の利用者数に応じて払われる「特別介助加算」が0.8％と続いている[6]。
　「その他助成金」は，Ｂ区に寄せられた寄付金を源泉とした，Ｂ区の社会福祉協議会からの助成金である。「負担金収入」に関しては，Ａ共同作業所にお

Ⅳ　投稿論文

図表1　A共同作業所における収支決算書（収入の部）　（単位：円）

科　目		第1	第2	合計
在援協助成金		18,128,000	13,491,000	31,619,000
	運営費助成金	14,018,000	10,581,000	24,599,000
	特別介助加算	270,000	0	270,000
	介助加算	960,000	960,000	1,920,000
	借地借家費助成金	2,400,000	1,950,000	4,350,000
	送迎費	480,000	0	480,000
その他助成金		118,000	118,000	236,000
	その他助成金	118,000	118,000	236,000
負担金収入		939,330	626,220	1,565,550
	利用者負担金	0	0	0
	給食費負担金	939,330	626,220	1,565,550
	行事費負担金	0	0	0
その他収入		278,148	230,152	508,300
	寄付金収入	0	0	0
	事業収入	0	0	0
	雑収入	278,148	230,152	508,300
前年度繰越金		237,163	550,232	787,395
	前年度繰越金	237,163	550,232	787,395
合　計		19,700,641	15,015,604	34,716,245

注：会計期間は2002年4月1日より2003年3月31日までである。
出所：A共同作業所内部資料より作成。

いては，利用者負担金は徴収していない。A作業所からのヒヤリングによれば，この措置は理念的な裏付けをもつものであり，A作業所では障害者を「利用者」という概念ではとらえていないことを意味する。つまり，作業所という法的には無認可の制度利用ではあるが，障害者が働く権利を追求するのに，障害者の経済的負担が必要であることは問題であるという考え方に基づくものである。したがって，A作業所では，障害者が福祉施設を利用するというとらえ方ではなく，雇用，就労の場を提供するというとらえ方をしているといえる。ただし，横浜市にある共同作業所全体の約半数においては，平均で月5,000円程度（最高額2万円）の利用者負担金を徴収しているとのことである（横浜市障害

図表2　A共同作業所における収支決算書（支出の部）　　（単位：円）

科　目		第1	第2	合計
人件費		13,251,069	9,947,729	23,198,798
	役員報酬	120,000	120,000	240,000
	職員給料	5,946,000	4,578,000	10,524,000
	職員諸手当	3,745,555	2,492,745	6,238,300
	アルバイト等賃金	1,737,180	1,559,475	3,296,655
	法定福利費	1,702,334	1,197,509	2,899,843
管理費		4,011,545	3,548,616	7,560,161
	役務費	134,174	104,122	238,296
	一般物品費	189,506	126,329	315,835
	備品費	45,360	30,240	75,600
	業務委託費	120,000	120,000	240,000
	水道光熱費	188,013	514,722	702,735
	借地借家費	3,000,000	2,400,000	5,400,000
	職員研修費	73,113	59,825	132,938
	負担金分担金	114,150	98,950	213,100
	その他管理費	147,229	94,428	241,657
事業費		1,526,131	1,046,442	2,572,573
	生活プログラム費	281,683	216,822	498,505
	地域交流活動費	5,192	3,460	8,652
	給食費	1,238,045	825,354	2,063,399
	保健衛生費	1,211	806	2,017
移送費		510,113	0	510,113
	ボランティア等謝礼金	150,000	0	150,000
	その他移送費	360,113	0	360,113
在援協助成金返還金		245,500	0	245,500
	運営費返還金	245,500	0	245,500
次年度繰越金		156,283	472,817	629,100
	次年度繰越金	156,283	472,817	629,100
合　計		19,700,641	15,015,604	34,716,245

注：会計期間は2002年4月1日より2003年3月31日までである。
出所：図表1に同じ。

者地域作業所連絡会，ヒヤリングによる）。「給食費負担金」については，昼食代の実費を徴収している。「行事費負担金」に関しては，会計上は当該作業所においては徴収していない形にはなっているが，現実には実費の一部を自己負担として徴収している[7]。そのため，後にみる図表2（収支決算書の支出の部）においても，徴収された自己負担分は「生活プログラム費」には計上されていない。よって，会計上の「生活プログラム費」は，その実施のための費用の作業所負担額である。

「その他収入」については，寄付金収入が0円となっている。これは，寄付の募集を行ったが結果として集まらなかったとの説明を受けた。最後に「雑収入」に関しては，職員の昼食代実費負担額である。

つぎに，図表2により収支決算書の支出の部について概観すると，運営費総額に対して，「人件費」が66.8％，「管理費」が21.8％，「事業費」が7.4％，「移送費」が1.5％となっている。そこで，収入と支出の対応関係をみると，運営助成金が職員の人件費部分に優先的に向けられると仮定するならば，「人件費」はその全額が運営助成金によって賄われている。「管理費」に関しては，その最大の費目である「借地借家費」の約8割が実質的に運営助成金で賄われている。また，利用者の「移送費」の約94％が助成金で賄われている。したがって，運営助成金は「人件費」ばかりでなく，「管理費」や「事業費」の一部まで負担するレベルにある。

このように，横浜市が在宅障害者援護協会を経由して交付する運営助成金は，この共同作業所の運営のための財政基盤の形成に大きく貢献していることがわかる。そして，A共同作業所の所長の言葉を借りれば，「共同作業所（横浜市障害者地域作業所連絡会）と横浜市との関係は，作業所側の必要性に基づいた要求に対して応じてくれるであろう信頼性の上に成り立っていた」そうである。このことは，近年の横浜市の共同作業所政策の変遷からも立証できる。

まず，現行制度のように，運営費助成金が利用者11人以上20人未満（職員2人以上，開所週5日）の作業所に対して，年額1,058万1,000円（利用者数10人）の定額を前提として利用者が1人増えるごとに年額49万1,000円を加算するという，利用者数に応じて比例的に交付される運営費助成金制度が1997年度に成立

した。それ以前は他の大多数の自治体同様，利用者10～14人，15～19人でそれぞれ定額が段階的に交付される助成金制度であった。また，98年度には特別介助加算制度が成立した。さらに，借地借家費については，月額5万円までは全額，5万円を超えた部分は1/2を助成していたのに対して，99年度からは5万円を超えた部分の3/4を助成するように改善した[8]。そして，2001年度からは介助加算制度も始まったのである。

　横浜市は，「3　運営助成金の地域間格差」で明らかにするが，全国でも共同作業所に対する助成金施策において，助成金制度の内容および金額の水準の面から，先進的と呼べる方に位置している。しかし，このような相対的に高水準とされる運営助成金政策をもってしても，次のような問題点を指摘することができる。

　横浜市では2003年度から共同作業所の運営助成金について，「人事院勧告」なみの削減として，2.03％の削減がなされた。このことにより，共同作業所運営の財政基盤の脆弱性を露呈させることとなった。横浜市障害者地域作業所連絡会が行った『作業所運営費削減が与える影響についてのアンケート調査結果報告』によれば，次のようなことがいえる。このアンケート調査集計（2003年6月30日現在）は，市内143ヵ所の共同作業所を調査対象とし，回答数140ヵ所，回収率98％であった。このうち，今回の作業所運営費の削減が，運営に影響があったとする共同作業所は，135ヵ所，96.4％にも及んでいる。では，影響があった作業所では，この削減に対してどのように対処したかの複数回答について，多い順に並べたものが図表3である。

　このアンケート結果を簡単に考察すると，②の行事の減少は地域や仲間との交流を減らし，⑧の利用者負担金の増加は経済的負担を増加せしめ，それらは障害者（就労者）の生活そのものに直接影響を及ぼすものである。④⑤⑥⑨などの人件費への影響は直接職員の生活に，そして職員の有する福祉専門性の低下を通じて間接的に障害者（就労者）に悪影響を及ぼす可能性がある。また，③や⑦のような作業所の施設関係への影響は障害者（就労者）の就労環境の悪化に結びつくといえるだろう。ちなみに，この横浜市の運営助成金削減に対して，A共同作業所では⑥の常勤職員の賞与カットで対応した。具体的には，常

図表 3　作業所運営助成金の削減が作業所運営に与える影響

	回　　答	回答比率	作業所数
①	予備費が減少するなど，全体的に運営が苦しくなった。	47.9%	67ヵ所
②	生活プログラム費を削減するため行事等を減らした。	32.9%	46ヵ所
③	必要な備品の購入をあきらめた（備品費の削減）。	31.4%	44ヵ所
④	職員・アルバイト・パートの人数を削減した。	26.4%	37ヵ所
⑤	常勤職員の定期昇給を停止した。	22.9%	32ヵ所
⑥	常勤職員の賞与をカットした。	20%	28ヵ所
⑦	必要な作業所の修繕をあきらめた（修繕費の削減）。	16.4%	23ヵ所
⑧	利用者負担金を値上げせざるを得なかった。	15%	21ヵ所
⑨	常勤職員を非常勤職員とした。 または非常勤職員をパート・アルバイトとした。	13.6%	19ヵ所

出所：『作業所運営費削減が与える影響についてのアンケート調査結果報告』（横浜市障害者地域作業所連絡会）より作成。

勤職員の賞与を4.95ヵ月から4.65ヵ月へ削減することによってこれに対応したのである。

　共同作業所の運営には助成金の役割が大きく，またその経済的基盤が脆弱であるということがわかる。A共同作業所においても15万8,259円とわずかの金額ではあるが赤字であり，それ以上に約3,500万円の運営規模に対して次年度繰越金が62万9,100円と極めて低いレベルにあることからも，その運営は不安定なものであるといわざるを得ない。

2　共同作業所就労者の報酬（分配金）と助成金

　A共同作業所では，作業所の運営のための会計と障害者の作業に関する会計（以下，作業会計）[9]とが別会計であり，助成金は全額作業所運営のための会計に属する。よって，助成金は作業会計には属さないため，助成金が就労者の報酬（分配金）の補助に直接向けられるという事実はない。したがって，ここでは保護雇用との関係が問題となる。「保護雇用」とは，ILOによれば，障害者についても最低賃金法やその他の労働関連法規を適用すべきことを意味する。

この定義よりも広くとらえた若林之矩氏の見解では,「『保護雇用』にはさまざまな形態があるが,①専門職員等に対する人件費の補助,②障害者の賃金補助,③施設・設備の補助,④運営に関する必要な補助（経営上の赤字補塡の措置）などの保護的措置が通常継続的に講じられているところにその特徴がある」としている[10]。そして,日本においては法定授産施設でも,ILO が定義する「保護雇用」の基準を満たしていない。また,若林氏の保護雇用の定義にあてはめてみても,A作業所のケースでは①の専門職員等に対する人件費の補助や③の施設・設備の補助の一部については認められるが,②の障害者の賃金補助については満たしていないということがわかる。

共同作業所の就労環境についてみると,鈴木清覚氏がいうように,作業所で就労する障害者は,作業が手内職的で前近代的であるばかりか,企業の下請け,孫請け,曾孫請けといった生産構造の中での生産を余儀なくされる。よって,氏は「障害による『作業能力』のハンディキャップに加えて,社会の経済システムおよび生産構造のなかでハンディキャップを負わされるという,二重のハンディキャップのもとで働いている」と指摘する[11]。それはA作業所においても同様にいえ,その結果A作業所就労者の報酬（分配金）水準の低さ（1人あたり月額平均報酬〔分配金〕5,760円）[12]に結びついていると考えられる。

つぎに,この報酬（分配金）がいかなる基準において分配されているかについて考えてみる。A共同作業所の就労者への報酬（分配金）支給方法は,「出勤日数による平等分配方式」とよばれるものである。つまり,障害種別や障害の程度によることなく,純粋に出勤日数によって分配する方法である。就労者の障害の程度によって当然作業効率は異なるであろう。また作業内容も,複数の作業があるときには,障害の軽い就労者は難易度の高い作業を行いその作業の付加価値は大きく,逆に障害の重い就労者は難易度の低いそして付加価値も小さい作業を行うこととなる。しかし,この方式によれば,1日あたりの報酬（分配金）は完全に同額となり,障害の軽い就労者は障害の重い就労者に対して経済的な援助をしていることになる。A共同作業所では,就労者が本人の希望により作業所に居残り通常の時間帯を超えて働いても報酬（分配金）は変わらないという。実際に,A作業所において（就労者2名の）その現場を見たが,

黙々とではあるが仲間とともに席を並べ真剣に作業に取り組んでいたことを覚えている。そしてそのことは，この分配方式との関連において，労働や人的交流を通じた自己の発達と就労者間の連帯との融合がなされているとはいえないだろうか。と同時に，経済的には少ない資源を分かち合わなければならない障害者の厳しい就労状況を示しているとも考えられ，それで公的（特に財政）責任が回避されるわけではないことはいうまでもない。

また，A共同作業所においては，作業を通じた社会との結びつきの追求がなされている。例えば，ゲームセンターの福引き券作成作業や菓子類の箱折り作業といった作業が行われているが，福引き券は重度障害者にも対応できる簡便な作業であり，さらにゲームセンターに行けばその福引き券を，また大きな駅に行けば菓子の入ったその箱を実際に見ることが可能である。つまり，作業結果としての製品が目に見える形で存在しているため，作業を通じた社会との結びつきが確認しやすい，換言すれば就労者にとって就労を通じた社会参加を理解しやすい作業が行われているということである。

A作業所においては利用者の報酬（分配金）は月額1万円を目標としているという。法定の通所授産施設の利用者1人あたり月額平均報酬（分配金）は身体障害者2万1,853円，知的障害者1万2,062円，精神障害者1万2,529円[13]であり，全国の共同作業所利用者1人あたり月額平均報酬（分配金）4,742円[14]との格差が大きいことがわかる。これは，作業所においては法定施設より財政難であるため，機械等の生産設備に格差があることが理由である可能性が高い。このような生産設備における法定・法定外施設間の格差が，就労者の報酬（分配金）の格差に結びついていると考えられるのである。

A作業所の就労者の何人かは障害基礎年金と報酬（分配金），生活保護の組み合わせで生活しているという現実がある。報酬（分配金）がある程度の水準を超えると生活保護支給額が減額されることになる。それでも，A作業所の所長によると報酬（分配金）が1万円を超えると，1万円札を理解できる就労者は驚きと喜びを感じずにはいられないという。生存権や生活権を保障する生活保護による受給の必要性は十分に肯定すべきであるが，やはり就労者の報酬のアップを彼女ら・彼らは喜ぶことを前提に考慮すると，経済的自立[15]の多様

な在り方を保障し，生産設備における法定・法定外施設間の格差をなくす上でも，そのための公的なレベルでの施設整備に関する支援が必要である。しかし，一般に健常者とよばれる人々の賃金水準と比較して，法定の授産施設まで含めてもその報酬水準には大きな格差があるといわざるを得ない。障害者に対する賃金補助の必要性について，大きな課題が残されている。

3 運営助成金の地域間格差

ここでは，きょうされん（旧称；共同作業所全国連絡会）が2002年に実施した，成人期障害者を対象とした「障害者のための社会資源の設置状況等に関する調査結果」に基づきながら，共同作業所に対する運営助成金の地域間格差をみていくこととする。

図表4，図表5は，都道府県，政令指定都市を対象として，自治体間財政力格差を反映した財政力指数と運営助成金との関係を示したものである。これをみると，運営助成金額がおおむね財政力指数を反映した結果となっていると推定できるが，この関係については別稿で取り扱うこととし，今後の研究課題とする。この運営助成金の額は，利用者15名の場合でその自治体の最も助成金額の高い補助要綱（あるいは同一要綱のうちの最も助成金額の高い項目）を選択し，重度加算については，2002年度のきょうされん調査結果で重度障害者が33％であったという結果をもとに重度障害者5名で試算した，共同作業所1ヵ所あたりに交付される額である。また施設整備費等の助成金については含まれていない[16]。

単純に，都道府県別にこの助成金額を比較すると，例えば身体・知的障害者共同作業所については，最大で滋賀県の2,350万円と最小の山形県[17]，鹿児島県の約220万円には約2,130万円もの格差が生じている。このような格差は，作業所の経済的基盤にも格差を生じさせ，その結果作業所の利用者である障害者の就労環境や，職員である福祉専門労働者の雇用・教育環境においても著しい相違をみせるに違いないと思われる。

この図表4，図表5をみれば，運営助成金額の地域間格差は自治体の財政力

Ⅳ 投稿論文

図表4　財政力指数別都道府県の自治体交付運営助成金額 (単位：千円)

	都道府県	身体・知的	精　神		都道府県	身体・知的	精　神
A	東　京	18,681	17,332		山　口	7,131	6,208
	愛　知	8,376	9,912		香　川	10,092	5,244
B1	神奈川	12,600	9,650		富　山	6,503	5,631
	大　阪	13,300	13,300		北海道	11,980	11,980
	静　岡	8,414	8,414	D	福　井	5,376	5,885
	埼　玉	12,348	5,000		愛　媛	4,860	4,860
	千　葉	14,316	7,000		奈　良	7,992	7,650
	兵　庫	5,194	5,194		熊　本	6,048	2,700
B2	京　都	13,270	12,340		山　梨	6,200	6,200
	福　岡	5,400	2,700		山　形	2,163	2,163
	茨　城	6,074	6,065		大　分	3,300	1,100
	群　馬	11,087	3,250		佐　賀	5,000	1,950
	栃　木	8,054	7,160		鹿児島	2,200	2,200
	宮　城	5,400	2,700		岩　手	4,708	4,708
	三　重	7,287	7,287		青　森	5,050	4,884
	広　島	7,770	7,770		長　崎	5,000	5,000
	滋　賀	23,500	14,320	E	和歌山	6,400	6,400
	岐　阜	7,114	7,114		宮　崎	4,974	4,500
C	長　野	6,564	6,564		徳　島	4,700	4,700
	岡　山	5,303	5,303		秋　田	5,196	5,196
	福　島	6,000	6,000		沖　縄	4,000	2,200
	新　潟	6,574	5,503		鳥　取	8,642	6,148
	石　川	8,895	7,905		島　根	6,300	6,300
					高　知	5,200	5,200

注：(1)運営助成金の額は，利用者15名でその自治体の最も助成金額の高い補助要綱を選択し，重度障害者5名で試算した，共同作業所1ヵ所あたりに交付される額である。また施設整備費等の助成金は含まれていない（2002年8月1日現在）。
　　(2)財政力指数はA（1.0以上），B1（0.7以上1.0未満），B2（0.5以上0.7未満），C（0.4以上0.5未満），D（0.3以上0.4未満），E（0.3未満）と区分した。
　　(3)沖縄県については，身体・知的障害者作業所運営助成金，精神障害者作業所運営助成金ともに，要綱の規定は県1/2，市町村1/2の財源負担割合であるが，きょうされんの資料では県の負担分（あるいは市町村の負担分）の額の記載となっていることが，ヒヤリング（沖縄県福祉保健部障害保健福祉課）により判明した。そのため，要綱の規定に照らし，県と市町村の合計額に修正した。
出所：きょうされん「障害者のための社会資源の設置状況等についての調査結果」『賃金と社会保障』旬報社，2003年1月合併号，144頁，図「2002年度小規模作業所に対する都道府県補助金比較（1ヵ所あたり）」より作成。

のみの格差に基づいているわけではないのは明確である。つぎに，財政力指数との関係を超えて，助成金額が突出している道府県をみていくこととする。

まず，身体・知的障害者共同作業所運営助成金に関しては，滋賀県が極めて高水準にあることがわかる。滋賀県の共同作業所助成金制度は，身体・知的障害者の共同作業所をその目的に応じて基本型・事業所型・創作軽作業型と3区分している[18]。このように明確に機能分化[19]がなされている作業所政策が実施されているのは，全国においても都道府県レベルでは唯一滋賀県においてのみと考えられる[20]。

具体的には，事業所型は，そこで働く全利用者の1/2以上の者が雇用契約を結び，最低賃金法の規定を適用することが前提となっている。つまり，作業所の存在意義が，利用者の経済的自立と結びついていることとなる。次に，創作軽作業型については，全体の2/3以上の利用者が常時介護を必要とする重度・重複の障害者であり，利用者2.5人に対して職員1人以上を要することが前提となっている。しかるに，その作業所の存在意義においては，労働のもつ経済的意味を追求するというよりはむしろ，労働（あるいは活動）のもつ「いきがい」や「自己実現」といった社会的な部分を追求することが重視されることになる[21]。最後に，基本型であるが，これについてはそれらの目的が混在する形での，一般的・伝統的な作業所形態といえる。

つぎに，これら3形態の作業所に対する助成金額を，前記の利用者15名，重

図表5　財政力指数別政令指定都市の自治体交付運営助成金額

(単位：千円)

	都市	身体・知的	精神
B1	千葉	10,904	4,975
	川崎	11,510	11,300
	大阪	13,600	13,600
	名古屋	10,602	10,368
	横浜	14,386	13,036
	仙台	11,265	7,510
	広島	7,770	7,770
	福岡	11,541	11,541
	神戸	8,596	8,596
B2	京都	13,270	12,340
	札幌	11,980	11,980
	北九州	4,300	4,300

注：図表4(1)(2)に同じ。
出所：きょうされん「障害者のための社会資源の設置状況等についての調査結果」『賃金と社会保障』旬報社，2003年1月合併号，145頁，図「2002年小規模作業所に対する政令指定都市補助金比較（1ヵ所あたり）」より作成。

度障害者5名（ただし，創作軽作業型については最少でも重度障害者が10名となる）についてそれぞれ試算すると，基本型1,432万円，事業所型1,540万円，創作軽作業型2,350万円となる[22]。

したがって，これら3類型のいずれの助成金額も，全国的には高水準にあるといえる。滋賀県は，『この子らを世の光に』や『福祉の思想』で著名な糸賀一雄氏が「近江学園」を開設した地であるとともに，「全国障害者問題研究会」の前身である「発達保障研究会」が結成された地でもある。よって，滋賀は，渡邉武氏いわく「発達保障運動の源流の地」であり，近江学園やびわこ学園などの施設での実践や，障害者問題に関する研究を通して，発展してきた行財政施策が行われてきた特異な歴史を有している[23]。

さらに，香川県や北海道，鳥取県においても，身体・知的障害者共同作業所に対する運営助成金が高水準にあることがわかる。これらの道県については，制度上の関係についてのみ言及する。まず，香川県は助成金額の高い重度加算制度を有しており，それが原因となっている。そのため，重度加算制度をもたない精神障害者作業所の場合においては，他県と同程度の水準となっている[24]。

北海道については，札幌市と同額の運営助成金が交付されることとなり，道内の地域間格差を生じさせない政策がとられていると推定できる。さらに，北海道，札幌市ともに精神障害者に対しても同額の重度加算制度を設け，障害種別間格差も生じないように十分な配慮がなされている[25]。また，鳥取県については，間接補助対象経費として，①専任指導員の給料，職員手当等，②需用費，役務費その他の経費，③利用者の健康診断料，④専任指導員の社会保険料の事業主負担相当額を明記して運営費を補助しているため，高水準となっている。この制度については障害種別間の格差が存在しない。精神障害者作業所に対する助成金額と，身体・知的障害者作業所に対するそれに格差が生じるのは，重度加算の補助の有無によるものである[26]。

最後に，精神障害者の共同作業所に対する運営助成金額が，自治体財政力を超えて突出している道府県について概観する。これに相当する道府県としては，京都府，滋賀県，北海道が挙げられる。北海道については，前述したために省略する。滋賀県についても前述の理由と同様といえるが，精神障害者作業所に

おいては，前記した3類型（基本型・事業所型・創作軽作業型）のうち基本型に相当するものしか存在しないことを確認した[27]。よって，全国的には助成金額は高水準といえるが，先進的な身体・知的障害者作業所助成金制度にいまだ追いつかず，障害種別間に格差が生じていることがわかる。

京都府については，北海道と札幌市との関係に類似し，京都市と同額の運営助成金が交付されることとなり，府内の地域間格差を生じさせない政策がとられていると推定できる。そして，京都府は原則的に障害種別間の格差をなくすため，2002年度に精神障害者作業所に対する助成金交付要綱と身体・知的障害者作業所に対するそれとを統合した。厳密には精神障害者作業所には重度加算の補助がないため，その額だけ（対象者1人あたり月額1万5,500円，重度者5名として年額に換算すると93万円）助成金が相対的に減少することになる。しかし，利用者1人当たり月額7万3,000円，管理費補助年額100万円という運営助成金額は他県より高水準の額を交付しているといえる[28]。

特に，京都府（京都市も同様）には，身体・知的障害者作業所においても同様であるが，この運営助成金には反映されないその枠外において，利用者の労働教育を通した発達保障に資すると考えられる職能技術補助や企業実習補助の助成金制度が設けられている。さらに職員の福祉的労働の専門性を高めると考えられる職員に対する研修補助の制度がある[29]。

このように，京都において先進的な作業所助成金制度が採用されているのは，戦前からの障害者福祉にかかわる伝統を受け継ぎながら，特に1960年代を中心とした革新府政・革新市政の時代に，自治体労働者の協力の上に，住民による福祉や教育，医療に関する要求運動が発達し行政もこれに応え，結果として住民の自治能力が高められ，それが今でも根付いているという歴史に基づいていると考えられる[30]。

4 財源問題と公的責任

まず共同作業所に対する国からの補助金制度について言及する。国は財政責任[31]を回避するため，一貫して障害種別ごとの民間団体[32]への補助金という

Ⅳ　投稿論文

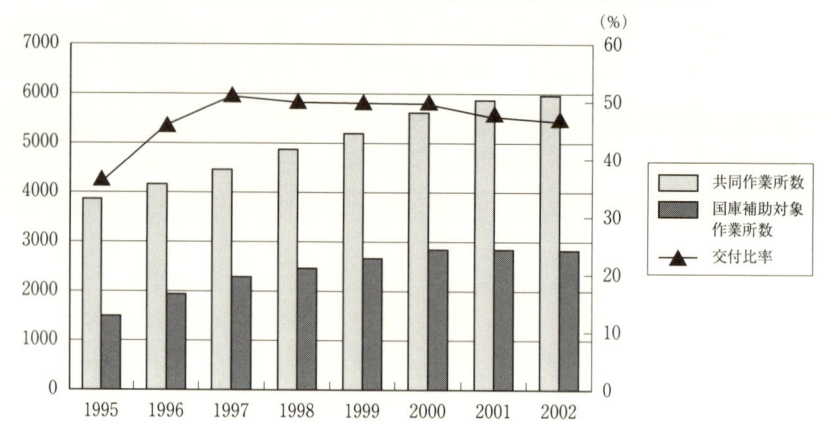

図表6　共同作業所数と国庫補助対象作業所数の推移と交付比率

出所：きょうされん『全国障害者社会資源マップ'03年度版』きょうされん編集，中央法規出版，2003年，16頁，図「通所型授産施設数および小規模作業所数の年次推移」より計算・作成。

形で補助してきた。その金額は年間110万円と極めて少額であり，さらに**図表6**をみると，交付先数が共同作業所全体の約半分であるばかりか，交付先の伸び率が作業所の増加率に追いつかず，その交付率は1997年をピークとして年々減少している。そして，2003年度には，閣議決定による民間団体への補助金削減を受け，補助金予算額が2002年度に比して1割削減された。この結果，作業所1ヵ所あたりの交付金額を減少させるのか，あるいは交付先数を減少させるのかについては，国としては関与せず各団体が任意に決めることとしている。このことは，国と共同作業所，ひいては作業所の就労者との間にある遠い距離をさらに遠いものとしたに違いない。

　さらに，この国庫補助が存在する場合に自治体の対応が問題であると思われるケースがある。例えば，宮崎県や大分県においては両県ともに県内の地域間格差をなくすことを目的として実施していると推定できるが，国庫補助がある場合に自治体助成金をその額（あるいはそれに近い額）だけ減額する規定がある[33]。国庫補助をもって自治体助成金を減額するとは自治体にも問題があると考えられるが，国がすべての作業所に補助金を交付せず，民間団体への補助という形で行ってきた責任が大きいのではないだろうか。

共同作業所に対する自治体助成金政策の進展の程度は、障害者やその家族、関係者などの運動や、その要求に応じてきた自治体の態度といった歴史の要素が大きいことは事実である。しかし、今までみてきたように、運営助成金額に強い地域間格差が生じるのは、共同作業所を法定外におき、国からの補助金も民間団体への補助という形で予算措置としてしか認めてこなかったことが、極めて大きな要因と考えられる。さらに、地方単独事業としての位置付けが、一部の自治体における先進的な作業所助成金政策を実現させてきたのも事実であるが、逆に多くの自治体においては厳しい作業所運営を強いるような内容的にも遅れた、金額的にも低水準の助成金政策が実施されているのも事実である。

 障害者、その家族、共同作業所関係者の要求と、彼女ら・彼らと関係団体による長年の運動によって、2001年度より共同作業所の法定施設への移行策として「小規模通所授産施設制度」が制度化された。「小規模通所授産施設制度」には、さまざまな問題点が指摘されてはいるが[34]、図表4をみれば明らかなように、自治体交付助成金額がこの制度における助成金額1,100万円（国1/2、都道府県1/4、市町村1/4）を下回っている自治体は極めて多い。これら自治体に存在する共同作業所にとっては、小規模通所授産施設への移行は作業所の運営基盤を安定させるという意味において有効性は高いといえる。

 一方で、共同連（差別と闘う共同体全国連合）の障害者労働研究会によると、「小規模通所授産施設制度」に対しては次のような評価も与えられている。すなわち、制度利用にともない作業所を法人化してしまうと、就労者と雇用契約が締結できないという重大な問題点があると指摘している。そのため、少数ではあるがすでに雇用契約を締結している一部の作業所（特に共働事業所[35]を名乗る場合が多い）では、障害者の労働権保障を重視する立場から否定的な見解が多いとされる。そこでこの研究会は、法人化に限らずNPOや協同組合などのさまざまな形態の場へと障害者の就労の場を広げるべきではないかと提言している[36]。

 作業所の多様な形態の中から、安定的な財政運営を志向する観点により小規模通所授産施設を選択しそれへの移行を望む作業所にとっては、この制度の推進が求められるであろう。そしてそのためには国はそれ相応の予算を組むべ

き[37]であり，また本来公的に保障すべき「福祉の措置」が委託されて行使される場である社会福祉法人に厳しい資産要件が課されるのは当然とも考えられるが，小規模通所授産施設の場合には共同作業所からの移行の一形態であることに鑑みて，資産要件の緩和といった移行しやすい制度改革を実施すべきである[38]。さらに，その間は峰島氏のいうようにこの制度よりも相対的に助成金額の高い自治体へは，福祉切り捨てにつながらない強い牽制を行うべきである[39]。そして終局的には助成金の水準は一般の法定通所型授産施設と同等レベルになることを目的とすべきである。

　そのための財源としては，障害の有無を超克した社会的連帯による公費によることが望ましい。なぜなら，発達権や勤労の権利は障害者ばかりではなくすべての国民に保障されるべきでありその責任は国家（国と自治体双方を含む）にあると考えられるからである。A作業所のしおりをみると，「実際に税金による補助金で運営されている点において公的かつ社会的責任の重い事業と自覚し，運営全般（入所決定・処遇・経営）に公正・公平・公開の原則を貫きます」という記載があり，横浜市の税によって運営されているという事実がこのような作業所運営のあり方に結びついていると考えられるのである。

　ここで，地域福祉や地方分権の進展まで考慮に入れれば，自治体は地域に根ざした福祉政策を推進する中心的な政府となる必要がある。よって，作業所に対する自治体交付助成金の低い自治体は，「3　運営助成金の地域間格差」でみた他の都道府県の先進的な助成金政策を参考にしながら，広く住民に目を向けた政策を実施し，地域間格差を上昇方向で縮小するような努力をしなければならない責任を有しているといえる。また，国は作業所助成金政策の地域間格差の大きさや過去の共同作業所と国とのかかわりを考慮し，共同作業所に対する公的責任を明確にしその責任を果たす必要があるのではないだろうか。ただし，作業所の生成・運営が非営利協同としての性質を帯び，自主性や平等性をメリットとして発展してきたことに鑑みると，現在ある作業所については財政責任に限定してもよいとも考えられるが，この公的責任の範囲や在り方については障害者やその家族，作業所職員や関係団体が決定すべきであろう[40]。

おわりに

　このように，障害者授産施設・共同作業所への補助金・助成金は，直接障害者の所得保障に充てられるものではないが，障害者に対する雇用・就労を生み出し，ないしはれを安定化させ，障害者の発達保障に資する可能性をもつものである。それは，同時に一部の障害者にとっては，企業内雇用へのステップにも結びつく可能性をもっているともいえる。

　さらに，授産施設・共同作業所への補助金・助成金は，その施設内における職員の雇用の安定化に有効に機能するはずである。具体的には，福祉労働の専門性という観点から考えると，障害者の能力（障害の程度等）と作業の内容（難易度）を判断し合致させるだけでなく，障害者（就労者）が求めている状況を把握して作業がその要求に応じ得るか判断しあるいはそのための工夫をする[41]，と同時に，その作業が社会教育や生活教育との結びつきをもった労働教育の実践として行われる[42]ような職員の専門的能力が要求される。また職員は障害者である就労者に対して完全な平等を前提にかかわりあっていく人権感覚を有していなければならない。そのためには，不断の研修や長期的な安定雇用が必要であるとともに，経済的側面も含めた生活の安定も必要となるだろう。

　障害者がそこで働き職員がその面倒をみるというよりもむしろ，障害者と職員との間に施設の中での役割を超えて共に働く主体としての関係を築くことが，さまざまな差別を超克する共生社会の実現につながる重要な手がかりとなるとはいえないだろうか[43]。

1) 民間企業に雇用されている障害者の実数をみると，93年以降さほどの進展はなく約18万8,000人程度の一定水準を保っていたが，2001年には18万6,577人，2002年には18万1,105人と減少傾向にあり，その水準は92年の水準に逆戻りしてしまった。
2) 障害者の発達保障については，田中昌人「発達保障の理論と発達権」田中昌人・夏目文夫・池上惇・上掛利博共著『福祉を創る——社会福祉と発達保障』かもがわ出版，1989年を参照した。
3) 1995年に通所型授産施設が921ヵ所，共同作業所3,902ヵ所であったものが，2001年には前者が1,624ヵ所，後者が5,868ヵ所となり，増加数では圧倒的に共同作業所の方が

Ⅳ　投稿論文

　　　勝っている。ここで通所型授産施設とは障害種別を無視する形でいえば，通所授産施設，小規模通所授産施設，福祉工場である。また上掛利博氏は，きょうされん（97年当時は共同作業所全国連絡会）が提言した『小規模作業所に関する第二次政策提言』の小規模作業所を前提として障害者の地域生活が成り立っているというという指摘を受けて，共同作業所の地位を「共同作業所が果たしてきて役割からすれば，「『補完』などではなく『主流』（メインストリーム）に発展させる必要がある」と言及している。上掛利博「人間発達を支える福祉の創造──共感と育ち合いの提携活動へ」鈴木勉・上掛利博・田辺準也・鈴木清覚編著『生協と共同作業所　協同の仕事おこしで福祉を拓く』かもがわ出版，1998年，161-162頁。
 4) 池上惇「地域共同施設づくりと福祉」田中昌人・夏目文夫・池上惇・上掛利博共著，前掲書，58-60頁。
 5) 1973年「横浜市在宅障害児援護協会」として設立され，78年に財団法人の資格取得，84年に組織の充実を図りながら支援対象を拡大し現在の名称となる。地域で暮らす障害者やその家族の福祉向上のため，調査研究，政策提言などを行っている。現在では横浜市の外郭団体となっている。http://www.city.yokohama.jp/me/zaien/zaien/zaien.html
 6) 横浜市障害者地域作業所助成事業実施要綱による。
 7) 2002年度に実施された行事としては，春の日帰り旅行，秋の一泊旅行のほか，忘年会，ボーリング，昼食会が行われた。また，余暇支援プログラムとして，隔月の第3土曜日に職員とともにハイキングないしは市街探索が行われている。
 8) A共同作業所の所長によると，この借地借家費に対する助成金制度およびその改善が，作業所施設に与える影響は極めて大きいと説明する。一般に作業所施設は「狭い，暗い，（駅から）遠い」という現実を有していたが，この助成金制度からこうした現実から脱却できるとしている。確かにA作業所は，第1作業所，第2作業所ともにそれほど面積は広くはないが，明るく，そして最寄り駅から近い距離（徒歩約3分）にある。
 9) 作業会計とは，就労者が作業を通じて得た収入総額（売上総額）から必要経費（A作業所では送料，ホッチキス代）を控除した額を算定し，就労者にその全額を報酬（分配金）として分配する会計をいう。
10) 若林之矩『障害者雇用対策の新展開』労働行政研究所，1998年，143頁。
11) 鈴木清覚「生協と共同作業所の提携の歩みと課題」鈴木勉・上掛利博・田辺準也・鈴木清覚編著，前掲書，186頁。
12) 就労者1人あたり月額平均報酬（分配金）の月別の最高額については2003年2月の9,303円，最低額については2002年8月の2,063円となっている。このことから作業収入が変動することにより就労者の報酬（分配金）が極めて不安定であることもわかる。A共同作業所作業会計関連資料（内部資料）による。
13) 1999年の調査による。全国社会就労センター協議会『社会就労センター実態調査（平成12年度）』2000年11月。
14) 1998年の調査による。社会福祉法人東京コロニー『高齢者・就労者の就労環境と就労支援システムの研究』2000年9月。

15) 障害者の経済的自立については，京極高宣『障害を抱きしめて』東洋経済新報社，2002年，33-37頁を参照した。
16) きょうされん「障害者のための社会資源の設置状況等についての調査結果」『賃金と社会保障』旬報社，2003年1月合併号，144-145頁。
17) 山形県の場合，作業所運営助成事業ばかりでなく，山形新幹線関連道路事業や農業集落排水施設整備促進事業などを含んで，使途を特定せず一括で市町村に交付する制度（「総合交付金制度」と呼んでいる）を採用している。そのため，図表4における身体・知的障害者作業所運営助成金額（精神障害者作業所運営助成金額も同様）216万3,000円は，この制度に基づく算定基準を利用して試算されたものであり，県が市町村に交付した額である。現実に，市町村において作業所に対してどの水準の助成がなされているかについては，県としては把握していないそうである。ただし，県の資料である事業別評価における「実施状況」という項目の中で，「借地借家への助成（山形市および酒田市）などの独自助成が行われている例もある」との記載があることから，逆に一部の市町村においては市町村レベルでの独自助成が行なわれていない可能性もある。また，県からは，市町村レベルでこの額よりも低い水準で交付されている可能性があるとも指摘を受けた。したがって，この額が実態に即しているかどうかは，市町村レベルでのさらなる調査が必要であろう。ヒヤリング（山形県）と http://www.pref.yamagata.jp/sm/shichoson/496100/2949900.html による。
18) 滋賀県障害者共同作業所入所事業費補助金交付要綱による。
19) 機能分化については，研究者間で評価が分かれている。峰島厚氏は，作業所や授産施設で行われてきた「運動や実践の成果が，きょうされんや全国授産施設協議会が提言した『一般企業をめざす人たちへの労働援助』『福祉的援助を受けつつ，そこでずっと働く人たちへの労働援助』『生きがい活動を重視した労働参加への援助』という3つの授産施設類型」に結びついたと機能分化に対して好意的に評価しながらも，「まだ経験を積み重ねてきた段階であり，それぞれの援助の固有性，連携のあり方の吟味は今後の課題」としている。一方，花田昌宣氏は，機能分化による作業所を含む施設の類型化は，「障害者の能力別の編成」につながる可能性もあるとしてこれを危惧している。峰島厚『転換期の障害者福祉——制度改革の課題と展望』全国障害者問題研究会出版部，2001年，163頁，花田昌宣「小規模作業所，授産施設，デイケアセンターをとりまく現状について」福祉労働編集委員会編『季刊福祉労働』第101号，現代書館，2003年，13-14，23頁。
20) 本稿の「3　運営助成金の地域間格差」においては，きょうされん『全国障害者社会資源マップ'03年度版』きょうされん編集，中央法規出版，2003年の資料編 CD-ROM の補足資料8-1都道府県別小規模作業所補助金交付要綱概要一覧，補足資料8-2政令指定都市別小規模作業所補助金交付要綱概要一覧によるところが大きい。
21) これら2形態の作業所は，前述したきょうされんや全国授産施設協議会の3つの授産施設類型のうちの「一般企業をめざす人たちへの労働援助」「生きがい活動を重視した労働参加への援助」に類似していると思われる。峰島厚，前掲書，163頁。

Ⅳ　投稿論文

22) 滋賀県には身体・知的障害者（精神障害者の混合利用も可）の作業所が72ある。そして，3類型によるその内訳は基本型54，事業所型13，創作軽作業型5となっている（2003年9月18日現在，ヒアリングによる）。
23) 渡邉武，全国障害者問題研究会第37回全国大会の結果報告「平和・人権・発達保障の歴史をつくる主人公に！」を参照，http://www.nginet.or.jp/news/37siga/content1.html また，京都府，大阪府においても滋賀県と同様に，助成金額が高水準にあるのは，全国障害者問題研究会がもたらした運動とその結果との関係が強いことも推定できる。
24) 香川県心身障害者小規模通所作業所運営事業交付要綱，香川県精神障害者共同作業所運営費補助金交付要綱による。
25) 北海道については障害者地域共同作業所運営費補助金交付要綱，札幌市については札幌市心身障害者小規模授産事業費補助要綱，札幌市精神回復者小規模共同作業所補助要綱による。しかし，運営費助成金以外では，札幌市において施設整備費100万円，精神障害者作業所の場合に交通費（実費の半額，自家用車は月額2,000円）の補助があり，北海道にはそのような補助がないため格差が生じることになる。
26) 鳥取県小規模作業所運営費補助金交付要綱による。むしろ鳥取県において先進的な作業所助成金制度がみとめられるのは，ミニ型と呼ばれる作業所形態が存在することである。これは，利用者数が2～4名の作業所を指し，1作業所あたり年額150万円と少額ではあるが，これに対して助成金を交付している。このように，交付先の利用者数の最低ラインを，無条件に2名という極めて低い水準に設定しているのは全国でも鳥取県のみである。（ただし，岩手県でも「重症心身障害者型」と呼ばれる作業所形態において，重度障害をもつ利用者2～3名に対して職員が2名存在するという前提で助成金が交付されるケースがある。）したがって，利用者数というハードルを低く設定して，作業所の設立を容易にし，またその運営を補助することは，利用者数が確保しにくい農村県において望ましい政策と考えられるのである。
27) 滋賀県精神障害者共同作業所運営費補助金交付要綱による。
28) 京都府障害者共同作業所入所訓練事業費補助金交付要綱による。
29) この研修補助と同様の制度が，滋賀県においても採用されている。京都府，京都市においては，常勤職員1人あたり年額4万2,700円，滋賀県においては，職員研究活動促進費という名称で1ヶ所あたり年額12万円である。京都府，滋賀県については前掲の要綱，京都市については京都市心身障害者通所援護事業補助要綱，京都市精神障害者通所訓練事業費補助金交付要綱による。
30) 上掛利博「新しい社会福祉の思想とは何か」田中昌人・夏目文夫・池上惇・上掛利博共著，前掲書，128-129頁，藤本文朗「京都の社会福祉の伝統」（「社会福祉と発達保障」〔社会福祉講座・基調報告〕の一節）同上書，21-26頁。
31) 福祉にかかわる公的責任については，二宮厚美「新自由主義的改革と戦後福祉レジームの岐路」障害者問題研究編集委員会編『障害者問題研究』第28巻第4号（通巻104号）2001年2月を参照した。
32) 日本身体障害者団体連合会，全日本手をつなぐ育成会，全国精神障害者社会復帰施設

協会の3団体である。

33) 宮崎県においては，国庫補助がある場合に自治体からの運営助成金を，身体・知的障害者作業所の場合に110万円控除し，また精神障害者作業者の場合には上限を450万円から350万円へと修正するという規定がある（宮崎県在宅障害者小規模作業所育成事業補助金交付要綱，宮崎県精神障害者小規模作業所育成事業補助金交付要綱）。また，大分県の知的障害者作業所の場合にも110万円の国庫補助がある場合には，県110万円，市町村110万円の財源負担となり，逆にそれがない場合には県と市町村合わせて330万円が交付される（知的障害者小規模援護事業費補助金交付要綱）。

34) 利用者数（10～19名）とは無関係に定額の交付であること，その金額も一般の知的障害者通所授産施設の定員20人と比較すると約1/5の水準でしかなく極めて低い水準であることなどが指摘されている。きょうされん，前掲論文，135頁。

35) 共働事業所とよばれる作業所形態およびその運動は，障害者が就労者であり健常者とよばれる者が施設職員であるという枠組みを超えて，経済的にも障害の有無を超克した対等な関係を築きながら共に働くことを理念としている。現実にこのような理念を実践あるいは志向している作業所が，ごく少数ではあるが存在している。この共働事業所とよばれる作業所形態およびその運動については，花田昌宣，前掲論文，白杉滋朗「共働事業所運動の可能性——ねっこ共働作業所の歩みから」前掲書（『季刊福祉労働』），障害者労働研究会，「共働事業所の可能性と展望」障害者労働研究会編『21世紀における障害者の就労と生活のあり方とその環境条件に関する総合的調査』2002年に詳細な記述がある。本稿は，A共同作業所に代表される一般的な多数の作業所形態を前提として，発達保障まで含んだ作業所のもつ多面的効果を考慮して記述がすすめられているため，共働事業所（運動）についてはほとんど触れていないが，その存在意義は極めて大きいと考えられることから今後の研究課題としたい。

36) 障害者労働研究会，同上論文，19-21頁。

37) きょうされんは，国はそのための予算枠を年間200ヵ所程度しか計上していないことを批判している。きょうされん，前掲論文，135頁。

38) この制度は，作業所の運営財政上の基盤整備に目的を限定すれば，九州などの助成金額が低い地域で利用されるべきであるにもかかわらず，大阪府などの大都市圏において利用されているという実態がある。そもそも助成金額の低い自治体にある共同作業所においては財政的に厳しい運営状況を強いられているため，この制度移行のための1,000万円以上という資産要件を満たすことができない可能性がある。

39) 峰島厚氏は，この助成金額を上回る自治体交付助成金額を交付する自治体に対して，「国による一律の補助制度ができると，それまで実施していた自治体単独の補助制度がその水準まで下げられたり」することを危惧し，「国の制度への上乗せこそすれ，減額などすべきではない」として牽制している。峰島厚，前掲書，168頁。

40) 公的責任と地域福祉との関係については，河合克義「地域福祉をめぐる争点と課題」相野谷安孝・小川政亮・垣内国光・河合克義・真田是編『2000年日本の福祉 論点と課題』大月書店，1999年，真田是「民間社会福祉の役割と課題」二宮厚美・真田是・仲田

Ⅳ　投稿論文

伸輝・桑本文幸共著『新しい福祉時代をつくる——市場化・規制緩和と民間社会福祉』かもがわ出版，1998年を参照した。
41)　鈴木英夫「障害者福祉労働——共同作業所を中心に」植田章・垣内国光・加藤薗子編『講座・21世紀の社会福祉3　社会福祉労働の専門性と現実』かもがわ出版，2002年，174-175頁。
42)　田中昌人，前掲論文，89頁。
43)　本稿における金額等の数値については，原則として2002年をベースとしている。

SUMMARY

A viewpoint and problems of the studies on wage for the study of social policy

Shuichi HASHIMOTO

In this paper, I review the studies on wage presented at the conferences of the "Society for the Study of Social Policy" from 1950 to 2000. I consider the change in the analysis of the wage problem, the features of its viewpoint, and the contemporary problems of the studies on wage for the study of social policy.

We have not adequately analyzed the constructive feature of Japanese capitalism after the period of high economic growth and the wage problem determined by it. Thus, it becomes extremely essential to clarify these aspects. In other words, what constitutes the wage problem should be elucidated. We have to consider not only the wage administration but also the wage level, since the problem of the living standard includes indirect wages and public services. The studies recently lean toward wage administration, especially how to determine wages in large enterprises. It is essential that we consider the significance and the limitations of the function of the labor market and prepare a new policy for employment and also consider the lifespan within which we can reproduce the modern labor force.

The focus of the current wage problem

Takeo KINOSHITA

This paper puts important points of an argument on the wage problem into perspective. Currently, the argument over the wage problem is based on the following three trends. A wage system changes into the result principle wage system from nenkoū wage system the in many Japanese enterprises in the first. The second trend is where a wage level is prescribed due to the sudden rise in the unemployment rate, following this trend it declines drastically. While the number of part-timers increases, the problem of the equal treatment of part-timers and regular employees is observed in the third trend.

When a wage problem is examined, it is important to determine a standard for deciding wages from the manner in which the wages are raised, and the level of the amount of wages that form the basis for the argument. It was the standard for the decision of wages that was deemed important based on the new trend. This aspect was emphasized in this paper in the argument over wages.

The possibility of age-based wage and experience-based wage

Masashige AKAHORI

This paper discusses the possibility of age-based wage and experience-based wage, which are different from the so-called seniority-based wage, with a closer look at the post World War II Japanese labor history. Experience-based wage discussed here is the wage that is determined by evaluating a worker's skill according to his/her experience. This has been a typical wage system in Europe that has had a history of craft unions since the 18th century. Age-based wage is one of the typical living wages of the Densan wage system proposed in Japan during early postwar period. Despite different history, both systems have established by the intervention of strong labor unions. In addition, the "year" has been the key element of wage rates in order to avoid competition among laborers in both systems. Thus, age-based wage that plays a similar role in industrial relations has been the primary focus of the study. Although its influence is no longer overwhelming, the author believes that age-based wage established in the postwar period still regulates the labor market and will continue to a critical means by labor unions.

Diversifying employment categories and issues of wage management

Hiroki SATO

Companies consist of people working under various employment categories. Employees are not only the standard employees but also the considerable number of non-standard employees. Within the standard and non-standard employees, there exist a number of employment categories where different working conditions are applied depending on the different careers. Furthermore, there are an increasing number of temporary help agency workers and on-site sub-contracting workers who are not directly employed by the companies where they work.

The diversifying employment categories raise a new issue in human resource management, one that considers planning the treatment of these workers according to their employment categories. This chapter will discuss this subject in detail.

SUMMARY

The effects and problems of the minimum wage system in Japan

Kazutoshi KOSHIRO

The Minimum Wage Law originally took effect in April 1959. In June 1968, it was substantially revised, and a board system was introduced in each prefecture. Between 1972 and 1976, each local wage board introduced prefecture-wide minimum wage rates to replace local occupational minimum wages, which were fundamentally daily rates. Local minimum wages are revised every year in accordance with the recommendations provided by the Central Minimum Wage Council, Ministry of Labor (Ministry of Health, Labor and Welfare since 2001), a tripartite body that deliberates minimum wage policies. Having served as council chairperson from May 1996 to January 2003, I discuss here the main activities and achievements of the council during my term. In 2001, the government implemented new regulations based on the council's recommendation that minimum wages be converted from daily to hourly rates, reflecting the introduction of the 40-hour week in April 1997. The council did not abolish the local industrial minimum wages in each prefecture, totaling to 243, despite strong pressure from employers to do so. The council first recommended freezing the minimum wages in 2002 and 2003 due to the continuing depression in Japan. I conclude that the minimum wage system, despite its defects, has succeeded in gradually improving the economic conditions of low-paid workers.

Unemployment policy and employment insurance in Korea
— Post 1997 financial crisis—

Eui-kyoo LEE

Korea overcame the 1997 financial crisis and thereafter has sustained high economic growth to improve its employment situation. However, in the process of overcoming the financial crisis, labor market flexibility has increased and the unemployment rate remains high.

However, the biggest change that the Korean labor market has experienced following the financial crisis is that amidst changes in the business environment and corporate restructuring, the proportion of workers in unstable employment, including casual labor and daily workers, has increased to exceed that of those in permanent employment. In addition, the number of discouraged workers is growing, resulting in an increase in the non-economically active population and a reduction in the participation rate. In addition, the ratio of the long-term unemployed, or those who have been out of work for 6 months or more, has significantly decreased in the course of overcoming the crisis.

The basic framework of Korea's post-crisis unemployment policy consists of four pillars, with the active labor market policy at the center. First, as part of the supportive measures for continuous employment. Second, there exist measures to create new employment, including the introduction of an internship program, and a social welfare assistant worker program. Third, there are work capability enhancement measures, including re-employment training of the unemployed and a training program for the female heads of households. Fourth, the social safety net provided to the unemployed comprises unemployment benefits and a loan service.

Similar to the Japanese employment insurance system, Korea's employment insurance consists mainly of three projects, namely, unemployment benefits, vocational competence development project, and employment security project.

Depending on the target group, availability of financial resources, and training programs, the development of vocational competence of the unemployed can be divided into re-employment training of the unemployed, employment promotion training, employment training of the unemployed, government-consigned training, and business start-up training.

Therefore, the vocational competence development project is mainly concerned with skill enhancement training of the employed and re-employment training of the unemployed, while workers make very little use of paid-leave training and subsidy for enrolling in classes in terms of voluntary efforts for skills development.

Employment security project is aimed at providing support, on a rational basis, to promote employment security for workers and to facilitate employment adjustment in companies in view of changes in the industry structure and technological advances. It is a policy linked to the policy measures of the active labor market and unemployment insurance.

Moreover, these unemployment policy measures should serve as plans for promoting development of vocational competence in order to cope with the rapidly changing business environment and to enhance employment capability. To that end, first, it is necessary to strengthen self-directed learning for the development of vocational competence of workers. Second, in order for labor mobility to occur efficiently, it is necessary to reduce frictional unemployment and ease the mismatch of skills, and function in the labor market through the development of vocational competence. Third, there is a need to establish a lifelong learning system to create greater opportunities for the development of vocational competence.

SUMMARY

New system of medical services in a welfare state and nursing manpower movement

Ryoichi YAMADA

Increasing proportion of the aged population in the advanced countries is becoming dissatisfied with the services of the nursing manpower available worldwide. This report captures the movement of international nursing manpower during globalization. This aspect deals with the relation between United Kingdom (England) and Philippines. U. K. is aims to rebuild the welfare state due to the increase in the nursing staff. Philippines is planning to increase the balance of international payments through the immigration of nurses. It envisions the creation of a welfare state in the era of globalization by means of the movement of international nursing manpower between two countries.

The characteristics of care management in Japan
  — the increasing presence of nurses—

Yoshiko ITO

The care management concept was first developed in the United States in the 1970s as a method to control social service expenses while simultaneously improving the quality of life of the care recipients. Gradually, the concept spread to other countries, and it arrived in Japan with the implementation of the Long-Term Care Insurance law in 2000. Concurrently, a new type of occupation came into being, that of the care manager. Although care management in Japan initially imitated the US system, it has quickly developed a unique set of characteristics. In looking at some of these unique characteristics, this paper focuses on the increasing presence of nurses as care managers within the Japanese system. It clarifies the factors driving this phenomenon by directing attention to the underlying systematic differences between the social services in the US and Japan. The paper further discusses how we can better understand and capitalize on Japan's unique situation to bolster the future development of the Japanese care management system.

Public responsibility and the employment of people with disabilities
— Workshops for disabled persons and their management subsidies—

Koichi OGIHARA

With the advent of "the right to work" and "the right to development" emerged the serious role of the workshops for disabled persons. However, the economic management base was weak due to the lack of legal recognition.

In this paper, the workshop in the city of Yokohama was cited as an example. The actual condition of management there showed that the management base was unstable, although the intended subsidy was substantial. Furthermore, the distribution method of the remuneration (dividend) and the methods for pursuing a connection with society obtained through work, etc., clarified the actual condition of work. However, the low level of the remuneration (dividend), the gap of legal institutions, wage differential with non-disabled people, etc., exposes the prominent subject of the support for institutional maintenance at a public level and the necessity for "wage assistance."

Further, the gap between the areas of management subsidy, which the local government delivers, was surveyed. The contents and the developed factors of the subsidy policy were also considered as examples, such as Shiga, Kyoto, etc., where an advanced subsidy policy is implemented for the workshops.

Finally, the source-of-revenue problem and public responsibility for the workshops was considered. If the wide gap between the areas of a local government subsidy policy and the rarity of the historical relations between a workshop and the central government is taken into consideration, there is a need for the central government to clarify the public responsibility for a workshop, and assume the responsibility. The author believes that the people involved and the related organizations should determine the range and the state of the public responsibility.

学会記事 (2003年度秋)

1 大会関係

　社会政策学会は，例年，春と秋の年2回，大会を開催している。2003年度秋には第107回大会が開催された。同大会の参加費納入者は223名，そのうち前納者は175名であった。

　以下，107回大会のプログラムを掲げる。プログラム発行後の変更等は，以下では修正されている。

▶第107回大会

　2003年10月4日（土）～10月5日（日）
　会場：下関市立大学
　実行委員長：山本興治

【共通論題】　社会政策学と賃金問題
　　　　　　座長：下山房雄（下関市立大学）・森ます美（昭和女子大学）
　1．社会政策学における賃金問題研究の視角と課題　　橋元秀一（國學院大學）
　2．賃金をめぐる今日的状況　　木下武男（昭和女子大学）
　3．横断的労働市場と年齢別横断賃率　　赤堀正成（労働科学研究所）
　4．雇用区分の多元化と賃金管理の課題　　佐藤博樹（東京大学）
　　　——総括討論——

【テーマ別分科会】
〈分科会(1)：最低賃金制分科会〉
　　　　　　　　　　　　　　　　　座長：阿部　誠（大分大学）
　1．イギリスの最低賃金制度と労働市場　　横山政敏（立命館大学）
　2．アメリカの最低賃金制とリビングウェイジ　　吉村臨兵（奈良産業大学）

3. わが国最低賃金制の現状と課題　　　　　　　　神代和欣（放送大学）

〈分科会(2)：国際交流分科会〉

座長：埋橋孝文（日本女子大学）

1. 韓国の失業対策と雇用保険—IMF 金融危機以降を中心に—

李　義圭（韓国職業能力開発院）

　　コメント：失業と失業対策の日韓比較　　　三宅洋一（大阪経済大学）
2. 韓国における生活保護の現状と政策課題　　裵　埈晧（Hanshin Univ.）
　　コメント：生活保護をめぐる日韓比較　　　埋橋孝文（日本女子大学）

〈分科会(3)：非定型労働分科会〉

座長：永山利和（日本大学）

1. 鉄鋼業のリストラと社外工労働の特質　　　長沼信之（長崎県立大学）
2. 在宅ワークをめぐる最近の動向と労働行政の対応

神尾京子（家内労働研究会）

【書評分科会】

〈分科会(1)〉　　　　　　　　　　　　　　　　座長：京谷栄二（長野大学）

1. 小杉礼子編『自由の代償　フリーター』
　　（日本労働研究機構，2002年）　　　　　　福井祐介（九州大学大学院）
2. 玄田有史・中田喜文編『リストラと転職のメカニズム』
　　（東洋経済新報社，2002年）　　　　　　　永山利和（日本大学）
3. 脇坂　明著『日本型ワークシェアリング』
　　（PHP 研究所，2002年）　　　　　　　　丹下晴喜（愛媛大学）

〈分科会(2)〉　　　　　　　　　　　　　　　　座長：渡辺満（広島大学）

1. 布川日佐史編著『雇用政策と公的扶助の交錯』
　　（御茶の水書房，2002年）　　　　　　　　島崎晴哉（中央大学）
2. 橘木俊詔著『失業克服の経済学』
　　（岩波書店，2002年）　　　　　　　　　　大須眞治（中央大学）
3. 堀内隆治著『福祉国家の危機と地域福祉』
　　（ミネルヴァ書房，2003年）　　　　　　　里見賢治（大阪府立大学）

〈分科会(3)〉　　　　　　　　　　　　　　座長：石田好江（愛知淑徳大学）
1. 宮島　洋・連合総合生活開発研究所編著『日本の所得分配と格差』
　　（東洋経済新報社，2002年）　　　　　　　　色川卓男（静岡大学）
2. 女性労働問題研究会編『女性労働　20世紀から21世紀へ』
　　（青木書店，2002年）　　　　　　　　　　　遠藤雄二（九州大学）
3. 横山文野著『戦後日本の女性政策』
　　（勁草書房，2002年）　　　　　　　　　　　居神　浩（神戸国際大学）

〈分科会(4)〉　　　　　　　　　　　　　　座長：久野国夫（九州大学）
1. 福田泰雄著『現代日本の分配構造』
　　（青木書店，2002年）　　　　　　　　　　　平地一郎（佐賀大学）
2. 山下　充著『工作機械産業の職場史 1889-1945』
　　（早稲田大学出版部，2002年）　　　　　　　岡崎孝広（九州大学大学院）
3. 今村寛治著『〈労働の人間化〉への視座』
　　（ミネルヴァ書房，2002年）　　　　　　　　篠原健一（大阪商業大学）

〈分科会(5)〉　　　　　　　　　　　　　　座長：白井邦彦（青山学院大学）
1. 都留　康著『労使関係のノンユニオン化』
　　（東洋経済新報社，2002年）　　　　　　　　平木真朗（西南学院大学）
2. 毛塚勝利編『個別労働紛争処理システムの国際比較』
　　（日本労働研究機構，2002年）　　　　　　　秋元　樹（日本女子大学）
3. 仁田道夫編著『労使関係の新世紀』
　　（日本労働研究機構，2002年）　　　　　　　佐久間敦子（九州大学大学院）

【自由論題】

〈自由論題(1)：労働市場と技能形成〉
　　　　　　　　　　　　　　　　　　　　　　座長：久本憲夫（京都大学）
1. 90年代の電気機械製造業の労働市場　　飯田祐史（東京工業大学大学院）
2. 建設労働者の賃金問題　　　　　　　　村松加代子（日本大学）
3. 鉄鋼業における保全工の労働と教育訓練　上原慎一（鹿児島国際大学）
4. 大都市圏中小製造業における技能形成と労働移動との関係

―大阪市機械金属中小企業の調査をもとに―
　　　　　　　　　　　　　　　　　松永桂子（大阪市立大学大学院）
〈自由論題(2)：就業政策と労働運動〉
　　　　　　　　　　　　　　　座長：小野塚知二（東京大学）
　1．家内労働法制定をめぐる政策論議
　　　―高度成長期の日本を中心に―　　高野　剛（大阪市立大学大学院）
　2．戦間期日本における失業保険制度論議
　　　―イギリス失業保険制度との関連を中心に―
　　　　　　　　　　　　　　　　　加藤道也（慶應義塾大学研究生）
　3．1930年代アメリカ労働運動論の再評価　国府俊一郎（九州大学大学院）
〈自由論題(3)：社会保障制度の改革〉
　　　　　　　　　　　　　　　座長：横山寿一（金沢大学）
　1．社会福祉の視点による『社会保険統合論』の検討
　　　　　　　　　　　　　　　　　　　　木村　敦（種智院大学）
　2．イギリス新労働党の考え方と社会保障　　樫原　朗（神戸学院大学）
　3．イギリスにおける高齢者社会サービスの現状
　　　―「情報」提供のサポート体制―　　武田留美子（広島大学大学院）
　4．グローバリゼーションと看護労働力移動
　　　―イギリスにおけるフィリピン看護師のケースを中心に―
　　　　　　　　　　　　　　　　　　　　山田亮一（名古屋短期大学）
〈自由論題(4)：社会福祉と障害者就労〉
　　　　　　　　　　　　　　　座長：上掛利博（京都府立大学）
　1．社会福祉における労使関係の特徴―労働条件決定のメカニズムと
　　　使用者団体の労働組合としての機能から―　安田三江子（花園大学）
　2．社会福祉における労使関係の特徴
　　　―京都市を事例として―　　　渡邊（福富）恵美子（花園大学）
　3．低所得層の健康問題と社会保障・社会福祉の問題
　　　―和歌山県御坊市の健康調査から―　高林秀明（県立広島女子大学）
　4．障害者の就労と公的責任　　　　萩原康一（中央大学大学院）

〈自由論題(5):女性・家族・年金〉

座長:佐藤　眞（岩手大学）

1. スウェーデンとオランダの生活時間調査　　田中裕美子（下関市立大学）
2. 韓国の経済発展と家族
　　—国家発展戦略と企業経営戦略と家族戦略を中心に—

金　秀映（東京大学客員研究員）

3. 社会政策的視点からみた日本の労働者年金保険
　　—労働移動の防止機能との関連で—　　　中尾友紀（日本女子大学）
4. 中国都市部の新養老保険基金の管理・運営の現状と問題点

崔　永順（龍谷大学大学院）

2　総会関係

▶第107回大会臨時総会

　　2003年10月4日（土）16:30～17:30
　　会場:下関市立大学A棟111番教室

1. 五十嵐仁会員が議長に選出された。
2. 森建資代表幹事より，会員数，専門部会設立の動き等，現況報告が行われた。合わせて，日本学術会議経済政策研究連絡委員を遠藤公嗣会員に代わって松丸和夫会員に委嘱した旨，報告された。
3. 木村保茂選挙管理委員長より，次期（2004-2005年度）役員選挙の結果が報告された。
4. 武川正吾春季大会企画委員長より，第108回大会の準備状況についての報告がされた。
5. 上掛利博秋季大会企画委員長より，第109回大会が，2004年10月16，17日に大阪市立大学で開催されるとの報告がなされた。
6. 松丸学会誌編集委員長より，編集委員会の活動についての中間報告がなされた。
7. 森代表幹事より，名誉会員として，小倉襄二，佐藤進，真田是，徳田欣次，平石長久，宮島尚史の各会員が推挙され，拍手で承認された。また当

日出席されていた，徳田，宮島両名誉会員から挨拶があった。
8. 松丸経済政策研連委員より，日本学術会議の機構改革の現状について報告があった。
9. 第108大会の開催校である法政大学の五十嵐会員より挨拶があった。
10. 第109回大会の開催校である大阪市立大学の玉井金五会員より挨拶があった。

◆編集後記

　社会政策学会第107回大会でどのような報告と議論が行われたのかについて，ここでさらに付け加えるべきことはない。それらは，完全にではないにせよ，学会誌本体の中で再現されている。ここでは，そこに含まれていないことを記したい。

　まず，本大会が，「学会記事」に挙げられた以外のさまざまな会員のご努力・ご協力に負っていることを記したい。大会全体の企画に関しては，上掛委員長をはじめとする秋季大会企画委員会の方々であり，秋季大会の特徴である書評分科会については，久野委員長をはじめとする書評分科会企画・運営小委員会の方々である。そして，本誌を作成する過程では，投稿論文のレフェリーを引き受けていただいた方々である。この場を借りて，これらの皆様に厚くお礼を申し上げたい。また，投稿論文のレフェリーについては，今後とも会員諸氏のご協力をいただけるよう，切にお願いしたい。

　本大会について思い出されるのは，何と言っても懇親会であろう。本大会の懇親会は，夕暮れの関門海峡を望む「カモンステージ」で開催され，懇親会参加者は下関名物のふぐ料理を心ゆくまで味わうことができた。懇親会でこれほどのもてなしを受けた記憶は，筆者にはない。懇親会参加者の多くも同じ意見であろう。大会実行委員会のご尽力に心からお礼を申し上げたい。

　本大会は，国立大学の法人化に向けた作業が佳境に入りつつある時期に行われた。学会誌本体に，それをうかがわせるものは何もないが，国立大学に勤務する会員の多くは，程度の差はあれ，就業規則をはじめとする人事諸規則の作成に関わったはずである。かくいう筆者も，春は学位授与機構に提出するための自己評価書作りに追われ，秋からは人事諸規則の作成にどっぷりとつかる毎日であった。就業規則の作成は，基本的には，国家公務員法，人事院規則，教育公務員特例法の規定を横滑りさせる形で行われたが，それだけではすまない幾つかのポイントがあった。ざっと思い出す限りで挙げてみると，休憩時間，非正規職員の育児介護休業規程，非常勤講師・TA・RAの労働者性，過半数代表者の選出方法がそれである。各大学はこれらの問題についてそれぞれ苦慮したはずであり，その結果，国立大学法人間でかなりの差異が生まれることになった。すでにその機会は失われたが，人事諸規則の作成に関わった会員有志が集まり，それぞれの苦労話を交換する機会があってもよかったのかもしれない。それは，通常の学会報告とは違った角度から，法人化と労働法制に関わる問題点を明るみに出したように思える。

　　　　　　　　　　　　　（乗杉　澄夫）

『社会政策学会誌』投稿論文募集について

『社会政策学会誌』に掲載する論文を，下記の【投稿規定】により募集いたします。投稿ご希望の方は，封筒に「社会政策学会誌・投稿論文在中」と朱書きのうえ，法律文化社編集部宛に簡易書留でお送り下さい。

なお，送付先は学会本部（大阪市立大学）とは別の所ですので，ご注意下さい。

　　送付先：〒603-8053　京都市北区上賀茂岩ヶ垣内町71
　　　　　　㈱法律文化社編集部（担当　浜上知子）
　　問合せ先：橋元秀一　Tel：03-5466-0334　Fax：03-5466-2340
　　　　　　E-mail：hsyu@kokugakuin.ac.jp

【投稿規定】
1. 『社会政策学会誌』の投稿資格は，社会政策学会の会員とします。
2. 会員が代表執筆者である場合は，共同執筆論文の投稿を認めます。
3. 投稿原稿の種類は論文とし，未発表のものに限ります。和文原稿の場合は400字詰め原稿用紙50枚以内（図表を含む），英文原稿の場合はＡ４用紙にダブルスペース（１枚28行，１行10～15単語）で25枚以内（図表を含む）とします。その他，詳細については，学会公式サイトの【執筆要領】を参照して下さい。
4. 論文締切日は，７月20日と１月20日（いずれも当日消印有効）です。締切日までに，和文原稿の場合は英文タイトルと英文要旨（200単語程度）を，英文原稿の場合は和文タイトルと英文要旨（200単語程度）を付して，正１部，副２部を法律文化社編集部宛に送るものとします。その際，論文の電子ファイルをＦＤその他の媒体によって提出して下さい。

　　なお，英文タイトル・英文要旨・英文原稿については，執筆者があらかじめ英語を自国語とする人のチェックを受けた原文を提出して下さい。
5. 投稿論文の採否は，社会政策学会誌編集委員会が指名するレフェリーの審査を経て，社会政策学会誌編集委員会が決定します。

　　なお，不採択の理由について編集委員会より説明します。
6. 採用原稿の執筆者校正は再校までです。なお，校正時の加筆・修正を含む改訂は認められません。編集委員会の指示に従わずに，校正段階で論文内容の変更がおこなわれた場合，学会誌への掲載を取り消すことがあります。
7. 投稿原稿および電子ファイルは，採否に関わりなく返却いたしません。
8. 原稿料は，支払いません。
9. 『社会政策学会誌』に掲載された論文を執筆者が他の出版物に転載する場合は，あらかじめ文書によって編集委員長の了承を得なければなりません。

Shakai-seisaku Gakkai Shi
(The Journal of Social Policy and Labor Studies)

October 2004　　No. 12

Study of Social Policy and Wage Problems

1. A viewpoint and problems of the studies on wage
for the study of social policy .... Shuichi HASHIMOTO (3)
2. The focus of the current wage problem .... Takeo KINOSHITA (24)
3. The possibility of age-based wage and
experience-based wage .... Masashige AKAHORI (40)
4. Diversifying employment categories and issues
of wage management .... Hiroki SATO (60)

Comments by Chairs

5. Discussion on wage problems in the Society for
the Study of Social Policy in post-war Japan .... Fusao SHIMOYAMA (83)
6. Comment on Four Reports .... Masumi MORI (91)

From the Sub-sessions

1. The effects and problems of the minimum
wage system in Japan .... Kazutoshi KOSHIRO (99)
2. Unemployment policy and employment insurance
in Korea— Post 1997 financial crisis .... Eui-kyoo LEE (115)

Comments by Sub-sessions Chairs .... (139)

Book Review Columns .... (153)

Articles

1. New system of medical services in a welfare state
and nursing manpower movement .... Ryoichi YAMADA (207)
2. The characteristics of care management in Japan
— the increasing presence of nurses .... Yoshiko ITO (236)
3. Public responsibility and the employment of people
with disabilities — Workshops for disabled persons
and their management subsidies .... Koichi OGIHARA (258)

Summary

Edited by
SHAKAI-SEISAKU GAKKAI
(Society for the Study of Social Policy)
c/o Professor Kingo Tamai
Faculty of Economics, Osaka City University
3-3-138, Sugimoto, Sumiyoshi-ku, Osaka, 558-8585, JAPAN
URL http://oohara.mt.tama.hosei.ac.jp/sssp/
E-mail : tamai@econ.osaka-cu.ac.jp

〈執筆者紹介〉 (執筆順)

橋元 秀一	國學院大學経済学部	
木下 武男	昭和女子大学人間社会学部	
赤堀 正成	(財)労働科学研究所	
佐藤 博樹	東京大学社会科学研究所	
下山 房雄	九州大学・チンタオ大学・下関市立大学各名誉教授 (財)労働科学研究所客員研究員	
森 ます美	昭和女子大学人間社会学部	
神代 和欣	横浜国立大学名誉教授 放送大学客員教授	
李 義圭	韓国職業能力開発院	
阿部 誠	大分大学経済学部	
埋橋 孝文	日本女子大学人間社会学部	
永山 利和	日本大学商学部	
福井 祐介	西日本短期大学法科／社会福祉学科・非常勤講師	
丹下 晴喜	愛媛大学法文学部	
島崎 晴哉	中央大学名誉教授	
大須 眞治	中央大学経済学部	
里見 賢治	大阪府立大学社会福祉学部	
色川 卓男	静岡大学教育学部	
遠藤 雄二	九州大学大学院経済学研究院	
居神 浩	神戸国際大学経済学部	
平地 一郎	佐賀大学経済学部	
岡崎 孝広	九州大学大学院経済学府・院生	
篠原 健一	大阪商業大学総合経営学部	
平木 真朗	西南学院大学商学部	
秋元 樹	日本女子大学人間社会学部	
山田 亮一	大阪市立大学大学院生活科学研究科・院生	
伊藤 淑子	北海学園大学経済学部	
荻原 康一	中央大学大学院経済学研究科・院生

社会政策学と賃金問題　　　　社会政策学会誌第12号

2004年9月30日　初版第1刷発行

編集　社 会 政 策 学 会
　　　　　(代表幹事　玉井金五)

発行所　社会政策学会本部事務局
　　　　〒558-8585　大阪市住吉区杉本3-3-138
　　　　大阪市立大学経済学部気付
　　　　電話 06-6605-2275／Fax 06-6605-3066
　　　　URL http://oohara.mt.tama.hosei.ac.jp/sssp/
　　　　E-mail:tamai@econ.osaka-cu.au.jp

発売元　株式会社　法律文化社
　　　　〒603-8053　京都市北区上賀茂岩ケ垣内町71
　　　　電話 075(791)7131　FAX 075(721)8400
　　　　URL:http://www.hou-bun.co.jp/

Ⓒ2004　社会政策学会　Printed in Japan
内外印刷株式会社・藤沢製本所
装幀　石井きよ子
ISBN 4-589-02772-0

仕事の社会科学
石田光男 ●労働研究のフロンティア　実社会と学問世界における変化の影響の相関を念頭に、実例と学説を対比しつつ、仕事の新たな認識方法を探る。三六七五円

社会政策学会第10回（2003年）学術賞受賞！

転換期のアメリカ労使関係
篠原健一 ●自動車産業における作業組織改革　労働協約の具体的意味と合意の背景を詳細な現地調査から明らかにし、労働改革の実態と行方を模索する。三六七五円

第20回組織学会高宮賞 受賞！

日本の労働研究
野村正實
●その負の遺産　理論的・実証的批判。四七二五円

労働法政策
濱口桂一郎
近年の労働法制の進展を詳述する。五〇四〇円

ワーキング・イン・アメリカ
オスターマン他　伊藤健市他訳 ●新しい労働市場と次世代型組合　21世紀の雇用を展望。三六七五円

男女協働の職場づくり
渡辺峻・中村艶子　職場における差別再生産の要因を人材マネジメントの関連から分析。二九四〇円

講座・福祉国家のゆくえ〈全5巻〉完結　各3675円

① **福祉国家再編の政治**　宮本太郎編著　福祉国家はどこに行くのか。

② **比較のなかの福祉国家**　埋橋孝文編著　理論・実証的精緻化をめざす。

③ **福祉国家のガヴァナンス**　武智秀之編著　ガヴァナンスの多角的分析。

④ **アジア諸国の福祉戦略**　大沢真理編著　各国の福祉戦略の実像に迫る。

⑤ **福祉国家／社会的連帯の理由**　齋藤純一編著　社会的連帯の理由を再考する。

ミネルヴァ書房　〒607-8494 京都市山科区日ノ岡堤谷町1番地　宅配可・価格は税込
TEL075-581-0296　FAX075-581-0589　http://www.minervashobo.co.jp/

● 2003年、米国社会学会より「アジア部門」最高の著書に選定!!

韓国の労働者――階級形成における文化と政治
ハーゲン・クー/滝沢秀樹+高龍秀訳――A5判・三三六頁・四七二五円
急速な産業化過程で工場労働者がどのように集団的アイデンティティと連帯意識を確立してきたのかダイナミックに分析。

● 熟練労働と生産管理を〈労働の社会的結合〉という概念で関連付ける

労働過程の構造分析――鉄鋼業の管理・労働・賃金
平地一郎著――A5判・二七〇頁・五二五〇円
製造スケジュール作成という領域に踏み込むことによって、現場労働の実相へと迫り得る新しい分析枠組みの提起を行なう。

● ベーベルの女性論を没後九〇年を経て再考!!

ベーベルの女性論再考
昭和女子大学女性文化研究所（所長・伊藤セツ）編 A6判・三〇頁・五八〇円
女性問題の研究に不可欠なツール、ジェンダー統計が、ベーベル女性論のなかでどう認識されていくかの変遷をたどる。

● 21世紀の世界史的なジェンダー革命を展望!!

フェミニズムと経済学――ボーヴォワール的視点からの『資本論』再検討
青柳和身著――A5判・五六〇頁・六九三〇円
フェミニズムの古典としての『第二の性』との比較から、ベーベル・現代の人口史の資料による『資本論』の再検討。

● 国民病……結核と患者はどう接したか。膨大な資料から読解。

結核の社会史――国民病対策の組織化と結核患者の実像を追って
青木純一著――A5判・三八〇頁・五四六〇円
国民病と呼ばれた結核。近代化の中、患者・家族はどう接したのか。膨大な資料から予防法・療養所、民間医療等を読解。

● 第31回「日本翻訳文化賞」受賞

国家理論――資本主義国家を中心に
ボブ・ジェソップ/中谷義和訳――菊判・六三〇頁・八六一〇円
レギュラシオンからオートポイエシス論まで批判的に摂取し、ネオ・マルクス主義国家理論の今日的到達水準を示す。

● トヨティズム日本をこえて……

現代市民社会と企業国家
平田清明・山田鋭夫・加藤哲郎・黒沢惟昭・伊藤正純著――A6判・三〇頁・二六二五円
企業主義的な「社会国家」といわれる現代日本の特徴を、教育・政治・経済・労働の諸側面から検討した今日的論集。

● 日本のNPOインフラを強化するにはどうすればいいか!!

サンフランシスコ発・社会変革NPO
岡部一明著――A5変型判・二七〇頁・二七三〇円
これまでアメリカにおける革新的市民運動をつくりだしてきた街・サンフランシスコのNPOの活動を詳細に現場報告する。

● 重層下請構造に系列化された職人集団の流動的世界

日本建設労働論――歴史・現実と外国人労働者
筆宝康之著――A5判・五四二頁・七〇三五円
最新の建設技術と伝統をもつ日本の下請労働慣行が結合してきしみあい、複雑な陰影をもつ日本の建設労働の世界に光をあてる。

● 作業、生活の全体を捉えた労働現場からの日本社会論

船の職場史
大山信義編著――菊判・四一〇頁・六〇九〇円
造船工と仕上工の2人の生活史記録によって造船労働者の職場具と労使関係の特質を探る労働現場からの日本労働社会論。

御茶の水書房 113-0033 東京都文京区本郷5-30-20 電話03(5684)0751
http://homepage1.nifty.com/ochanomizu-shobo/

日本の労働調査 1945〜2000年

山本 潔（やまもときよし）(東京大学名誉教授)

戦後半世紀を「戦後動乱期」「高度成長期」「転換期」の三期に分けて、各時期ごとに日本資本主義が直面していた労働問題をテーマとした労働調査（主要調査10）を取り上げ分析したものである。日本労働調査史をたどるための縦走路を拓く初めての書。

A5判・六三二頁／定価（本体価格）一二〇〇〇円＋税
ISBN4-13-051118-1

《主要目次》

第1篇 戦後動乱期（1945〜54年）敗戦と「思想動向」: No.5 日本産業労働調査局「労働者思想動向調査」等／民主化と「労働組合」: No.11 東京大学社会科学研究所「戦後労働組合の実態」／自立再建と「労働力」: No.17〜19 労働問題調査研究会「京浜工業地帯調査」 第2篇 高度成長期（1955〜73年）移行期と「労働組合」: No.29 労働組合の構造と機能」／高度成長と「労働市場・賃金」: No.30 明治大学社会科学研究所「鉄鋼業の合理化と労働」「佐久間ダム」等／合理化と「職場秩序」: No.38 日本人文科学会「技術革新の社会的影響」等／技術革新と「雇用・賃金」: No.45 日本人文科学会 第3篇 転換（1974〜2000年）石油危機と「労使関係」: No.68 労働関係調査会「転換期における労使関係の実態」／「国際化」と「生産構造」: No.73 ANASZ・植田・山本「日本産業の階層的構造」／中国社会主義の変貌と「国有企業」: 学比較経済研究所「中国の電子・鉄鋼産業」等

●戦後日本の労働調査 労働調査論研究会編 六四〇〇円（本体価格）

資本主義はどこに行くのか
二十世紀資本主義の終焉

加藤榮一（かとうえいいち）(東京大学名誉教授)
馬場宏二（ばばひろじ）(大東文化大学名誉教授)
三和良一（みわりょういち）(青山学院大学経営学部教授) 編

A5判・二五六頁・定価（本体価格三八〇〇円＋税）
ISBN4-13-046080-3

グローバリズムの進展や市場原理主義の台頭などに見られるように、資本主義は新たな段階に到達しつつある。二十世紀型の資本主義の歴史的位相とその終焉を描き出すことで、混沌の中にある資本主義を批判的に考察する手がかりを提示する。

《主要目次》

序　章　資本主義はどこに行くのか（三和良一）
第一部　二十世紀資本主義の歴史的位置
第一章　資本主義の発展段階——経済史学からの接近（三和良一）／第二章　二十世紀福祉国家の形成と解体（加藤榮一）／第三章　資本主義の越し方行く末——過剰富裕化の進展と極限（馬場宏二）
第二部　二十世紀資本主義への視座
第四章　アメリカ型資本主義の創出と経済政策思想（平出尚道）／第五章　ドイツ資本主義とナチズム（田野慶子）／第六章　バブル崩壊とグローバル資本主義（上田章）／第七章　欲望の「見えざる手」（杉浦勢之）

〒113-8654 東京都文京区本郷7-3-1　東京大学出版会　「図書目録」送呈
TEL 03-3811-8814 FAX 03-3812-6958　http://www.utp.or.jp/

社会保障の基本原理と将来像

芝田英昭編著

「年金改革」これで本当に大丈夫か。社会保障の原理原則を歴史から問い直し、国民的立場から年金・医療保障、社会保障の将来像とその財源のあり方の基本原則を示す。

●2415円

欧米のホームレス問題

中村健吾ほか編著

英・独・仏・米・EUのホームレス生活者の実態と支援の政策・制度を全面的に展開。問題の捉え方や正負双方の経験から、貧困・社会的排除への施策のあり方、福祉国家とは何かを考える。

（上）実態と政策 ●4725円
（下）支援の実例 ●4410円

産業と労働のニューストーリー

久野国夫編 ●IT・グローバル化としごとの未来

IT革命の雇用構造への影響を明らかにし、新たな社会経済システムを考える。生産労働の変化、人事管理、労働市場などフィールドワークをもとに検証、21世紀型モノづくりを提起。

●2625円

図説 日本の社会福祉

真田是・宮田和明・加藤薗子・河合克義編

財政緊迫の状況のなかで暮らしをいかに護っていくか。将来展望を視野に入れながら、国民の立場から医療、介護、年金などを解説。図表と解説の見開き頁でわかりやすさを工夫。

●2520円

都市失業問題への挑戦

玉井金五・松本淳編著 ●自治体・行政の先進的取り組み

●2940円

ドイツ自治体の行財政改革

武田公子著 ●分権化と経営主義化

具体的な問題を素材に行財政再編の方向を考察。

●4515円

各国の社会保障〔第3版〕

足立正樹編著

この10年の変化に対応し、介護保障事情を紹介。

●2730円

介護保険見直しの争点

増田雅暢著 ●政策過程からみえる今後の課題

介護保険制度見直しのための10の論点を示す。

●2310円

介護保険運営における自治体の課題

佐藤進著

先駆的・特徴的な7市町村の実態を分析する。

●3150円

介護・医療・福祉小辞典

橋本篤孝・古橋エツ子編集代表

基本的かつ重要な用語（約一五〇〇項目）を収録。

●1890円

法律文化社

表示価格は定価（税込価格）です。

社会政策学会誌

＊バックナンバー：第7号～第11号

第8号 グローバリゼーションと社会政策 〔2002年秋〕　●3045円
I　共通論題＝グローバリゼーションと社会政策の課題
1　グローバリゼーションと地域統合の時代における社会政策の可能性…中村健吾
2　グローバリゼーションと外国人IT労働者……………………………夏目啓二
3　グローバリゼーションとインドネシアにおける労働組合政策と
　　労働組合……………………………………………………………………水野広祐
4　21世紀におけるグローバリゼーションと政策・制度課題……………井口　泰
〔座長報告1〕「グローバリゼーションと社会政策」について…………相澤與一
〔座長報告2〕グローバリゼーションの多面性……………………………竹内敬子
II　テーマ別分科会＝報告論文と座長報告
III　書評

第9号 雇用関係の変貌 〔2003年春〕　●3150円
I　共通論題＝雇用関係の変貌
1　雇用関係の変化をどのようにとらえるか………………………………森　建資
2　パートタイマーの基幹労働化について…………………………………脇坂　明
3　労働者派遣の拡大と労働法………………………………………………中野麻美
4　働き方の変化と労働時間管理弾力化……………………………………佐藤　厚
〔座長報告〕我々はどこに向かっているのか？…………………………佐口和郎
II　テーマ別分科会＝報告論文と座長報告
III　投稿論文

第10号 現代日本の失業 〔2003年秋〕　●2940円
I　共通論題＝現代日本の失業
1　現代日本の失業と不安定就業……………………………………………伍賀一道
2　世代対立としての失業問題………………………………………………玄田有史
3　職業能力開発からみた今後の雇用形態…………………………………久本憲夫
〔座長報告〕「逆生産性交渉」の可能性…………………………………石田光男
II　書評
III　投稿論文

第11号 新しい社会政策の構想 〔2004年春〕　●2730円
　　　──20世紀的前提を問う──
I　共通論題＝新しい社会政策の構想─20世紀的前提を問う─
1　卓越・正義・租税…………………………………………………………川本隆史
2　ベーシック・インカム構想と新しい社会政策の可能性………………小沢修司
3　労働の未来…………………………………………………………………田中洋子
4　「男性稼ぎ主」型から脱却できるか……………………………………大沢真理
〔座長報告〕「新しい社会政策の構想」に寄せて………………………武川正吾
II　テーマ別分科会＝報告論文と座長報告
III　投稿論文

法律文化社

表示価格は定価（税込価格）です。